新时代高等职业教育发展探索与研究

王佑华　范菊雨　◎著

Exploration and Research
on the Development of Higher
Vocational Education in the new era

内容简介

本书以党和国家近年来关于高等职业教育一系列重要方针政策为指导，以新时代高等职业教育发展为研究对象，对构建新时代高等职业教育发展新格局、推动新时代高等职业教育高质量发展进行深入研究，详细分析了新时代高等职业教育发展的现状和存在的问题，并对典型性问题进行针对性施策。

本书以我国高等职业教育发展为纵轴线，以我国高等职业教育现状为横轴线，通过对调研数据的统计、分析和归纳实现规律提炼、理论升华。研究对象涵盖高等职业教育各个环节，提升了研究的科学性、参考性。

图书在版编目（CIP）数据

新时代高等职业教育发展探索与研究 / 王佑华，范菊雨著． —北京：北京大学出版社，2022.9
ISBN 978-7-301-33094-4

Ⅰ. ①新⋯ Ⅱ. ①王⋯ ②范⋯ Ⅲ. ①高等职业教育—发展—研究—中国 Ⅳ. ①G718.5

中国版本图书馆 CIP 数据核字(2022) 第 105726 号

书　　名	新时代高等职业教育发展探索与研究 XINSHIDAI GAODENG ZHIYE JIAOYU FAZHAN TANSUO YU YANJIU
著作责任者	王佑华　范菊雨　著
策划编辑	杨星璐　赵思儒
责任编辑	赵思儒
标准书号	ISBN 978-7-301-33094-4
出版发行	北京大学出版社
地　　址	北京市海淀区成府路 205 号　100871
网　　址	http://www.pup.cn　新浪微博：@北京大学出版社
电子信箱	pup_6@163.com
电　　话	邮购部 010-62752015　发行部 010-62750672　编辑部 010-62750667
印 刷 者	三河市北燕印装有限公司
经 销 者	新华书店
	720 毫米×1020 毫米　16 开本　23.5 印张　300 千字 2022 年 9 月第 1 版　2022 年 9 月第 1 次印刷
定　　价	98.00 元

未经许可，不得以任何方式复制或抄袭本书之部分或全部内容。
版权所有，侵权必究
举报电话：010-62752024　电子信箱：fd@pup.pku.edu.cn
图书如有印装质量问题，请与出版部联系，电话：010-62756370

序　言

　　时间缓缓前行，高等职业教育的发展也一直在前行的道路上从未停止脚步。作为职教人，我们担负着培养德、智、体、美、劳全面发展的高素质劳动者和技术技能人才的重任，也一直在职业教育改革与发展的道路上砥砺前行。

　　2014年，第七次全国职业教育工作会议在京召开，为职业教育迎来了新的春天，新时代职业教育改革箭在弦上。习近平总书记用三个"重要"描述了职业教育的战略地位。第一个"重要"：职业教育是国民教育体系和人力资源开发的重要组成部分；第二个"重要"：职业教育是广大青年打开通往成功成才大门的重要途径；第三个"重要"：职业教育肩负着培养多样化人才，传承技术技能、促进就业创业的重要职责。至此，我国拉开了"中国职业教育升级版"的序幕。

　　2017年，党的十九大报告提出"推动经济发展质量变革、效率变革、动力变革，提高全要素生产率，着力加快建设实体经济、科技创新、现代金融、人力资源协同发展的产业体系"。随着全球经济格局的深度变化，我国现代经济发展高水平演进的步伐加快，产业结构在调整中走向高端，行业在转型中加速升级，企业在适应中调适优化，职业在匹配中同步更替，各行各业对素质结构优、适应能力强的技术技能人才的需求越来越迫切，职业教育重要地位和作用越来越凸显。职业教育生命力在于同步社会促进发展，前瞻性对接和主动适应经济社会和科技发展趋势，潜研发展深度、广拓发展宽度、刷新发展高度，改善结构质量，建强职业教育，推进职业教育现代化，是新时代职业教育的新使命。

职业教育在发展的时间轴上永续前行。随着国家层面相关政策的相继出台，为优化职业教育类型定位，推动职业教育的高质量发展，推进职业教育结构性质量改善和协同发展，组织开展了"点线面体结合""普适性和拔尖性并举"的诸多质量工程和创新发展行动项目建设。增强职业技术教育适应性，深化产教融合、校企合作，构建高质量职业教育体系，加强"双师三能型"教师队伍建设，探索中国特色学徒制，推进"1+X"证书制度改革，实施三全育人、五育并举，改革考核评价，推动职普融通，提升社会服务力、贡献力和引领力……，诸多目标任务在纵深推进。

笔者从职业教育发展的政策领悟、社会观察、实践行动等角度，身在教育思教育、跳出教育看教育、走入企业悟教育、联动校企办教育、引入他方诊教育等，将每一次的所得、所感、了悟、尝试、探索、思考都赋予其意义，试图诠释新时代职业教育的所闻、所思、所行，"讲好"职业教育改革与发展过程中的"故事"，并揭示"故事"中的"故事"，以期抛砖引玉，引发思考，产生价值。

"所闻"——他山之石以攻玉。从走出校门到走进企业，深入行业，纵观产业，感闻社会，以近年来职业教育发展历程为背景，各阶段发展目标为切入点，以职业教育全社会各层面发展动态所闻为载体，广泛学习和感悟先进的实践经验和理论探索，不断拓宽视野，引入为我所用之"璞玉"。

"所思"——感悟思考以谋道。《大学》有云，"知止而后有定，定而后能静，静而后能安，安而后能虑，虑而后能得。"以所闻来确立职教人身上的使命感，明确目标而后静心思索，结合从事职业教育管理和教学实践等工作体悟，深度分析和研判，重新审视认知路径，确立前行和创新之道。

"所行"——实践探索以求术。聚焦职业教育的提质培优、以质图强，加快职业教育高质量发展，以微观层面一线职业教育教学改革经历和实践探索为载体，把思考和审视中的路径变成一系列实践典型案例，探索职业院校改革发展的有效机制及方法。

2021年，第一次以党中央、国务院名义召开了第八次全国职业教育大会，习近平总书记在针对职业教育工作的重要指示中强调：在全面建设社会主义现代化国家新征程中，职业教育前途广阔、大有可为。当今，我国职业教育进入大改革大发展新时代，开启了奋力构建高质量职业教育体系，加快推进职业教育现代化的一个新的阶段。在新征程上，深化产教融合、校企合作，整合跨界的不同性质的资源形成异质结构共同体，形成结构优势，培养更多高素质技术技能人才、能工巧匠、大国工匠，职业教育战线责任重大、使命光荣。

到2035年，职业教育将实现现代化，职业教育总体发展水平将进入发达国家中上水平，我国将成为世界职业教育有重要影响力的国家。引用屈原《离骚》中的一句话："路漫漫其修远兮，吾将上下而求索。"作为职业院校的教师，我们将做有情怀的职业教育人，在求索的道路上，向往远方，拾级而上，继续以"闻—思—行"对话，把诸多教育政策的学习领悟、关乎教育的所见所闻、教学工作的实践行动等作为自己笔耕的素材，把诸多的教育教学问题作为自己反思的课题，用发散性思维写感悟、写随笔，以期形成观点或观念、看法或想法、见解或主张，析出经验、析出模式、析出规律、析出思想，为读者展现新时代新阶段职业教育发展探索的一孔之见。

2022年7月

目 录

第一篇 新时代视域下我国高等职业教育

第一章 宏观视野 ·· 3
 世界高等职业教育发展的"中国探索" ························ 4
 我国高等职业教育发展阶段综述 ······························ 8
 现代职业教育体系视域下的教育和培训并举发展 ············ 14
 着力实现高等职业院校内涵式发展 ··························· 18
 伴生我国高等教育和职业教育改革发展的"双"字词组 ······ 21
 为什么是 100 万 ·· 25

第二章 新时代之路 ·· 28
 新时代职业院校实施大改革、大发展之思 ··················· 29
 新时代职业教育转型升级之思 ································ 31
 新时代我国教材建设格局：统领、统筹、统一 ·············· 36
 对新时代深化产教融合、校企合作的探索 ··················· 40
 新时代高职院校转型升级 ······································ 45
 新时代高职院校"课程思政"建设 ···························· 48
 新地位 新判断 新行动 新聚焦 ····························· 51
 新时代 新职教 新作为 新期待：
  职业教育发展的诗和远方 ································· 55

第二篇　新时代高等职业教育探索与实践

第三章　教师队伍 ·· 61
　　新时代职业院校教师队伍建设的新思考 ···················· 62
　　新时代职业院校教师的自我成长之思："五做" ········· 65
　　新时代职业院校教师管理之思："六心" ···················· 69
　　新时代职业院校教师威信的树立："八剂" ················ 74
　　新时代职业院校教师职业幸福感的培育 ···················· 78
　　做有教育情怀的追梦者 ··· 82

第四章　学生与人才培养 ·· 84
　　高职院校高水平人才培养体系建设之思 ···················· 85
　　职业院校专业人才培养方案制订和实施之刍议 ········· 87
　　"数"说高等职业院校专业人才培养方案 ·················· 91
　　职业院校学生职业综合素质养成教育探索 ················ 95
　　刍议三全育人的几个向度 ·· 99
　　构建文化育人体系，打造育人文化 ·························· 104
　　基于"学困生"精准帮扶的"梯级培训体系"的育人行动 ··· 108
　　职业教育美育实施路径浅谈
　　　　——"艺术＋技能"融合、美润人心 ················· 117
　　职业院校劳动教育课程体系构建与实施途径探究 ···· 121
　　职业院校实施劳动教育的几点认知 ·························· 127
　　现代学徒制试点之思 ·· 130
　　崇尚"工匠精神"，敬重并甘当"工匠" ·················· 133
　　"工匠精神"在人才培养教学组织探索
　　　　——"造艺公社"实施浅析 ································ 135

第五章　实践教学 ············139

高等职业院校的实践教学 ············140
教学过程中的心理探索 ············142
国家现代学徒制背景下工学交替教学组织之思 ············147
"线下教学"+"线上教学"简析 ············154
"最满意课堂"测评数据分析与启示 ············157
现代信息技术在教育教学中的不当使用 ············161
国家现代学徒制背景下工学交替教学组织的探索
　　——以建筑装饰工程技术专业为例 ············164
以智能建造为标志的产业转型升级新业态下
　　装饰装配化人才培养的一点探索 ············168
关于装配化装修工程技术专业建设与改革的若干思考 ············179
基于产业链集群背景下实训基地建设的思考
　　——以建筑装饰工程技术专业群为例 ············186
"电工电子技术"课程思政的探索 ············194

第六章　院校与企业 ············201

制定校企战略合作框架协议的实践与思考 ············202
对"深化产教融合、校企合作"的再思考 ············207
基于校企系统化合作的立体合作体系构建 ············210
推进校企系统化合作的思考
　　——以湖北城市建设职业技术学院为例 ············214
基于校企系统化合作的企业学院运行探索
　　——以湖北城市建设职业技术学院天衡学院为例 ············217
基于企业学院的"闪辞"痛点
　　——再思"企业学院" ············222

基于"市场在资源配置中起决定性作用"论断下推进产教融合、
校企合作的理念创新 ·········· 225

第七章 诊改 ·········· 229

关于强化内部质量保证体系诊断与改进相关工作的
若干思考 ·········· 230

"三力"叠加成力系，协同迭代保质量 ·········· 234

基于电路理论的学校内部质量保证体系建设与运行 ·········· 238

把住"8字"，有效推进内部质量保证体系诊断
与改进工作 ·········· 241

教学工作中诊改问题的查摆与诊改目标确定的把控 ·········· 247

关于课程诊改的若干思考 ·········· 250

"四个"放大：深入推进教学工作诊断与改进散思 ·········· 254

"五把"：深入推进教学工作诊断与改进的思考 ·········· 257

浅析学校文化的诊断和改进 ·········· 261

职业院校诊改信息化平台建设之思 ·········· 265

第八章 政策制度 ·········· 268

职业高校"双高"建设计划的政策意旨 ·········· 269

对标"三个规划"，一孔之见话职教 ·········· 271

高职院校有效调控专业之思 ·········· 276

浅谈专业课教学改革 ·········· 279

高等职业院校实行学分制的分析与思考 ·········· 284

刍议弹性学制的实施 ·········· 289

职业院校推行"1+X"证书制度改革的再思考 ·········· 293

警惕实施"1+X"证书制度的偏移 ·········· 296

第三篇　新时代高等职业教育思考与辨析

第九章　辩思 ·· 301
　　推进职业院校大改革大发展的若干思考 ·············· 302
　　"1+X"·大数据·大变革 ···························· 307
　　职业院校面临的最大问题：适应变化 ················ 309
　　把牢"四个"向度，推进职业院校提质培优行动计划 ··· 313
　　升级"四个"平台，推进职业院校提质培优行动计划 ··· 317
　　提升职业教育社会认同度之管见 ···················· 321
　　专业对口率之我见 ································ 325
　　简析"职普融通" ································ 327
　　职业技术师范教育专业将成为"香饽饽" ············ 330
　　一孔之见：湖北省发展现代职业教育的若干思考（一）··· 333
　　一孔之见：湖北省发展现代职业教育的若干思考（二）··· 337

第十章　散思 ·· 343
　　学习《国家职业教育改革实施方案》 ················ 344
　　学习《深化新时代职业教育"双师型"教师队伍建设
　　　改革实施方案》 ······························ 346
　　学习全国职教大会精神：建强职业教育任重道远 ······ 349
　　随笔1：领悟十九届五中全会之发展职业教育的精神 ··· 351
　　随笔2：专业群建设·兼顾升学·数字化治理 ········ 354
　　随笔3：高等职业教育的"快"与"慢" ············ 358
　　随笔4：新阶段职业院校内涵发展 ·················· 360

参考文献 ·· 362

第一篇 新时代视域下我国高等职业教育

第一章 宏观视野

世界高等职业教育发展的"中国探索"

我国职业教育坚持以服务发展为宗旨，以促进就业为导向，在学习研究国外发展职业教育经验的基础上，根据我国发展环境及自身条件变化进行创新，发展成就令世界瞩目，成为走向世界的一张"中国名片"，展现了中国经验、中国智慧、中国特色。

1. 持续推进的普适性建设和拔尖性建设并举，成为世界职业教育发展的中国经验

回看我国高等职业教育的发展，尤其是自2006年启动高等职业教育质量建设以来，发展行动如火如荼。2006年，《教育部关于全面提高高等职业教育教学质量的若干意见》（教高〔2006〕16号），启动了普适性建设。同期，《教育部、财政部关于实施国家示范性高等职业院校建设计划加快高等职业教育改革与发展的意见》（教高〔2006〕14号），启动了示范院校"拔尖性工程"建设，重点探索基于办学、人才培养、教学组织的模式。2010年，《教育部　财政部关于进一步推进"国家示范性高等职业院校建设计划"实施工作的通知》（教高〔2010〕8号）延展示范院校建设领域更名为骨干院校"拔尖性工程"建设，探索重点转向办学体制机制。2015年，《教育部关于印发〈职业院校管理水平提升行动计划（2015—2018年）〉的通知》（教职成〔2015〕7号）启动了旨在提高治理水平、发展质量新

内涵的普适性内涵建设。同期，《教育部关于印发〈高等职业院校创新发展行动计划（2015—2018年）〉的通知》（教职成〔2015〕9号）启动优质高等职业院校"拔尖性工程"建设。无论是教育部高教司从2006年的14号文、16号文到2010年的8号文引导的重在内涵建设的示范院校建设，还是教育部职成司2015年的7号文、9号文引导的重在创新发展行动的优质院校建设，虽是不同时期出自教育部不同部门的文件，但发展高等职业教育质量的行动是惊人的相似：千帆竞渡、百舸争流，呈现出200所示范骨干院校建设景象——面上改革、点上示范；200所优质院校建设景象——面上诊改、整体优质。

2019年，随着《国务院关于印发国家职业教育改革实施方案的通知》（国发〔2019〕4号）的印发，2019年成为职业教育大改革、大发展的新纪元。《教育部 财政部关于实施中国特色高水平高职学校和专业建设计划的意见》（教职成〔2019〕5号）启动"双高"这一"拔尖性工程"建设。同期，《教育部等四部门印发〈关于在院校实施"学历证书+若干职业技能等级证书"制度试点方案〉的通知》（教职成〔2019〕6号），启动了职业院校实施"1+X"证书制度改革行动，彰显职业教育类型特征。2020年9月，《教育部等九部门关于印发〈职业教育提质培优行动计划（2020—2023年）〉的通知》（教职成〔2020〕7号），启动了职业院校提质培优建设行动，以质图强。尽管"1+X"试点改革被包含在提质培优行动中，但对于彰显职业教育类型特征却具有关键作用，这两个文件当属推动新一轮内涵建设的普适性行动的部署。这一轮质量发展行动与之前行动计划一脉相承：千岩竞秀、万壑争流，呈现出双高院校建设景象——面上改革、点上出彩，增值赋能、整体图强。

纵观2006年以来的质量发展行动的模式，可以归结为普适性建设和拔尖性建设并举，成为推进中国高等职业教育改革与发展的一种模式，以此向世界提供职业教育又快又好发展的中国经验。

2. 大道至简的"1+X"证书制度改革，正在成为世界职业教育发展的中国智慧

《国务院关于印发国家职业教育改革实施方案的通知》（国发〔2019〕4号）启动了"1+X"证书制度试点工作。试点工作要进一步发挥好学历证书作用，夯实学生可持续发展基础，鼓励职业院校学生在获得学历证书的同时，积极取得多类职业技能等级证书。施行"1+X"证书制度改革是推进职业教育全面治理的大改革、大发展的系统化行动。"1+X"证书制度的内涵大道至简，"1"凸显的是教育塑造，即培养德、智、体、美、劳全面发展的社会主义建设者和接班人；"X"凸显的是职业培训，即具备高素质的劳动者和技术技能人才。"1"和"X"二者之间不是简单的相加关系，而是育训融合、德技并修、相互渗透，彰显职业教育作为一种教育类型的鲜明特征。实施"1+X"证书制度改革，必须在培养学生的全过程中始终将"知识、能力、素质"作为"每日三餐"的有机营养成分一以贯之，在实际教育、教学过程中处理好理论教学的基础性、实践教学的应用性、素质教育的渗透性，形成职业院校教学"三驾马车"并驾齐驱。关注理论教学，谨防职业教育被"庸俗化"；强化实践教学，谨防职业教育被"普教化"、加强素质教育，谨防职业教育被"功利化"，有效落实立德树人的根本任务，德技兼修、育训结合、知行合一，促进学生职业素质的养成。

打上中国烙印的"1+X"证书制度有望成为继德国的"双元制"、英国的"三明治"、澳大利亚的"新学徒制"、新加坡的"教学工厂"等典型模式之后，国际上有影响力的又一典型模式，向世界贡献职业教育又快又好发展的中国智慧。

3. 如火如荼的职业教育集团化办学实践，正在成为世界职业教育发展的中国特色

我国职业教育集团的发展始于1992年，它来自于实践，产生于基层，历经30年的发展变革，职教集团数量近2000个，成为深化产教融合、校企合作的重要载体和有效途径，以及完善职业教育和培训体系的重要实现形式。纵观我国职业教育发展，集团化办学在推进产与教融合度、校与企集成度、工与学交替度、育与训结合度、知与行合成度、体系衔接度等方面发挥了重要作用，显著增强了职业教育的服务力、贡献力、引领力。

目前，我国职业教育集团化办学的参与主体主要包括政府、职业院校、行业、企业、培训机构、科研机构、社会组织等，彰显了职业院校作为一种教育类型的鲜明特征。第一，职业院校对外连接社会、适应社会，服务经济社会发展，对内连接师生、助力师生，服务人的全面发展。在发展质量的过程中，必须全面形成政、校、行、企联动。为此，既要借鉴行政规律、市场规律，发挥行政和市场机制作用，更需遵从教育规律、成长规律，不忘初心、牢记使命。第二，产教融合、校企合作是职业教育的办学之道。推进产教融合、校企合作，促进学校和企业互相向对方靠拢的两大基本力量是政府和市场。发挥政府在产教融合资源配置中的统筹推动作用，发挥市场在产教融合资源配置中的决定性作用，形成政府和市场"两只手"有机协调、相互促进的态势，建立政府推动、市场引导、校企双主体、社会参与的治理体系和运行机制，政府作用和市场作用相得益彰，成为我国职业教育发展的亮点及走向世界职业教育的名片，向世界提供职业教育又好又快发展的中国特色。

我国高等职业教育发展阶段综述

1996年5月，由中华人民共和国第八届全国人民代表大会常务委员会第十九次会议修订通过的《中华人民共和国职业教育法》第十三条规定："职业学校教育分为初等、中等、高等职业学校教育。""高等职业学校教育根据需要和条件由高等职业学校实施，或者由普通高等学校实施。"这是我国第一次把高等职业教育以法律的形式确定下来。1998年8月，由中华人民共和国第九届全国人民代表大会常务委员会第四次会议通过的《中华人民共和国高等教育法》第六十八条规定："本法所称高等学校是指大学、独立设置的学院和高等专科学校，其中包括高等职业学校和成人高等学校。"这进一步确立了高等职业教育的法律地位。我国高等职业教育的蓬勃发展，丰富了高等教育体系结构，对助力我国高等教育普及化、助力我国进入创新型国家行列做出了重要贡献。梳理我国的高等职业教育发展历程，大致有以下五个重要的阶段。

阶段一：1980—2005年，规模发展期

特征描述：以规模扩张为动力，以基本建设为抓手，扩充高等职业院校数量和扩大招生规模。自1980年13所职业大学的出现，到1994年的职业大学、部分专科学校、独立成人高校与重点中专改制或试办高职班（简称"三改一补"），再到1998年的大扩招，截至2020年年底，全国拥有高职（专科）院校1482所，在校生人数达到1480万人。

主要文件：1999年，《教育部、国家计委关于印发〈试行按新的管理模式和运行机制举办高等职业技术教育的实施意见〉的通知》（教发〔1999〕2号），明确提出高等职业教育由以下机构承担：短期职业大学、职业技术学院、具有高等学历教育资格的民办高校、普通高等专科学校、本科院校内设立的高等职业教育机构（二级学院）、经教育部批准的极少数国家级重点中等专业学校、办学条件达到国家规定合格标准的成人高校等（简称"六车道"）。在1997年国家教委颁布的《国家教委关于高等职业学校设置问题的几点意见》（教计〔1997〕95号）的基础上教育部出台了《高等职业学校设置标准（暂行）》（教发〔2000〕41号）。《国务院关于大力推进职业教育改革与发展的决定》（国发〔2002〕16号）中指出"深刻认识职业教育在社会主义现代化建设中的重要地位"。在《教育部等七部门关于进一步加强职业教育工作的若干意见》（教职成〔2004〕13号）中提出，从现在起到2007年，专科层次的职业院校不再升格为本科院校。

阶段二：2006—2010年，模式选择期

特征描述：以示范院校建设为动力，专业建设为抓手，推动办学模式、人才培养模式、教学模式、教学组织模式等改革，突显特色，提高质量。在此期间，时任高教司司长张尧学把高等职业教育建设与发展总结为"1221"模式，即整合外部各种资源的开放平台，建成培养学生实践动手能力的系统和可持续发展能力的基础知识系统，建立两个证明学生能力和水平的证书，使高等职业院校成为终身培训基地和为社会服务的基地。

主要文件：教育部、财政部颁发《教育部　财政部关于实施国家示范性高等职业院校建设计划　加快高等职业教育改革与发展的意见》（教高〔2006〕14号），提出布置全国100所示范性高等职业院

校建设工程。教育部颁发《教育部关于全面提高高等职业教育教学质量的若干意见》（教高〔2006〕16号文），提出高技能人才定位，明确了各高等职业院校加强内涵建设，提高教育质量是当前高等职业教育的重点。

阶段三：2010—2015年，机制创新期

特征描述：以骨干院校建设为动力，校企合作机制体制建设为抓手，提高服务区域发展能力。

主要文件：教育部、财政部颁发《教育部　财政部关于进一步推进"国家示范性高等职业院校建设计划"实施工作的通知》（教高〔2010〕8号），布置全国100所骨干高等职业院校建设工程。教育部颁发《教育部关于推进高等职业教育改革创新引领职业教育科学发展的若干意见》（教职成〔2011〕12号），提出全面提高高等职业教育质量，提升其服务经济社会发展能力。在国务院颁发的《国务院关于加快发展现代职业教育的决定》（国发〔2014〕19号）中指出，必须要把加快发展现代职业教育摆在更加突出的战略位置。

阶段四：2015—2020年，整体质量发展期

特征描述：以优质院校建设为动力，三年创新发展行动计划和管理水平提升行动计划为抓手，提高高等职业院校整体发展质量。

主要文件：教育部颁发的《教育部关于深化职业教育教学改革全面提高人才培养质量的若干意见》（教职成〔2015〕6号），提出深化职业教育教学改革，全面提高人才培养质量。教育部印发《教育部关于印发〈职业院校管理水平提升行动计划（2015—2018年）〉的通知》（教职成〔2015〕7号），提出不断提高管理工作规范化、科

学化、精细化水平，加快实现学校治理能力现代化。教育部印发《教育部关于印发〈高等职业教育创新发展行动计划（2015—2018年）〉的通知》（教职成〔2015〕9号），提出推动高等职业教育创新发展。《教育部办公厅关于建立职业院校教学工作诊断与改进制度的通知》（教职成厅〔2015〕2号）提出切实发挥学校的教育质量保证主体作用，不断完善内部质量保证制度体系和运行机制。国务院教育督导委员会办公室印发《国务院教育督导委员会办公室关于印发〈高等职业院校适应社会需求能力评估暂行办法〉的通知》（国教督办〔2016〕3号），提出推动高等职业院校坚持"以立德树人为根本，以服务发展为宗旨，以促进就业为导向"，深化办学机制和教育教学改革，全面提高高等职业院校适应社会需求能力和水平，形成了来自于管理方的督导评估、他方的效果评估、职业院校的自我诊改三股力量协同联动、迭代发展保证质量的格局。

阶段五：2019—2025年，以质图强期

特征描述：以"双高"院校建设为动力，探索"1+X"证书制度改革和职业教育提质培优行动计划为抓手，增值赋能、高位发展、高阶提升，加快推进职业教育现代化。

主要文件：《国务院关于印发国家职业教育改革实施方案的通知》（国发〔2019〕4号）明确了深化职业教育改革的重大制度设计和政策举措。《国务院办公厅关于印发职业技能提升行动方案（2019—2021年）的通知》（国办发〔2019〕24号），提出服务经济社会发展，适应人民群众就业创业需要，大力推行终身职业技能培训制度，面向职工、就业重点群体、建档立卡贫困劳动力等城乡各类劳动者，大规模开展职业技能培训，加快建设知识型、技能型、创新型劳动者大军。《中共中央国务院关于全面加强新时代大中小学劳动教育的

意见》(教思政厅函〔2021〕10号)要求把劳动教育纳入人才培养全过程,贯通大中小学各学段,贯穿家庭、学校、社会各方面,与德育、智育、体育、美育相融合。《教育部 财政部关于实施中国特色高水平高职学校和专业建设计划的意见》(教职成〔2019〕5号)提出,集中力量建设一批引领改革、支撑发展、中国特色、世界水平的高职学校和专业群,带动职业教育持续深化改革,强化内涵建设,实现高质量发展。教育部等四部门印发《关于在院校实施"学历证书+若干职业技能等级证书"制度试点方案》(教职成〔2019〕6号)。《关于做好首批1+X证书制度试点工作的通知》(教职成司函〔2019〕36号)强调深化复合型技术技能人才培养培训模式和评价模式改革,提高人才培养质量,畅通技术技能人才成长通道,拓展就业创业本领。《深化新时代职业教育"双师型"教师队伍建设改革实施方案》(教师〔2019〕6号)提出教师队伍是发展职业教育的第一资源,是支撑新时代国家职业教育改革的关键力量。《教育部办公厅关于做好2018年度高等学校设置工作的通知》(教发厅〔2018〕215号)提出调整高职高专升本政策。按照"特色学校不变为综合学校,专科高职学校不升为普通本科学校,职教体系学校不转为普教体系学校"的原则,已列入"十三五"高校设置规划的高等职业学校,不再升格为普通本科学校,择优纳入本科层次职业学校试点。已启动本科层次职业学校试点的省份不再增加试点学校;未启动本科层次职业学校试点的省份可择优遴选1所高等职业学校进行申报。教育部等九部门《关于印发〈职业教育提质培优行动计划(2020—2023年)〉的通知》(教职成〔2020〕7号),大幅提升新时代职业教育现代化水平和服务能力,为促进经济社会持续发展和提高国家竞争力提供多层次高质量的技术技能人才支撑。

综上所述,在发展职业高等教育过程中,特别是自2006年以来,在不同的阶段,国家先后启动了示范性高等职业院校、骨干高等职业院校、优质高等职业院校、双高高等职业院校等拔尖性建设行动，同步开展了全面提高高等职业教育教学质量、提高服务发展能力、提高治理水平、探索"1+X"证书试点、提质培优等普适性建设。持续推进拔尖性建设和普适性建设，成为推进我国高等职业教育的发展模式。我国高等职业教育发展经历了规模发展期、模式选择期、机制创新期、整体质量发展期，现已进入以质图强期，可以预见，第六阶段、第七阶段我国高等职业教育将进入更高阶发展、更高维提升期，2035年基本实现高等职业教育现代化可期可待！

现代职业教育体系视域下的教育和培训并举发展

建成"现代职业教育体系"是我国职业教育发展的总目标。2017年，党的十九大报告提出，完善职业教育和培训体系，深化产教融合、校企合作，2019年，《国务院关于印发国家职业教育改革实施方案的通知》（国发〔2019〕4号）提出"推进高等职业教育高质量发展，完善学历教育与培训并重的现代职业教育体系"。新时代，新阶段，着力推进教育和培训同步高质量发展，是高质量现代职教体系的新目标、新任务、新要求。

1. 学历教育和职业培训是现代职业教育体系的两个方面

学历教育和职业培训是现代职教体系中互为补充的两个方面。第一，从法律层面看，1996年颁布的《中华人民共和国职业教育法》规定，本法适用于各级各类职业学校教育和各种形式的职业培训。第二，从国际视野看，1999年，在韩国召开了由联合国教科文组织主导的国际职业技术教育与培训大会的第二届大会，会上发布了《终身教育与培训：通向未来的桥梁》明确指出，技术与职业教育这一术语包括职业培训，提出"终身学习与培训是通向未来的桥梁"。第三，从培养目标看，现代职业教育着力于培养既管未来又管当下的技术技能人才。学历教育的特点是学历性、人才培养目标的系统性、以专业教育为载体的专业性、强调实践性，管人的未来；职业培训的特点是侧重职业资格、职业或技能证书的非学历性，为就业或工作提供即时性的知识和技能，突出岗位技能的针对性和操作性等，管人的当下。第四，从学校职能看，职业院校承担人才培养、技术研发、社会服务、文化传承与创新、国际合作与交流的重要使命，职业院校既要承担学历教育，又要承担多种形式的继续教育和职业培训，为社会培养培训人才。

2. 实施学历教育和职业培训并举是完善现代职业教育体系内涵建设要求

现代职业教育体系的内涵可以概述为：职业教育领域内学历教育层次上形成纵向连通的"直通车"，教育领域内不同类型教育上形成横向跨接的"立交桥"，职业培训上形成纵横畅通的"旋转门"，职业教育发展环境上形成生态的"政策链"。完善现代职业教育体系，就必须深化推进职教领域结构性改革，实施"两轮驱动"发展模式，既要做强学历教育，也要做大、做优职业培训。当前，我国现代职业教育体系内涵建设的具体内容可描述为：全国新建地方647所本科院校与本科职业教育同层不同类，正在转型之中；转型后的647所本科院校与现行中高等职业院校同类不同层，正在衔接之中；纵向上形成"中、专、本、硕、博"的职业教育"直通车"，正在贯通之中；横向上形成职业教育与基础教育、普通高等教育灵活转换的"立交桥"，正在融通之中；办高质量的职业教育，必须有国际视野，推进教育链、产业链协同联动，产教正在融合之中；办社会满意的职业教育，服务社会，扩大进出职业教育机构"旋转门"的流量，正在强化之中；激发职业教育活力，国家制度供给必不可少且形成"政策链"，正在完善之中。

3. 实施学历教育和职业培训并举是职业院校的法定职责

《国务院关于印发国家职业教育改革实施方案的通知》（国发〔2019〕4号）强调："落实职业院校实施学历教育与职业培训并举的法定职责，按照育训结合、长短结合、内外结合的要求，面向在校学生和全体社会成员广泛开展职业培训。"职业教育生命力在于同步社会发展，职业教育活力在于教育和培训并举。实行学历教育和职业培训"两轮驱动"模式，是职业教育对接社会、永葆旺盛生命力的重要举措。

当今社会日新月异，新生代所从事的职业可能不再墨守成规、从一而终，新时代职业院校应顺势而为，更加突显把学校办成对接社会的、开放的、多功能的"充电"中心，以专业群建设与改革为着力点，统筹规划资源配置和开发，既能为促进适龄人群初次就业创业提供优质职前教育服务，也能为促进职业转换人群提供优质职后教育、培训服务。落实职业院校实施学历教育和职业培训的法定职责有以下几点。第一，职业院校是"1+X"证书制度试点的实施主体，要推进"1"和"X"的有机衔接，发挥好学历证书作用，夯实学生可持续发展基础，发挥职业技能等级证书在促进院校人才培养等方面的优势，将证书培训内容有机融入专业人才培养方案，优化课程设置和教学内容，面向学生开展专门强化培训；第二，职业院校要充分发挥社会服务优势，开展包含在职职工培训、劳动力转移培训、下岗职工培训、复转军人再就业培训、留守贫困人群的技能培训、创业培训、技艺传承人培训、"走出去"培训等在内的多元化培训，培训后获得职业资格证书或职业技能等级证书、专项职业能力证书、培训合格证书等；第三，探索建设职业教育国家"学分银行"，建立完备的培训成果学分认证制度，完善学分积累、转换和激励制度，参加非学历教育和技能培训的人员，在弹性学制年限内修满学历教育毕业标准学分，颁发相应学历教育证书。

4. 做大做优培训是新时代职业院校的重要使命

职业教育历来重视学历教育，对职业培训重视不够，做大、做优培训是当今发展现代职业教育的重要使命。由于学历教育和职业培训两者之间具有不可逆性，例如，所有的企业都有资格开展培训，但不是所有的企业都有资格办教育。开展高质量的培训，特别要充分发挥职业院校的优势和龙头作用，依托职业院校建设一批产业人才培养培训共享性基地。作为职业院校，要构建学校培训实施组织体系，集成校企资源，统筹构建以职教集团（内含行业龙头企业、产教融合型企业）、学校、学校继续教育专门机构、系部、工作室（中心）等为主要载体，以就业技能培训、岗位技能提升培训和创业创新培训为主要形式，以条件设施、人才、技术、文化资源为保障的培训实施组织体系。在实施培训过程中，坚持工学结合、知行合一、德技并修。一方面，发挥职业院校培训资源优势，"采取岗前培训、现代学徒制培养培训、在岗培训、脱产培训、业务研修、技能竞赛等方式，提升技能水平"；另一方面，发挥职业院校教育资源优势，"加强职业意识教育，增强劳动者对职业理念、职业精神、职业形象的认同感。将职业道德、质量意识、法律意识、安全环保和健康卫生等要求贯穿职业培训全过程，提高劳动者践行工匠精神的自觉性"。

教育强则学校强，培训强则学校强，教育和培训强则学校整体强，学校整体强则国家必强。高质量现代职业教育体系，必须全面贯彻党的教育方针，落实立德树人根本任务，落实教育和培训并举的法定职责，同步推进教育和培训高质量发展，做强教育，培养德、智、体、美、劳全面发展的社会主义建设者和接班人，做优培训，培养高素质劳动者和技术技能人才。

着力实现高等职业院校内涵式发展

党的十八大提出"推动高等教育内涵式发展",党的十九大提出"实现高等教育的内涵式发展",从柔性"推进"到刚性"实现",我国对高等教育发展提出了新的要求。高等职业教育是高等教育的一种类型,不可替代,高等职业教育实现内涵式发展是实现高等教育内涵发展的刚性要求。

1. 把握高等职业院校改革走向

我国高等职业教育改革已从宏观领域走向微观领域,表现为课题研究主题创新、体制机制改革、专业建设改革、教师发展、课程建设等方面的探索都呈现微观化、具体化和个体化。

高等职业院校的发展理念、办学策略、办学定位、办学水平等已经到了一定阶段,无论是哪类高等职业院校,大家同在"红海"中竞争,改革的"动作"基本相似,只是力度、广度、深度、系统度、持续度不同而已。实践证明,今天的高等职业院校改革要见成效,实现高水平的发展,更需要的是微观领域的实践,尊重教育规律,脚踏实地,专心致志,把微观领域的内涵建设做到极致,在人才积累、学术积累、文化积累的基础上打造不可复制的个性化品牌,进而跨入"蓝海",形成绝对优势,走向卓越。

2. 达成理念与行动的同频共振

理念上的改变不是一件容易的事,现实工作和生活中,人们在理念的更新中需要穿越许多误区，解决许多的实际问题而前行，所以不断学习、扩大视野，才能与时俱进。行动上落实也不是一件容易的事，虽然理念转变了、思想清楚了，但在实施中还是会遇到各种困难，为了克服这些困难，取得思想和行动上的一致，需要付出更为艰难的努力在实践中发现问题，并不断诊改。

3. 聚焦专业群建设与改革

专业是高等职业院校履职人才培养、科研（技术研发）、社会服务、文化传承与创新、国际交流等"五元职能"的载体。专业群发展水平是高等职业院校治理能力的重要体现，加强专业群建设是学校主动对接社会需求、优化专业结构、促进资源整合、解决专业不平衡不充分发展的重要举措，也是有效提高学生职业竞争力的必然选择。建设专业群可以把控以下5个要素：①群类是共享资源的专业集合体；②群名是某某专业群；③群主是核心优势专业；④群员数量为3个以上专业或专门化方向；⑤群员特征为专业基础相通、技术领域相近、工作岗位相关。

基于教育链、人才链、产业链、创新链协同联动，完善专业发展规划体系、目标体系、标准体系、保障体系等；加大专业群建设力度，把专业群建在产业链上，形成与产业同步发展的专业体系；加大对接产业结构调整和转型升级力度，优化课程体系、教学组织、条件保障，形成内外衔接的教学体系；加大课程开发力度，组建课程标准、资源库、教材等，形成完备的教材体系；加大教学管理改革力度，全面推行完全学分制，形成具有开放性、反馈性的教学管理体系；加大思政教育改革力度，按"大思政"教育格局，形成系统的思政教育体系，落实立德树人根本任务。

4. 聚焦课程建设与改革

方今之时，高等职业教育改革不缺乏理念，而改革的落脚点应在课程（各类知识能力素质教育载体）。着力推进课程改革，能高效推进高等职业院校内涵建设突破性发展。课程建设与改革内涵丰富，在课程设置上，基于对接未来科技发展趋势和市场需求，前瞻性构建课程体系；在教学内容上，基于学生全面发展标准、职业标准和工作导向，开发课程内容；在教学设计上，基于职场而非考场的逆向思维，谋划方案设计；在教学组织上，基于校企深度融合的工作和学习交替频繁，建设运转体系；在教学手段上，基于有效学习，推行信息化教育和情景化教学；在教学方式上，基于个性化学习，丰富教学形态；在教材建设上，基于职业岗位任职要求的适用性和先进性，建设教材资源；在教学评价上，基于养成教育，做到结果性评价和形成性评价并重。

5. 聚焦教师个体发展

教师是高等职业院校微观领域改革的首要资源，是撑起微观领域这片天空的力量。无论教育理念多么先进、制度安排多么合理、课程设置多么科学、资源保障多么到位，离开了教师，一切都是空谈。学校教育的一切载体可以归于课程，广义课程全覆盖、润无声、育德育人，狭义课程高聚焦、强刺激、立德树人。一名教师，把握好教学规律，上好每一节课、每一门课程，就能落实微观目标，从而集成为课程群教学目标；一名专业带头人，把握好专业建设规律，就能落实中观目标，从而集成为专业群培养目标；一名院校管理者，把握好教育规律，就能落实宏观目标，从而集成为学校教育发展目标。唯有教师在行动能力上匹配质量发展要求，才能最大效应地推动教育质量的发展。营造利于教师成长与发展的环境，应成为高等职业院校治理的基础性工程、希望工程。

伴生我国高等教育和职业教育改革发展的"双"字词组

从 1982 年党的十二大报告到 2017 年党的十九大报告，从 1985 年第一次全国教育工作会议到 2018 年第五次全国教育工作会议，从 1986 年第一次全国职业教育大会到 2014 年第七次全国职业教育大会，从党和国家领导人讲话到中央全面深化改革委员会的议事决策，再到党中央国务院文件精神，优先发展教育，把职业教育摆在突出位置的思想一脉相承。2018 年，习近平总书记以"教育是国之大计、党之大计"（两个大计）高度概括了教育在新时代的重要地位，充分彰显党和国家对于教育的高度重视。

新时代以来，在以学科或专业为载体的高等教育和职业教育区块，全面贯彻党的教育方针，落实立德树人的根本任务，全面深化改革，进行了卓有成效的探索，仅从教育领域丰富的"双"字词组即可见一斑。

1. 推进教育高质量发展开启"双"字系列工程建设

新时代以来，为不断发展高质量的教育，国家陆续启动了以"双"字词组命名的系列"展翅行动"，全面覆盖了普通本科院校、高等职业院校、中等职业学校、技工院校，具体如下。

2015 年，针对重点高校，国家开启重点大学"双一流"建设（世界一流大学和一流学科）。首批世界一流大学建设高校 42 所，首批世界一流学科建设高校有95所，合计进入"双一流"高校共137所，"双一流"建设学科共465个。

2018年，针对所有中职学校，四川省开启"双示范"建设［中职示范学校50个和中职示范（特色）专业100个］。

2019年，针对所有本科院校，聚焦特色专业建设，国家开启"双万"建设（13个国家级一流本科专业和1万个省级一流本科专业）。

2019年，针对所有高等职业院校，国家开启"双高"建设（中国特色高水平高职学校和专业建设，集中力量建设50所左右高水平高职学校和150个左右高水平专业群）。

2019年，针对所有技工院校，湖北省开启"双品牌"建设（全国知名的品牌技工院校10所和特色鲜明的品牌专业50个）。

从教育部推出的"双一流建设""双高计划""双万计划"，到湖北省推出的"双品牌"、四川省推出的"双示范"建设，可谓好戏连台，这一场声势浩大的"双"字工程建设与改革行动对促进学历教育和培训质量的不断发展将产生深远的影响。

2. 推进高等职业教育质量发展伴生丰富的"双"字系列词组

职业教育成为当今我国教育体系中重点建设和发展的对象，已摆在党和国家工作全局的重要位置，位置更加突出。我国职业教育坚持普适性建设和拔尖性建设并举模式，亦进行了卓有成效的探索。

"双主体""双服务""双驱动""双育人""双思维""双赢"等词组诠释了职业教育的办学理念和模式；"双行动""双高""双示范""双品牌"等词组充分彰显国家发展高质量职业教育的意志；"双证书"（现升级为"1+X"证书）、"双标准""双体系""双文化""双基地""双导师""双师型""双师双能型""双能力"等词组充分揭示了职业教育的特征和内涵；"双精准""双学分""双身份""双课堂""双选择""双考核""双奖励""双结合""双进入""双渗透""双导入""双互动""双专业带头人""双工作室制""双职责""双院长"等充分展示了职业院校致力于产教融合、校企合作的探索场景。

上述内涵各异的词组中,有些词组是"国际造",有些词组是"中国造",有些词组是"地方造",有些词组是"院校造",有些词组是"学者造",这些词组的出现,见证了我国职教如火如荼的改革实践。

3. 高等职业教育内涵的不断发展刷新"双"字词组的内涵

"双师型"教师是世界职教领域的"中国造"职业教育名词,没有统一的定义,仁者见仁,智者见智。在此,以"双师型"教师内涵发展为例,解析其内涵随着职业教育理念的发展而发展。

1995年,基于职业教育重理论、轻实践而且技术技能型教师十分短缺这一背景,原国家教委发布《关于开展建设示范性职业大学工作的原则意见》(教改〔1995〕15号)首次提出"双师型"教师的概念;1999年国务院发布《中共中央国务院关于深化教育改革全面推进素质教育的决定》对"双师型教师"进行了描述;2004年教育部办公厅发布《教育部办公厅关于全面开展高职高专人才培养工作水平评估的通知》(教高厅〔2004〕16号)提出"双师素质"并进行了描述;2006年教育部发布《教育部关于全面提高高等职业教育教学质量的若干意见》(教高〔2006〕16号)提出"双师结构"并作了描述;2015年,《教育部 国家发展改革委 财政部关于引导部分地方普通本科高校向应用型转变的指导意见》(教发〔2015〕7号)首次提出"双师双能型"教师(既能传授专业理论知识又能从事和指导专业实践);2019年国务院发布《国务院关于印发国家职业教育改革实施方案的通知》(国发〔2019〕4号)对"双师型教师"进行了界定,即"双教学能力"(具有理论教学能力和实践教学能力)。

在探索"双师型教师"队伍建设过程中,其内涵不断丰富,概括来说，先后经历了体现双师素质的"标签式"双师，体现双师结构的"专兼结合式"双师，体现双师能力的"能力式"双师，体现双师素质和能力的"混合式"双师。纵观职业教育发展历史，"双师型教师"概念内涵也在不断"演绎"。从组成来看，有专任教师个体双师型，兼职教师个体双师型，专职、兼职教师结合构成双师型，单一执教能力和单一实践能力的专任教师构成双师型。从内容来看，将理论功底、理论教学功底与实践功底、实践教学功底交叉组合进行演绎，即既具有理论功底又具有实践功底，既具有理论教学功底又具有实践功底，既具有理论功底又具有实践教学功底，既具有理论教学功底又具有实践教学功底，还可以演绎为既是教学生做事的老师更是教学生做人的双师。

职业教育以专业为载体，以"三维"目标为导向，促进学生练技能、学知识、提素质，形成职业素养，来落实立德树人的根本任务。基于此，职业教育不仅仅是专业教育，更多的应该是一种职业素质养成的教育，这恐怕是从根本上提高职业教育质量的逻辑起点，也是落脚点，更是一种情怀。打造"高素质"的"双师型"教师队伍能最大限度落实职业素质养成教育。高素质的双师型教师，必须能驾驭理论教学、实践教学和素质教育"三驾马车"，做到并驾齐驱，将碎片化的知识、能力、素质有机融为一体，形成"有机营养餐"，始终贯穿在教育教学全过程中，强力塑造学生的职业素养。为强化教育的本源，将"双师双能型"升级为"双师三能型"教师，或许更有利于职业院校把牢为党育人、为国育才的使命，打造德才兼备、素质过硬、技术精良的教师队伍，强化教师教学生"做事"和"做人"并举，育德育才。

为什么是 100 万

新时代，职业教育发展到了新的阶段，随着职业教育服务社会的能力不断增强，其社会认可度也显著提升，从《国务院关于印发国家职业教育改革实施方案的通知》（国发〔2019〕4号）到2019年政府工作报告首次将就业优先政策置于宏观政策层面，并将职业教育纳入政府工作任务中。"多管齐下稳定和扩大就业"的阐述是对现代职业教育体系建设的再强化，也是对职业教育地位的再提高。李克强总理政府工作报告中提出"改革完善高等职业院校考试招生办法，鼓励更多的应届高中毕业生和退役军人、下岗职工、农民工等报考，今年大规模扩招100万人"，是我国大改革、大发展职业教育之举，是促进我国经济社会发展、民众福祉之举。

1. 有利于支持国家战略发展

实现国家的繁荣发展，不仅需要描绘蓝图、绘就图纸的人才，更需要把蓝图变现实、把图纸变产品的技术技能人才。中国工程物理研究院是我国唯一的核武器研制生产单位，在中国工程物理研究院有一个说法：科学家的设想、工程师的蓝图、技能人员的产品；有一个数据：科研人员和技术技能人员人数比例为4∶6，数量结构接近黄金比例。充分揭示：从事理论探索与发现、设计与发明、转化与生产的人员都是人才资源，缺一不可，把设想变蓝图、蓝图变现实需要配备更多的创新型技术技能人才。培养技术技能人才，需要一代人观念的更新，更需要国家战略、国家意志。扩招100万，是有效化解技术技能人才培养与当前经济转型发展的结构性矛盾之举，能有效提升新增或转岗劳动力接受高等教育的比重，从而提高素质，让更多人凭借一技之长实现人生价值。

2. 有利于实现高等教育普及化

1973年6月，由美国著名教育社会学家马丁·特罗在世界经合组织召开的"关于中等后教育的未来结构"的国际会议上首次提出高等教育三阶段理论，即高等教育的毛入学率低于15%的属于精英化阶段，毛入学率在15%～50%的为大众化阶段，毛入学率高于50%的为普及化阶段。根据2018年全国教育事业统计，2018年，我国高等教育毛入学率为48.1%，2019年高职扩招100万人后，我国高等教育毛入学率超过50%进入高等教育普及化阶段。

3. 有利于实现2020高等教育战略发展目标

在《国务院关于加快发展现代职业教育的决定》（国发〔2014〕19号）中提出：到2020年，中等职业教育在校生达到2350万人，专科层次职业教育在校生达到1480万人，接受本科层次职业教育的学生达到一定规模。从业人员继续教育达到3.5亿人次。根据2018年全国教育事业统计，全国普通本专科共有在校生2831.03万人，其中，普通本科在校生1697.33万人，普通专科在校生1133.70万人，要实现2020年高等职业教育在校生（专科在校生）达到1480万人规模，则需要扩招。

4. 有利于改善高等教育学生数量结构

在《国务院关于加快发展现代职业教育的决定》（国发〔2014〕19号）中还提到：总体保持中等职业学校和普通高中招生规模大体相当，高等职业教育规模占高等教育的一半以上，总体教育结构更加合理。根据2018年全国教育事业发展统计公报显示，全国共有普通高校2663所（含独立学院265所），比上年增加32所。其中，本科院校1245所，比上年增加2所；高职（专科）院校1418所，比上年增加30所，各种形式的高等教育在学总规模3833万人。专科院校数量比例53.2%，本科院校数量比例46.8%。2018年全国普通本专科共招生790.99万人，其中，普通本科招生422.16万人，比上年增长2.78%，普通专科招生368.83万人，比上年增长5.16%，本科招生比例占53.4%，专科招生比例占46.6%，本专科学生数比例为1.14∶1。若要实现2019年本专科招生比例1∶1，高职专科招生至少扩招53.33万人。因此，扩招100万人，有利于逐步调整本专科在校学生数量比例达到1∶1。但要实现高等职业教育规模占高等教育的一半以上，任务还很重、道路还很远。

5. 有利于有效缓解部分高等职业院校招生困境

近年来，随着普通高中生源的减少，本科院校的持续扩招，高等职业院校数量的不断增加，高等职业院校的招生面临着"僧多粥少"的尴尬局面，导致生源恐慌。职业院校既要为促进适龄人群初次就业、创业提供优质职前教育服务，也要为职业转换人群提供优质职后教育、培训服务。改革完善高等职业院校考试招生办法，扩展面向退役军人、下岗职工、农民工等群体招生，既能促进职业教育的良性发展，又能充分彰显职业教育的旺盛生命力。

第二章　新时代之路

新时代职业院校实施大改革、大发展之思

为深入推进职业教育供给侧结构性改革，促进就业的稳定和扩大，2019年，国家密集出台了多项关于职业教育发展的政策，开启了我国职业教育大改革、大发展的新纪元，改变了我国职业教育和职业院校的发展轨迹。

1. 职业院校实施大改革、大发展的基本方略

党的领导是保障、社会主义是方向，民族复兴是使命、优先发展是策略，立德树人是根本、为国育才是大道，文化育人是指引、教育无痕是境界，服务发展是宗旨、促进就业是导向，扎根中国是前提、双师教师是基础，教改项目是载体、改革创新是动力，产教融合是路径、特色发展是目的，两轮驱动是定位、工学交替是特征，三全育人是趋势、三教改革是重点，四方联动是方式、四链协同是场景，五育并举是要求、协同发展是职责，发展质量是关键、诊断改进是手段，全面治理是措施、高质发展是目标。

职业院校始终坚持党对学校工作的全面领导，坚持社会主义办学方向，落实立德树人根本任务，落实教育和培训并举的法定职责，服务人的全面发展，服务经济社会发展，实施教师、教材、教法改革，实施全员、全程、全方位改革，推行政校行企联动，推进教育链、产业链、人才链、创新链协同，将决策指挥、质量生成、资源

建设、支持服务和监督控制融入学院、专业、课程、教师、学生层面，将德、智、体、美、劳融入人才培养、技术研发、社会服务、文化传承、国际合作过程中，培养全面发展的社会主义建设者和接班人，培养高素质的劳动者和技术技能人才。

2. 职业院校实施大改革、大发展的行动路线

以党的教育方针为统领，深化教育教学改革；以教育和培训为法定职责，服务人的全面发展和经济社会发展；以为党育人、为国育才为使命，培育先进的育人文化；以双师型教师队伍建设为基础，提升教育改革能力；以普适性和拔尖性建设并举为原则，发展整体质量；以合作规划、合作治理为基础，推进校企融合；以深化产教融合、校企合作，探索混合所有制办学模式；以培训载体和资源保障为依托，建立培训实施组织体系；以现代学徒制试点为契机，创新升级培养模式；以知行合一为导向，推进教学模式改革；以育训结合为着力点，深化教学组织模式改革；以专业群建设为龙头，建设高水平人才培养体系；以课程思政为重点，落实立德树人根本任务；以双创教育为突破口，培养创新、创业能力；以课程建设与改革为关键，前瞻性地对接企业转型升级；以教学资源建设为切入点，建设立体化教材体系；以职业技能大赛为载体，强化学生技能；以"1+X"证书改革为抓手，分层递进、分类贯通培养复合型技术技能人才；以公益活动为纽带，培育学生社会责任情感；以社团活动为路径，助力学生全面发展；以学分制深度改革为推手，推行学分互认替代积累和转换；以因材施教为核心理念，实施个性化培养；以多元评价为监测，建立内外结合的绩效考核机制；以集成形成大数据为目的，消除信息孤岛；以国际合作与交流为途径，扩大国际视野；以教学工作诊改为手段，推进全面治理，促进整体质量持续发展。

新时代职业教育转型升级之思

党的十九大做出"我国经济已由高速增长阶段转向高质量发展阶段"的重大论断。实现经济从高速增长到高质量发展转变,必须从"数量追赶"转向"质量追赶",从"规模扩张"转向"结构升级",从"要素驱动"转向"创新驱动"。职业教育与社会经济生活联系最为紧密,必须把握时代发展脉搏,全面转型升级,响应未来科技发展趋势和市场需求,高水平服务个人发展和社会经济发展。

1. 推进职业教育现代化是国家战略性部署

职业教育培养了数以千万计的高素质劳动者和技术技能人才,是一面精神旗帜;职业教育是中国现代化建设的巨大资源,是一支重要力量;职业教育有自身的发展规律和鲜明的教育特征,是一种教育类型。我国职业教育发展环境一直在改善,职业教育人一直在努力,职业院校教学质量一直在提高,形成了较为丰富的职业教育政策链,以及实践经验、观念、理念和理论、思想,职业教育已经发展到新的阶段。

新时代,国家、社会、行业、企业、学生、家长对职业教育的质量有着更高的期盼,职业教育的发展环境、发展模式、发展质量还不充分、不平衡,需要下大力气全面深化职业教育改革,健全制度、提高质量、多元办学、改善环境,加快发展高水平的职业教育。2019年年初,中共中央、国务院印发的《中国教育现代化2035》《国家职业教育改革实施方案》是贯彻全国教育工作会议,落实《职业教育法》，推进职业教育现代化、做强职业教育的重大战略布局，是加快职业教育转型升级、发展高水平职业教育的重要战术部署。

2.国家层面上，职业教育实现"三个转变"

2019年2月13日，《国务院关于印发国家职业教育改革实施方案的通知》（国发〔2019〕4号）提出：把职业教育摆在教育改革创新和经济社会发展中更加突出的位置，职业教育发展模式要从注重数量向注重质量的方向转变，从政府主办为主向政府统筹、社会多元办学的格局转变，从参照普通教育的模式向产教融合、办学特色更加鲜明的类型教育方向转变。

我国职业教育经过长期探索，具备了深化改革的有利条件和一定基础，虽然成为世界上最大规模职业教育的国家，但职业教育的国际影响力还需要提高，需要通过深化改革不断促进质量发展；政府逐步退出职业教育办学的微观层面，专注于制度建设环境建设，学校能办的事学校办，并充分发挥市场机制的作用，形成多元化办学格局，增强学校办学活力；职业教育必须根植于产业、行业、企业、职业，科学设置专业，系统组织学业，促进创业、就业，培育守业、敬业、乐业意识的教育，既不能普教化，也不能技能化，做到高质量的教育和高质量的培训融合并举，既管未来又管当下，施行"1+X"证书制度改革的意义在于此。

3.职业院校层面上，实现"八五六七"转变

实现职业教育转型升级发展必须从宏观、中观和微观领域全面推进，不断更新理念，深化职业教育产教融合发展模式、完善校企合作办学模式、创新工学结合人才培养模式、推行知行合一教学模式、优化工学交替教学组织模式、升级课程开发模式、抓实师资队伍建设。

（1）学校发展方略上，实现"八个转变"。

职业教育是面向职场的教育，面向人人的教育，职业院校发展策略应实现"八个转变"：第一，从"以就业为导向"转变为"以促进就业为导向"，贯彻党的教育方针，德技兼修，促进人的全面发展，立德树人是职业院校的根本任务；第二，从"以服务为宗旨"转变为"以服务发展为宗旨"，促进经济社会发展，前瞻引领是职业院校的社会使命；第三，从"单打独斗"转变为"协同发展"，办人民满意的职业教育，既要充分发展职业院校个体质量，又要通过多种形式加大院校之间、区域之间的交流与合作力度，协同发展是职业院校的共同追求；第四，从"关门办学"转变为"开放办学"，加大合作与交流，服务"一带一路"倡议，引进和输出人才、技术、标准、方案、优秀文化等，国际化办学是发展方向；第五，从"以学历教育为主"转变为"学历教育与培训并举"，做强培训是新时代职业院校的一种担当；第六，从"学校办学"转变为"校企双主体办学"，职业教育是跨界的教育，多元化主体办学能有效调动社会各方力量，促进职业教育的内生发展，企业有效参与职业教育是机制建设难点；第七，从"教育教学型"转变为"产教融合型"，唯有深化产教融合、校企合作，才能办出高水平的职业教育，产教融合是职业教育的办学之道；第八，从"教育信息化"转变为"信息化教育"，通过信息技术与教育共生融合，实现更加开放、更加公平、更加优质的教育，促进优质教育资源共享是发展趋势。

（2）人才培养体系建设上，实现"五个转变"。

职业教育以服务发展为宗旨，基于教育链、人才链、产业链、创新链协同联动，建设高水平人才培养体系。人才培养体系建设实现"五个转变"：第一，从"碎片化的专业建设"转变为"专业集群建设"，加大专业群建设力度，把专业群建在产业链上，形成与产业同步发展的专业群体系，以高水平专业群建设支撑高质量专业人才培养；第二，从"分散式的教学系统"转变为"集成化的教学体系"，加大对接产业结构调整和转型升级力度，优化课程体系、教学组织、条件保障，补齐体、美、劳教育短板，形成内外衔接的教学体系，以高水平的教学体系支撑学生的高质量全面发展；第三，从"关注教材"转变为"关注教学资源"，生产课程标准、资源库、教材等，形成完备的教材体系，以高水平的教材建设支撑高质量的有效育人；第四，从"刚性管理"转变为"弹性管理"，加大教学管理改革力度，全面推行完全学分制，形成具有开放性、反馈性的教学管理体系，以高水平的治理能力支撑高质量的人才培养；第五，从"重视育才体系构建"转变为"育德育才体系构建"，加大思政教育改革力度，按"大思政"教育格局，形成系统的思政教育体系，落实立德树人根本任务，以高水平的思政教育支撑高质量的为国育才、为党育人。

（3）教师发展上，实现"六个转变"。

进入新时代以来，职业教育的转型升级，带来教师角色在变化，教师实现"六个转变"：第一，由"教学人"向"教学人和德育人合一"转变，是教育促进人的全面发展使然；第二，由"教育人"向"教育人和社会人合一"转变，是教育促进经济社会发展使然；第三，由"学校人"向"学校人和系统人合一"转变，是促进教育平衡充分发展使然；第四，由"消费者"向"消费者和生产者合一"转变，是教育前瞻引领社会发展使然；第五，由"教师"向"教师和培训师合一"转变，是完善现代职业教育和培训体系使然；第六，由"教育信息化"向"教育信息化和信息化教育合一"转变，是开启教育新时代使然。

（4）课程教学上，实现"七个转变"。

课程教学是高职院校工作的基石，是落实立德树人根本任务的主要阵地。课程教学实现"七个转变"：第一，在课程标准体例上，由只面向指导教师教学用向指导师生转变；第二，在教学设计上，由面向考场的顺向思维向面向职场的逆向思维转变；第三，在教学内容上，由将知识、能力、素质割裂化培养向全过程中始终将"知识、能力、素质"融为一体作为有机营养成分一以贯之转变；第四，在教学组织上，由发挥单一主体资源向发挥校企双主体资源参与的方式转变；第五，在教学手段上，由传统的变更场所向信息化教育和情景化教学转变；第六，在教学方式上，由"规模化"的教学向个性化学习丰富教学形态转变；第七，在教学评价上，由单一主体、结论性评价向多元主体、结果性评价和形成性评价并重转变。

新时代我国教材建设格局：
统领、统筹、统一

课程教材是学校教育教学的基本依据，是传导国家意志、传承民族文明、育人育才的重要载体。课程教材链接着学校的培养目标与国家要求，链接着学校的专业培养目标与行业企业需求，链接着学校的课程教学目标与教师职业化追求，链接着学校的课堂教学目标与学生职业化成长需要，链接着教师职业化发展与学生职业成长，课程教材建设质量关乎人才培养质量，培养有理想、有本领、有担当的"时代新人"，必须要加强课程教材建设。

1. 统领教材建设已成为国家事权

课程教材是人才培养的核心载体，是国家事权，也是国家意志的体现。在课程教材建设中，必须加强党的领导，必须强化马克思主义对教材建设的统领，牢牢把住课程教材建设的思想性、科学性、系统性、时代性、民族性，真正从宏观、中观、微观层面上落实"立德树人"的根本任务。课程教材建设成为国家事权，主要体现在以下三个文件上。

2016年10月，中共中央办公厅、国务院办公厅印发《关于加强和改进新形势下大中小学教材建设的意见》（中办发〔2016〕66号），这是中华人民共和国成立以来第一个关于教材建设的中央统领性文件，文件内容包含加强和改进新形势下大中小学教材建设的重要意义、总体要求、科学制定规划、提高教材质量、强化教材研究和加强党的领导等。

2017年2月27日,中共中央、国务院印发了《关于加强和改进新形势下高校思想政治工作的意见》提出:要进一步办好高校思想政治理论课,充分发挥思想政治理论课的主渠道作用,深入实施高校思想政治理论课建设体系创新计划,完善教材体系,提高教师素质,创新教学方法,增强教学的吸引力、说服力、感染力。

2018年3月21日,中共中央印发《深化党和国家机构改革方案》,组建中央教育工作领导小组。其主要职责是:研究提出并组织实施在教育领域坚持党的领导、加强党的建设方针政策,研究部署教育领域思想政治、意识形态工作,审议国家教育发展战略、中长期规划、教育重大政策和体制改革方案,协调解决教育工作重大问题等。

2. 统筹教材建设已形成工作格局

2017年7月3日,《国务院办公厅关于成立国家教材委员会的通知》(国办发〔2017〕61号),国务院决定成立国家教材委员会及其专家委员会。国家教材委员会由各领域资深专家和有关部门负责同志组成,其主要职责是:指导和统筹全国教材工作,贯彻党和国家关于教材工作的重大方针政策,研究审议教材建设规划和年度工作计划,研究解决教材建设中的重大问题,指导、组织、协调各地区各部门有关教材工作,审查国家课程设置和课程标准制定,审查意识形态属性较强的国家规划教材。

2017年3月30日,教育部成立教材局,其主要职责是:承担国家教材委员会办公室工作,拟订全国教材建设规划和年度工作计划,负责组织专家研制课程设置方案和课程标准,制定完善教材建设基本制度规范,指导管理教材建设,加强教材管理信息化建设。

2018年5月22日，教育部成立课程教材研究所，其主要职责是：组织开展课程教材建设重大理论和实践问题研究，为国家课程教材建设决策提供咨询服务，参与拟定国家课程设置方案和课程标准（教学基本要求），参与组织国家统编教材的编写和审查工作，参与国家课程实施和教材使用的培训、监测和评估，为地方和学校课程教材建设提供咨询和服务，开展课程教材研究的国际交流与项目合作，承担国家教材委员会下设各专家委员会秘书处工作，开展教育部和有关部门委托的其他工作。课程教材研究所的建设目标：成为课程教材重大政策与基础理论研究中心、国家课程标准制定与教材审查专业服务中心、课程教材研究专业人才资源中心、课程教材实施监测与数据中心、课程改革指导服务中心。

国家教材委员会及其专家委员会、教育部教材局、课程教材研究所，形成了教材建设决策、实施、研究三位一体的工作格局。

3. 统一教材建设规范正在建立

教材建设成为国家意志，加强教材管理，全面落实教材建设的各项制度规范，推进新时代教材规范化管理体系的建设。

关于教材发行，2016年10月，中共中央办公厅、国务院办公厅印发《关于加强和改进新形势下大中小学教材建设的意见》（中办发〔2016〕66号）指出：要进一步规范教材发行工作。2016年，国务院关于修改《出版管理条例》的决定（国务院令第594号），修订后的《出版管理条例》第三十条规定：中学小学教科书出版、发行单位应当具有适应教科书出版、发行业务需要的资金、组织机构和人员等条件，并取得国务院出版行政部门批准的教科书出版、发行资质，其他任何单位或者个人不得从事中小学教科书的出版、发行业务。2016年，《出版物市场管理规定》（国家新闻出版广电总局　商务部令　2016年第10号）第十一条规定：单位从事中小学教科书发行业务，应取得国家新闻出版广电总局批准的中小学教科书发行资质。

关于教材建设管理，国家出台的《全国大中小学教材建设规划（2019—2022年）》《中小学教材管理办法》《职业院校教材管理办法》《普通高等学校教材管理办法》，以及修（制）订《中小学少数民族文字教材管理办法》《学校选用境外教材管理办法》，对教材编写修订、审核审定、出版发行、选用、停用退出等环节提出明确具体要求。

贯彻落实党的教育方针，发挥教材育人作用，关键在于要多出经得起实践和历史检验的优秀教材，要在把好政治方向和价值导向上下功夫，在提升教材科学性和思想性上下功夫，在增强教材建设的动力和活力上下功夫，推动教材建设不断迈上新的台阶。

对新时代深化产教融合、校企合作的探索

深化产教融合、校企合作是推动现代职业教育高质量发展的关键因素之一。可以说我国职业教育发展史就是一部产教融合、校企合作的理论和实践不断创新发展的历史。要以立德树人为根本任务、服务发展为宗旨、以促进就业为导向,不断更新理念,坚持产教融合、校企合作,推动形成产教良性互动、校企优势互补的发展格局,切实提高职业教育的适应性。

1. 新时代产教融合、校企合作理念的深化和推进

1991年,《国务院关于大力发展职业技术教育的决定》(国发〔1991〕55号)提出要在各级政府的统筹下,发展行业、企事业单位办学和各方面联合办学,要充分发挥企业在培养技术工人方面的优势和力量;2002年,《国务院关于大力推进职业教育改革与发展的决定》(国发〔2002〕16号)提出形成政府主导、依靠企业、充分发挥行业作用、社会力量积极参与的多元办学格局,要充分依靠企业举办职业教育,有条件的大型企业可以单独举办或与高等学校联合举办职业技术学院;2005年,《国务院关于大力发展职业教育的决定》(国发〔2005〕35号)提出继续完善"政府主导、依靠企业、充分发挥行业作用、社会力量积极参与,公办与民办共同发展"的多元办学格局,公办职业学校要积极吸纳民间资本和境外资金,探索以公有

制为主导、产权明晰、多种所有制并存的办学体制,企业可以联合举办职业院校,也可以与职业院校合作办学。

进入新时代以来,2013年,《中共中央关于全面深化改革若干重大问题的决定》明确提出,市场在资源配置中起决定作用。基于这一理论,充分发挥市场作用、积极推进职业教育改革与发展得到高度重视,开启了这一理念的创新和全面的探索。2014年,《国务院关于加快发展现代职业教育的决定》(国发〔2014〕19号)(简称《决定》),对发展现代职业教育进行了重大理论创新:职业教育发展方针从过去的"政府主导"转变为"政府推动、市场引导",从"组织动员行业企业和社会力量参与办学"转变为"引导支持社会力量兴办职业教育",企业由"重要力量"提升为"重要办学主体";明确提出研究制定促进校企合作办学有关法规和政策,深化产教融合,鼓励行业和企业举办或参与举办职业教育,发挥企业重要办学主体作用,探索发展股份制、混合所有制职业院校,鼓励多元主体组建职业教育集团。《决定》的总体思想是政府逐步退出职业教育办学的微观层面,专注于制度建设和办学环境建设的宏观把握,学校在遵循教育规律、增强办学活力的基础上,发挥市场主体作用。

2. 新时代推进产教融合、校企合作的政策支持

新时代,党和国家对推进产教融合、校企合作发展职业教育进行了顶层设计。2014年,国务院发布的《决定》是新时代党中央、国务院对加快发展职业教育做出的重大战略部署。将深化产教融合、校企合作作为加快发展现代职业教育的基本原则之一写入《决定》,这对于加快职业教育发展具有重大的战略意义。2017年,党的十九大报告中提出,完善职业教育和培训体系,深化产教融合、校企合作,是对职业教育未来发展方向进行定位。2017年,国务院办公厅发布《国务院办公厅关于深化产教融合的若干意见》(国办发〔2017〕

95号),是对推进产教融合的行动指南。2018年,《教育部等六部门关于印发〈职业学校校企合作促进办法〉的通知》(教职成〔2018〕1号),加上2014年《教育部关于开展现代学徒制试点工作的意见》(教职成〔2014〕9号),2015年《教育部关于深入推进职业教育集团化办学的意见》(教职成〔2015〕4号),2016年《教育部等七部门关于印发〈职业学校教师企业实践规定〉的通知》(教师〔2016〕3号),2021年《教育部等八部门关于印发〈职业学校学生实习管理规定〉的通知》(教职成〔2021〕4号)等文件,明确了操作性框架及具体细节的规范管理,是职业教育深化产教融合、校企合作具体化的实施细则。2019年,《国务院关于印发国家职业教育改革实施方案的通知》(国发〔2019〕4号),对职业教育提出了全方位的改革设想,对促进产教融合、校企合作提出了工作重点。国务院及相关部门的一系列决定、意见、办法、规定、方案、通知等,形成了推进产教融合、校企合作工作的政策链和"组合拳",体现党和国家言系职教、心系职教、行系职教、情系职教。

3. 新时代职业院校产教融合、校企合作的探索实践

在推进产教融合、校企合作过程中,各职业院校不断深化校企合作办学模式、创新工学结合人才培养模式,推行知行合一教学模式、优化育训交替教学组织模式,归纳起来为"18个共同""12个升级""18个融合"。

校企共育人才,探索"18个共同"。为培养高质量的技术、技能人才,各职业院校不断推进校企协同育人,从共同探索办学理念及制度设计、共同探索校企发展规划、共同创新培养模式、共同策划组织招生、共同开发课程体系、共同建设教学资源库、共同建设科研型和教学型团队、共同建设生产性教学性研发性实训基地、共同组织课程教学、共同举办各级各类技能大赛、共同开展教研科研课

题项目研究、共同开发标准、共同传承创新文化、共同考核评价各类人员、共同开展社会服务、共同开展国际合作与交流、共同开展诊断与改进、共同分享办学成果共18个方面进行了富有成效的探索。

高质量发展建设，探索"12个升级"。为促进人才培养质量的提升，各职业院校从把企业一般性作用升级为主体作用，把企业对学生一般性培训升级为在岗培训，把校企各自为战升级为共同育人共赢，把校企一般性合作升级为系统化合作，把一般性招生升级为校企联合招生招工，把学生一个身份升级为两个身份，把学生一般性实习升级为在岗学习，把学生一般性实训升级为生产实训，把学生一般性工学结合升级为育训结合，把一般性课程升级为特色课程，把一般性考核升级为多元考核共12个方面进行了丰富的探索。

高质量培育人才，探索"18个融合"。为实现高质量人才培养，各职业院校不断提高校企合作集成度、融合度，从促进教育与培训、育德与育才、教学与生产、学业与职业、学期与工期、作品与商品、考试与考核、学徒生与学徒工、学校教师与企业职工、专业知识与职业知识、跟岗实习与在岗学习、教学标准与生产标准、一般性课程和企业特色课程、教学工艺与生产工艺、教学环节与生产环节、教学管理与生产管理、教育目标与生产目标、学校文化与企业文化共18个方面的融合进行了卓有成效的探索。

4. 新时代深化产教融合、校企合作的进一步思考

发展高水平的职业教育，显著增强职业教育的服务力、贡献力、引领力，必须高举立德树人大旗，走产教融合、校企合作之路，政校行企联动，即政府推动、学校主体、行业引领、企业参与，不断更新办学观念、提升发展视野、着力特色发展、清晰发展模式，推进开放办学、破解发展瓶颈、提升集聚能力、拓展发展空间，建立分享机制、共享发展红利。产教融合层面上，持续改善政策环境，产教对接动态发展，促进产与教融合度不断提高；校企合作层面上，不断优化融合机制，学校企业同步规划发展，促进校与企集聚度不断提高；工学结合层面上，不断创新人才培养模式，人才素质结构主动适应市场需求，促进工与学集成度不断提高；育训结合层面上，实施育中训、训中育，教师与企业技术管理人员"同教同育"，学生与企业员工"同学同训"，课与岗对接，促进育与训系统度不断提高；知行合一层面上，加大教学改革，实现教学全过程中，将融专业知识、职业能力、职业素养于一体的有机"营养餐"贯穿始终，促进知与行一体化程度不断提高。

新时代高职院校转型升级

新时代，职业教育已成为我国教育阵营中的重要方面军，不能缺失；职业教育是一支伟大力量，与我国社会经济生活联系最为紧密，不能削弱。因此，职业教育不可替代。然而，我国的职业教育发展还不充分，因此，积极推动高职院校转型升级，已成为当前职业教育刻不容缓的重要工作。

1. 职业院校转型升级是服务国家战略所需

新时代，随着国家发展战略不断推进，产业结构调整和转型升级不断加速，导致产品结构不断变化引发就业结构的不断变化，带来劳动力素质结构必须同步提升，国家、社会、行业、企业、学生、家长对职业教育的质量有着更高的期盼。在职业教育发展环境不断改善的今天，职业院校必须前瞻性思考，加大供给侧结构性改革力度和广度，换挡提速，加快学校转型升级步伐。

2. 职业院校转型升级是内生发展所需

尽管我国职业教育的发展成就令世界瞩目，但面对"互联网+""人工智能+"、产业结构调整和升级加快的背景，职业院校的发展还不充分，主要体现在学校前瞻对接经济社会发展需求不充分，学校和企业合作资源融合不充分，培养方案中学历教育和培训融合的设计不充分，教学与科研结合不充分，理论教学与实践能力培养融合不充分，专业教育和创新创业教育融合不充分，课程教学和思政教育融合不充分，学习情景与未来职业场景结合不充分，学校功能空间与学生多样化学习方式匹配不充分，教育者学情分析与因材施教融合不充分，线上线下教育有机融合不充分，知识与能力、素质的合成与验证不充分。因此，高职院校要实现高水平发展，必须加大供给侧结构性改革以适应未来科技发展趋势和市场需求。

3.职业院校转型升级着力实现"七个"转变

第一个转变，从"以就业为导向"转变为"以促进就业为导向"。认真贯彻党的教育方针，落实立德树人根本任务，回归教育本真，德技兼修，促进人的全面发展。

第二个转变，从"以服务为宗旨"转变为"以服务发展为宗旨"。优化专业群结构和课程体系，加强技术积累与创新，促进经济社会发展。

第三个转变，从"单打独斗"转变为"协同发展"。办人民满意的职业教育，既要充分发展职业院校个体质量，又要通过多种形式加大院校之间、区域之间的交流与合作力度，开展教育对口帮扶，促进职业教育均衡化发展。

第四个转变，从"关门办学"转变为"开放办学"。扩大国际视野，加大合作与交流，服务"一带一路"倡议，引进和输出人才、技术、标准、方案、优秀文化等，促进职业教育国际化发展。

第五个转变，从"以学历教育为主"转变为"学历教育与培训并举"。做强培训是新时代职业院校的一种担当，突显把学校办成多功能的"充电"中心，既能为促进适龄人群初次就业创业提供优质职前教育服务，也能为促进职业转换人群提供优质职后教育、培训服务，促进学习型社会发展，促进终身教育发展。

第六个转变，从"学校办学"转变为"校企主体办学"。职业教育是跨界的教育，仅仅利用学校资源办职业教育是不可能对接市场需求的，唯有深化产教融合、校企合作，才能办出高水平的职业教育，促进办学主体多元化发展。

第七个转变，从"教育信息化"转变为"信息化教育"。信息技术不仅仅是教学的工具和手段，而是成为与教育共生融合的整体。构建全新的教育生态，推进基于大数据的教育决策，实现更加开放、更加公平、更加优质的教育，促进优质教育资源共享。

新时代高职院校"课程思政"建设

进入新时代以来,国家聚焦为人民提供更好、更公平的教育,出台了众多利好教育的政策,职业教育发展环境越来越好。加强思政教育,落实立德树人根本任务,提高职业教育整体教育质量,高质量服务人的全面发展与经济社会发展是新时代赋予职业教育的使命。

1. 形成"大思政"教育格局

"大思政"既是一种教育理念,也是一种思维意识,还是一种认识方法。为构建"大思政"格局,高职院校必须树立其教育理念,强化其教育意识,建立其教育体系,创新其教育机制,激发其教育活力,践行其教育职责,让所有教育工作者都能自觉将思政教育元素渗透于全领域、全过程,做到学生思政、教师思政、课程思政、学科思政、环境思政同向同行,有机协同。形成"凝聚共识建体系,立德立才;精准施策启新航,修德修才;思政课程高聚焦,树德树人;课程思政全覆盖,育德育人"的局面。

2. 形成"大思政"教育系统

一个人随着年龄的增长、环境的变迁、职业的变更、岗位的变化,学过的知识可能会逐渐遗忘,技能可能会逐步退化,但教育留在思维中的信仰、理想、价值取向、人格模式和审美情趣却无时无刻不在影响着自己,从某种意义上来说,教育人向善、向前、向真、向上、向美就是当今内涵极其丰富的"大思政"。解决高校大学生思想政治教育"孤岛"问题是一个系统工程，学校工作的每个领域，每个领域的每个体系，每个体系的每个环节都富含思政教育元素。将这些元素揭示出来并进行集成，即形成思政教育的目标链，将目标具化即形成思政教育标准链，为有效实施建立资源体系即形成思政教育保障链，从而形成"大思政"教育系统。

3. 形成"课程思政"教育体系

习近平总书记在全国高校思想政治工作会议上强调，"……各门课都要守好一段渠、种好责任田，使各类课程与思想政治理论课同向同行，形成协同效应"。所有的课程都富含思政元素，在课程教学中，授课教师以严谨的教学态度、孜孜不倦的探索精神培养学生的政治立场、道德素养、法治意识、价值导向、科学精神、家国情怀、思维品质、审美情趣、生活态度、看问题的方法、做人的道理等，都属于课程思政的基本内涵。不同类的课程，其思政元素是不同的，哲学社会科学类课程重在价值引导和优秀传统文化的传承，人文艺术类课程重在爱国主义和民族情怀的渗透，自然科学类专业课程重在科学精神培育和哲学思辨，工程技术类专业课程重在工匠精神的渗透。

在"五个思政"中，课程思政是提高思政教育效果的有效抓手，也是落实"大思政"教育的主阵地。开发每门课程隐含的思政元素，内容体系上形成思政课程与课程思政、教学组织上形成理论讲授与社会实践、设施设备上形成硬件资源与软件资源共进、教师能力上形成育才能力和育德能力、考核评价上形成专业能力和德育表现五个协同共进，构建思想政治理论课、通识课、专业课三位一体的思政课程教育体系。

4. 建设"课程思政"教师队伍

落实"课程思政"的关键在教师。强化教师的教育情怀，提高教师思政教育能力，使思政教育从思政课教师"专人"转向所有课程教师"人人"，从而保证在各类课程教学中润物无声地实现植信念、播信仰、触灵魂、修德行。善于课程思政的老师，既能助力政治思想教育，也能培育学生人文素养，高效提高教学质量和育人效果。

教育的目的是培养"全人"，不管他从事任何职业，都需具备完善的道德素质。面对职业院校学生来源的多样性及素质结构的不平衡，作为引领人成长的教师，必须静心修炼。面对新的挑战，有效学习是先导，既要关注了解，又要系统思考；面对新的发展，有效创新是关键，既要锐意进取，又要系统实践。能被学生永久记住并时常谈起，或在学生成长过程中有困惑时被想到的老师，多是在教书育人的过程中践行"大思政"无痕渗透的"高人"，这些老师是真正的人类灵魂的工程师。

新地位　新判断　新行动　新聚焦

随着《国家职业教育改革实施方案》和《中国教育现代化 2035》的印发，2019 年国务院政府工作报告首次将职业教育纳入就业优先政策置于宏观政策层面，以及《职业教育法》修订工作的推进和全国职教大会的召开，职业教育的新地位进一步得到提升。

1. 职业教育是推动中国前行的一支重要力量

构成中国教育阵营中重要方面军的职业教育，随着我国社会政治经济文化发展而成长壮大，是推动中国前行的一支不可替代的重要力量。实现中国梦需要职业教育支撑，全面建成社会主义现代化强国需要职业教育支撑，建设教育强国需要职业教育支撑，建设创新型国家需要职业教育支撑，推进"一带一路"建设需要职业教育支撑，推进供给侧结构性改革需要职业教育支撑，推进产业转型升级需要职业教育支撑，推进新型城镇化需要职业教育支撑，人民实现高质量的就业创业需要职业教育支撑，人民提高生活品质需要职业教育支撑。

正因为职业教育的不可替代性，职业教育的地位日益提高。2014 年全国职业教育工作会议提出，把发展现代职业教育摆在更加突出的位置；2018 年 9 月 10 日全国教育大会提出，把职业教育摆在教育改革创新更加突出位置；2018 年 11 月 14 日，中央全面深化改革委员会第五次会议提出，把职业教育摆在更加突出位置；2019 年《国务院关于印发国家职业教育改革实施方案的通知》(国发〔2019〕4

号）提出，把职业教育摆在教育改革创新和经济社会发展的突出位置，从中可以看到中央和全社会对于职业教育的高度重视，职业教育已摆在了党和国家工作全局的重要位置。

2. 全面提高职业教育整体质量

我国职业教育坚持产教融合、服务发展、促进就业的发展方向。经过长期的探索和实践，尤其是改革开放以来，中国经济实现腾飞，职业教育也随之蓬勃发展，令世界瞩目，不仅成为世界上规模最大的职业教育，而且积累了较为丰富的职业教育实践经验。我国职业教育发展的环境持续改善，职业教育规模、层次、结构趋向合理，院校布局和专业设置与经济社会发展的匹配度不断提高，现代职业教育体系基本成型，产教深度融合、校企协同育人、职普相互沟通、学段衔接贯通、教育和培训并举的职业教育发展格局基本形成。提高职业教育整体质量已经具备了有利条件和一定的基础。

新的时代，我国职业教育进入一个新的发展阶段，职业教育的发展环境、发展模式、发展质量还不充分、不平衡，国家、社会、行业、企业、学生、家长对职业教育的质量有着更高的期盼。下大力气全面深化职业教育改革，加快发展高质量的职业教育，推进职业教育现代化正当时。国务院出台《国家职业教育改革实施方案》正是贯彻全国教育工作会议，落实《职业教育法》，做强职业教育的重要部署，重在进一步健全制度、提高质量、多元办学、改善环境，实现职业教育的发展模式从注重数量向注重质量的方向转变，从政府主办为主向政府统筹、社会多元办学的格局转变，从参照普通教育的模式向产教融合、办学特色更加鲜明的类型教育方向转变。

3. 坚持普适性建设和拔尖性建设并举，推进职业教育改革

纵观我国高职教育改革发展的实践，普适性建设和拔尖性建设并

举成为推进中国高职教育改革与发展的一种有效模式。我国启动高等职业教育质量发展行动以来，2006年，教育部发布《教育部关于全面提高高等职业教育教学质量的若干意见》（教高〔2006〕16号），启动了普适性的内涵建设，教育部、财政部发布《教育部、财政部关于实施国家示范性高等职业院校建设计划加快高等职业教育改革与发展的意见》（教高〔2006〕14号）、《教育部、财政部关于进一步推进"国家示范性高等职业院校建设计划"实施工作的通知》（教高〔2010〕8号），启动了示范（骨干）院校拔尖建设；2015年，教育部印发《教育部关于印发〈职业院校管理水平提升行动计划（2015—2018年）〉的通知》（教职成〔2015〕7号）启动了旨在提高治理水平发展质量新内涵的普适性内涵建设，教育部颁发《教育部关于印发〈高等职业院校创新发展行动（2015—2018年）〉的通知》（教职成〔2015〕9号），启动优质高职院校拔尖建设；2019年，国务院发布《国务院关于印发国家职业教育改革实施方案的通知》（国发〔2019〕4号），将发展职业教育质量上升为国家层面的行动计划，启动"1+X"证书制度改革这一普适性内涵建设和"特高建设计划"拔尖性建设。"1+X"证书制度改革实施涉及产教融合、校企合作、工学结合、工学交替等宏观、中观、微观层面，是一项推进职业教育深化改革的系统化工程。

4. 聚焦国际高水平的职业教育，建设高水平的人才培养体系

职业教育以服务发展为宗旨，既要对接现实，承载满足社会发展需求的重任，更要思考未来，具备对世界经济发展走势的前瞻预测眼光，适度超前，动态响应，发展高水平的职业教育，主动适应和前瞻未来科技发展趋势和市场需求。

基于教育链、人才链、产业链、创新链协同联动，加大诊断与改进广度与力度，建设高水平人才培养体系。加大专业群建设力度，

把专业群建在产业链上，形成与产业同步发展的专业群体系，以高水平专业群建设支撑高质量专业人才培养；加大对接产业结构调整和转型升级力度，优化课程体系、教学组织、条件保障，补齐体美劳教育短板，形成内外衔接的教学体系，以高水平的"全人"教育支撑学生的高质量全面发展；加大教材建设力度，制定课程标准、建设资源库、编写教材等，形成完备的教材体系，以高水平的教材建设支撑高质量的有效育人；加大教学管理改革力度，全面推行完全学分制，形成具有开放性、反馈性的教学管理体系，以高水平的治理能力支撑高质量的人才培养；加大思政教育改革力度，以"大思政"教育格局，形成系统的思政教育体系，落实立德树人根本任务，为国育才，为党育人。

新时代　新职教　新作为　新期待：
职业教育发展的诗和远方

职业教育生命力在于同步社会发展，职业教育源动力在于适应市场需求，职业教育影响力在于精准服务能力，职业教育吸引力在于服务发展质量。

2019年，是我国职业教育大改革、大发展的新纪元。这一年，职业教育改革发展有了新理念；这一年，职业教育发展环境有了新改善；这一年，职业教育地位有了新提高；这一年，职业教育改革方案有了新设计；这一年，职业教育发展前行有了新目标；这一年，职业教育深化改革有了新行动；这一年，职业教育规模有了新扩招；这一年，职业教育质量建设有了新工程；这一年，职业教育教学改革有了新项目；这一年，职业教育前行轨迹有了新变化；这一年，职业教育加快发展有了新节奏；这一年，职业教育优质发展有了新期待。新蓝图已绘制，新方案已编制，新征程已启航，期待17年后的职业教育生机盎然，活力四射！

职业教育发展之环境营造。国家，顶层设计、建章立法，促环境建设有力；学校，贯彻执行、系统谋划，施精准建设发力；社会，关注职教、支持职教，成蔚然之风助力；教师，不忘初心、立德树人，育俊贤人才得力；学生，努力学习、全面发展，做真善美人给力。

职业教育发展之产教融合。遵循合作规划，合作治理，合作培养，合作发展理念，产教融合的形式上，从学校一般性招生升级为校企联合招生招工、从学生一个身份升级为学生员工双身份、从企业一般性作用升级为主体作用、从企业对学生一般性培训升级为在岗培训、从校企各自为战升级为共同育人、从校企一般性合作升级为融合发展、从学生一般性实习升级为在岗学习、从学生一般性实训升级为生产实训、从学生一般性工学结合升级为工学交替、从学校课程升级为校企双元课程、从一元考核升级为多元考核等；产教融合内涵上，实现招生与招工、教育与培训、教学与生产、学业与职业、学期与工期、作品与商品、考试与评价、学徒生与学徒工、专业知识与职业知识、跟岗实习与在岗学习，教学标准与生产标准、教学工艺与生产工艺、教学环节与生产环节、教学管理与生产管理、教育目标与生产目标、教育规律与生产规律的渗透融合。

职业教育发展之三教改革。教育适应未来发展趋势施之有策，研态势思方法做好中国方案。三教改革聚焦立德树人育之有道，成体系立规范打造中国标准。教师研学教育教学规律教之有方，聚共识启新航融入中国元素。教材根植社会发展态势教之有材，建课程著教材打牢中国底色。教法对接课程内容变化教之有法，立德育贤才打上中国烙印。

职业教育发展之谨防"三化"。职业教育离开理论教学，实践教学和素质教育就缺少基础支撑，高职教育失去高等性，高职教育被"庸俗化"；职业教育离开实践教学，理论教学和素质教育就缺少源头活水，高职教育失去生命力，高职教育被"普教化"；职业教育离开素质教育，理论教学和实践教学就难以育德育人，高职教育偏离正航道，高职教育被"功利化"。

职业教育发展之发展画像。2020年职业教育规模、层次、结构更趋合理，院校布局和专业设置与经济社会发展相适应，院校办学能力和贡献力彰显，现代职业教育体系基本成型，职业教育发展环境持续改善，形成产教深度融合、校企协同育人、职普相互沟通、学段衔接贯通、教育和培训并举的职业教育发展局面。职业教育现代化、国际化取得重要进展。职业教育发展之发展画像。至2035年职业教育的规模、层次、结构更加匹配未来科技发展趋势和市场需求；职业教育供给质量更加匹配产业结构调整转型升级；职业教育的服务力、贡献力、引领力更加显著；职业教育以法制为基础的体制机制"生态圈"更加成熟定型，"直通车""立交桥""旋转门"运行更加灵活畅通。职业教育实现现代化，成为世界职业教育有重要影响力的国家。到那时，现代化的职业教育成为国家实施创新驱动发展战略、科教兴国战略、人才强国战略的重要支撑，在国家人力资本提升中发挥关键作用，能够使每一个有接受职业教育愿望的学习者享受到优质的职业教育，实现体面就业、人生出彩、幸福生活的目标。

第二篇 新时代高等职业教育探索与实践

第三章 教师队伍

新时代职业院校教师队伍建设的新思考

教师是学生成长的引路人，教师在塑造人的过程中，需要教师有高尚的品德、先进的理念、高度的智慧、扎实的功底、高超的艺术和精湛的技术。

1. 新时代职业院校教师行为偏差现象

新时代，我国职业教育教学改革力度空前，教师凭借扎实的专业知识、丰富的职业素养、较强的社会沟通能力，谱写了一幕幕精彩的教育教学改革的新篇章。在探索前行的过程中，也存在着教师行为偏差现象，尽管比例极低，但因为教师职业的特殊性，在学校治理中应引起高度关注。行为偏差现象概述如下。

工作定位上，以教学为副业、以兼职为主业；职业知识上，无知无畏、行为失敬；教学组织上，偷工减料、短斤少两；教学方法上，照本宣科、凭感觉教课；教学手段上，方式匮乏、匹配不够，对课堂异常现象视而不见；教学内容上，放大知识、弱化能力；教书育人上，只见说书，不见育人；信息技术应用上，只是机械灌输、机器播放。

2. 新时代教师队伍建设新目标

2018年，《中共中央 国务院关于全面深化新时代教师队伍建设改革的意见》(以下简称《意见》)指出,教师承担着传播知识、传播思想、传播真理的历史使命,肩负着塑造灵魂、塑造生命、塑造人的时代重任,是教育发展的第一资源,是国家富强、民族振兴、人民幸福的重要基石。《意见》对幼儿教育、基础教育、职业教育、高等教育等四支教师队伍的建设目标,提出统一的要求:"高素质",即政治站位上做"高"人,思想上做"正"人,道德上做"规范"人,法制上做"规矩"人,职业涵养做"有境界"的人。同时,也提出了各自目标:幼儿园教师重在"善保教",中小学教师重在"专业化",职业院校教师重在"双师型",高校教师重在"创新型"。

3. 新时代教师角色转变新趋势

新时代教师的角色在变化,呈现"五个"转变趋势,即由"教学人"向"教学人和德育人合一"转变,是教育促进人的全面发展使然;由"教育人"向"教育人和社会人合一"转变,是教育促进经济社会发展使然;由"学校人"向"学校人和系统人合一"转变,是促进教育平衡充分发展使然;由"消费者"向"消费者和生产者合一"转变,是教育前瞻引领社会发展使然;由"教师"向"教师和培训师合一"转变,是完善现代职业教育和培训体系使然。

4. 新时代对职业院校教师的新要求

根据教师队伍建设的新目标和发展新趋势,教师必须加强学习,不断提高自己的专业知识和职业素养。如果一名教师仅凭经验与直觉进行教学,教和学两端产生同频共振的概率极小,从某种意义上来说,这也是教师职业道德的缺失和对学生的不负责任。

新时代,教师必须具备"二三四五六"特质:二种思维——职业教育是跨界教育,必须具有非线性思维,职业教育是面向职场的教育,必须具备逆向思维;三类知识——职业教育通过专业开展教育教学活动，必须具备专业知识、职业知识和教育教学知识；课堂教学四职责——职业教育是一种类型的教育，必须全面贯彻党的教育方针，关注培育素质、传授知识、培养能力、掌控安全，善做"营养餐"；五个特性——教育既是服务也不是服务，教师必须具备知识性、技术性、艺术性、工程性、创新性；六项能力——职业教育以促进就业为导向，必须具备教学能力、实践能力、研究能力、信息技术能力、德育能力和社会服务能力。

5. 新时代教师职业规划

进入新时代，功利主义教育思想仍然严重，教育浮躁现象依然存在。国家出台了一系列决定、意见、办法，全面治理教育，让教育回归教育本质，更加接近教育规律和学生成长规律。学校需有效引导教师成为有情怀的教师，制定与学校发展相适应的个人职业发展规划。规划的制定可以参考六个维度：在职称维度上是教员—助理讲师—讲师—副教授—教授；在履职维度上是字之师—事之师—人之师；在影响力维度上是教师—合格教师—有水平的教师——流的教师—顶尖的教师；在理论境界维度上是教师—有观点的教师—有理念的教师—有理论的教师—有思想的教师；在教学境界维度上是教师—骨干教师—名师—大师；在人生境界维度上是个人境界—功利境界—道德境界—人类境界。

《意见》将教师工作提到了前所未有的政治高度，我们正当其时。新时代的我们正处于教育春暖花开的季节，作为教师要修炼自己成为智者，要以自己的成长和发展去促进学生的成长和发展。

新时代职业院校教师的自我成长之思:"五做"

习近平总书记指出"一个人遇到好老师是人生的幸运,一个学校拥有好老师是学校的光荣,一个民族源源不断涌现出一批又一批好老师则是民族的希望"。在职业教育还比较浮躁、功利主义思想依然存在的今天,遇到向上、向善、向真、向美的老师是学生的幸运。通过加强教师队伍建设,全面提升教师队伍的整体素质,是学生的幸福,更是教育的希望。

教师整体素质的提高,既需要国家、社会、学校营造利于教师成长与发展的环境,更需要教师个人在漫长的教学过程中持续积累、不断自省,借力发展自己,促进个人持续成长。

1. 做心存敬畏的教师

教育是良心的事业、教学是良心的活动、教师是良心的职业。教师通过教学活动实现对学生的传道、授业、解惑,进而达到教育教学的目的。

作为一名教师,要常怀敬畏之心,敬畏生命的珍贵、敬畏道德的重要、敬畏法律的权威、敬畏职业的崇高、敬畏课堂的神圣、敬畏知识的力量。只有心存敬畏,才能行之高远。要遵从教育规律,恪守教学规定,坐得住板凳,耐得住寂寞,忍得住诱惑,静心沉淀自己,做一名优品质、高境界、正能量,心有敬畏的好教师。

2. 做善学习的教师

教师集医生、设计师、工程师、评估师、信访员、艺术家等角色于一身，应善于通过实学、师学、书学、网学等路径扩充学习各类知识，同时又要聚焦专业学科知识的学习，还要持续关注国家教育方针、教育政策，以及新的教育思想、教育理论、教学策略、办学模式、人才培养模式、教学组织模式、教学模式、教学方式、教学方法、教学手段、教学测评等教师职业知识的学习。唯有教师不断学习和实践，才能与教育质量发展要求相匹配。

3. 做有功底的教师

作为一名教师，教书是第一工作，上课是第一责任。把握好教学规律，上好每一节课，优质高效地完成教学任务，为国家培养出更多优秀的人才，是每个教师最大的愿望。

落实立德树人根本任务，为国育才，为党育人，教师必须有扎实的教育教学功底。如用先进的教育教学思想和理论指导教书育人实践，理念精微；精通课程整体教学设计、单元教学设计和教学方案设计，设计精心；把握专业培养目标、课程目标与课堂教学目标的逻辑关系，目标精确；有效处理好显性内容与隐性内容的内在关系，育德育人，有效处理好静态内容和动态内容的衔接关系，对接市场，内容精当；调控教学组织过程中状态和处理教育教学过程中的随机事件，组织精细；根据不同的教学内容选择匹配的教学及考评的方式、方法和手段，匹配精准；善于进行情景创设，营造互动氛围，艺术精湛；全方位将素质教育贯穿于理论教学、实践教学全过程中，使素质、知识、能力完美融合，"营养"精致。

4. 做"道""术"合一的教师

互联网颠覆和变革一种业态形态似乎越来越容易，对推动教育发展也起到了不可替代的作用，但在实际教育教学中不可喧宾夺主、过度使用。互联网解决了供需两侧部分内容的链接，却代替不了教育的全部；互联网改变了某些教学环节的形态，却代替不了教学组织的全部；互联网解决了线上交流，却替代不了交流的全部；互联网提高了课堂教学效果，却替代不了教育效果的全部。肩负教育在于塑造灵魂、塑造生命、塑造人使命的教师，需要在教育之道的指引下，有选择、有定力、有情怀地用好教育之术。未来无论科技如何发展，线上线下有机融合才是永远的教育模式。一方面要创新适应时代的教育教学之术，另一方面要传承坚守优秀传统的教育教学之法，两者不可偏废。

5. 做有思想的教师

思想的力量是强大的，有思想的人能让人眼前一亮、豁然开朗，增长见识、受到启发。有思想的人悟能成思，思能长智；有思想的人读书育己，教书育人；有思想的人思维发散，分析系统；有思想的人生产理论，传播理念；有思想的人视角独特，见解深刻；有思想的人观点新颖，讲话在理；有思想的人抓住本质，一针见血；有思想的人给人启迪，增长见识。

教师，既是读书者（知识消费者），也应追求做写书者（知识生产者）；既是实践者，也应追求做研究者；既是育人者，也应追求做思想者。坚持读书、实践、反思、写作，就能有理性的思考、感性的体悟、思想的析出。一个教师如果能把诸多教育教学工作作为自己笔耕的素材，能把诸多的教育教学问题作为自己反思的课题，用发散性思维和批评性思维写感悟、写随笔，并深思熟虑、反复审视，就会视角独特、见解深刻、讲话在理，进而提出观点、演化为理念、沉淀成理论、孕育出思想，从而做到教书育人、读书育己、写书育世。

习近平总书记强调"教育是国之大计、党之大计"。教师是教育的第一资源，教师强则教育强。我们正处于教育春暖花开的季节，教育新体制的"四梁八柱"已经搭建，教育改革已进入"全面施工内部装修"阶段，作为教师应无愧于这个时代，不断修炼自己，成长为智者，走向卓越！

新时代职业院校教师管理之思："六心"

管理的主要目标就是形成一种良好的"氛围"，以充分调动劳动者的主观能动性，来实现最佳的效果。从创造教育效益和提高教学质量的目的来看，有什么比先进的教学设备和严格的管理更有效？答案只有一个，那就是良好的学校"氛围"。大量的事实都已证明，只要能充分调动人的积极性和创造性，团队的力量可以解决几乎一切学校的问题。作为脑力劳动者的教师是人文精神、现代科技文化知识和技能的主要传播者、引导者。在职业院校高位爬坡过坎的今天，教师的职业态度直接关系到教学质量和学校的发展。因此，调适好教师的心情，将对学校的高质量发展起到积极而深远的影响。

1. 尊重"自尊心"，倡导奉献精神

高职院校教师一般是科班出身的本科生或研究生，他们的智商较高，具有较强的理论水平和一定的研究能力，且多有一技之长。这些教师从小受到家长的偏爱、教师的器重，再加上几年高等学府的环境熏陶，逐渐形成了较强的自尊心理，有的教师甚至有较强的自负心理。为此，学校应从"尊重知识、尊重人才"的角度来平衡这种自尊心理。只要他们的知识有了用武之地，又能受到尊重，尽管某些硬件条件暂时差一些，但他们的心理是满足的，进而能不断提升他们创业奉献的价值。在管理教师的过程中，要充分倡导"以人为本"的理念，充分地尊敬教师、相信教师，承认教师在学校发展中的不可替代的地位和做出的卓越贡献，从而激励他们的自主性和创造性，使得学校从平凡人的身上得到不平凡的成果。

2. 激励"事业心"，创造成才环境

教师大多重名轻利，事业心较强。在目前高职院校社会地位日益提高的今天，只要成才环境适宜，见异思迁者相对不多。但学校也应创造适宜的成才环境，可以从以下三点入手。一是做到专业尽可能对口。教师是专业性很强的职业，如果忽视了专业对口，这样就会使得专业人才的潜力难以发挥到最佳状态，造成人才资源的极大浪费。二是学校尽可能改善教学软硬件环境，让教师有充分的教学科研条件。三是给教师提供学习、进修的机会，并在经费和时间上给予充分的保障。

随着高职院校的招生规模的快速扩张，教师往往是一个人顶几个人用，导致教师超负荷运转，很难有精力潜心钻研教学理论、教学艺术、专业技术。当今正处于"互联网+""人工智能+"的时代，教师渴望知识和教育观念的更新，渴望涉足学术交流领域。而开展学术活动、专业进修等是要投入金钱和时间的，这方面学校往往不能满足，势必影响教师的成长和发展，同时，也挫伤了教师的进取心。因此，作为学校各级领导必须掌握教师的心理态势，尽可能满足教师的合理要求。

3. 鞭策"责任心"，建立竞争机制

随着市场经济的不断深入发展，教师的自我成就欲望在增长，追求个人实惠的愿望也逐渐萌生，教师一心多用现象呈扩张态势。不少教师奉行教学与个人创收兼顾的原则，纷纷从事第二职业。目前，职业院校的教师个人创收途径大致分为研究型创收、技术型创收、学术型创收、经营型创收、教书型创收、投机型创收六种类型。这六种类型的创收，既不利于职业院校科研型、"双师"型教师的自我培养，同时，还会带来严重的负面影响。如有的教师把教师职业作为从事"第二职业"的基地，甚至把教师职业作为第二职业，而把经商或兼职创收作为第一职业。因此，在教师个人创收行为上要呼唤良知、呼唤责任、呼唤真善、呼唤高尚道德。如何让教师忠实地做好本职工作呢？有效的方法是：在研究教育对象、教育手段、教育内容、教育方法的同时，也要重视对教育者本身的研究，要对教师加强教育和引导，着力建设一支政治可靠、业务可赞、形象可效的敬业之师、文明之师。在制定政策时，要突出教学的中心地位，提高教师的收入水平，使教师忠教、稳教、善教。同时，将竞争机制引入教学领域，真正实行能者上、庸者下，完善分配机制，使多劳多得、不劳不得、优劳优酬的政策落到实处。

4. 克服"嫉妒心"，慎用技术权威，慎评先进

高职院校都设有教学副院长、教务处长、科研处长、院系部主任、教研室主任、专业带头人、骨干教师等，其人选应来自教学第一线，他们的业务水平直接影响到学校教师队伍的发展。因此，这些人应当是学校中品德优良、业务能力强、懂得教育规律并具有教学丰富经验的拔尖人才。学校中，特别是教师队伍，大部分由知识分子构成，其中不少人自命清高，同行嫉妒心强，不仅难以推动工作，甚至可能导致互不服气、互相拆台的紧张局面。因此，提拔和任用专业干部必须慎之又慎，除遵循德才兼备的用人原则外，决不可忽视广泛的民主测评结果。榜样的力量是巨大的，而选出来的干部和评出来的先进不能名副其实，其结果必然是严重挫伤广大教师的积极性。

5. 防止"猜忌心",注重言行感化

教师是学校高层次人才,用得好贡献大;反之,破坏性也大。教师中有的爱好广泛,善于交际;有的思想活跃,不迷信权威;有的敢说敢干,敢于创新;有的自由散漫,纪律性不强。因此,对他们的管理,应十分讲究方式方法,尤其要注重言行感化,注重和教师的"交心""谈心",达到"暖心",切实关心教师的实际困难,充分肯定教师的工作成绩。对有不足之处的教师,应有策略地指出其问题,注意语句的先后顺序和最后一句的语调,可使之产生"近因效应",使教师容易接受批评。对优秀的教师,表扬时不要过分、过多,防止"负逆效应",恰当适宜才可避免和减小其负面作用,减少别人可能带给他的嫉妒伤害。在教师管理的过程中,不要对教师有过多的硬性禁止,注意"禁果效应",防止逆反心理。若要求教师做到的是其难以接受的,应多加引导,多采用抽象诱导语来进行暗示,从而收到"暗示效应",既避免大错误发生,又维护了教师的自尊心。在教育引导时,还可采用"无声效应""幽默效应",使教师在心理宽松的环境下接受教育,以增强其教育效果。公开场合的尖刻批评,个别谈话时的官腔官调,大会中的空洞说教,都是教师最反感和最不能接受的。

6. 顺应"民心",制定政策

制定相关的政策是为了更好地管理,只有大多数人认可的政策才是好政策。因此,制定政策要在不违背国家政策和法律的前提下,以大多数教师的正确意见为依据来制定。同时,在政策出台前要广泛征求民意,不要因为顾及少数人的利益而失去多数人的支持。另外,随着时间的推移、机构的变迁、国家政策的调整,应与时俱进地调整、修改、完善、补充相应的规章制度。

在教师管理的过程中,既要靠合理的规章制度,依法治校,更要靠一种精神来赢得民心，以德治校。教师的心，学校的根，教师心顺，学校事业也就顺。让教师保持好的工作态度和良好的心境，充分发挥创造潜力，是提高学校办学水平的动力。

教师的职业精神可以通过"六心"调适来点燃，激情也可以通过"六心"调适来激发，教师团队也可以通过"六心"调适来凝聚。如果学校的大多数教师都能自觉地融入学校的事业中去，充满希望，充满激情，那就是一所学校在建设和发展中取之不尽的内在动力。

新时代职业院校教师威信的树立："八剂"

实践证明，教师的威信是对学生进行有效教育的基础和前提，在学生中享有较高威信的老师，学生往往会心悦诚服地接受并实现教师的要求；在学生中没有威信或威信较低的教师，学生往往会心不甘情不愿地接受教师的要求并不以为然，甚至会抗拒顶撞。新时代，面对职业院校学生来源主体多元化、素质结构不平衡的特点，职业院校教师要想在学生中享有威信，并不是一件容易的事。教师仅靠其职业特性、高职称、高学历等某个单一方面是树立不了较高威信的，而应从多个方面来完善自己从而实现威信的树立，要把它当作一项系统工程来抓。

1. 扎实的教学功底是基剂

灵活多变的优化的教学方法、手段，高超的艺术和渊博的知识，娴熟的技能，这是一个教师赢得威信应必备的、最基本的前提条件。在信息技术不发达的年代，教师往往可以通过科学的教学组织和教师自身渊博的知识、娴熟的技能来征服学生，从而赢得较高的威信。当今，学生可以多形式、多途径、多渠道地获取知识，这也导致教师不再容易形成权威，教师仅仅凭这一方面想要赢得较高的威信是远远不够的。所以，教师一定要多学习教育教学理论，掌握现代化科技手段的使用，注重借鉴和总结，不断地优化教学策略和教学组织，以提高施教能力。

2. 娴熟的技术技能是固化剂

职业教育以立德树人为根本任务，以促进就业为导向，培养技术技能人才，重视学生实践能力的培养。职业院校教师在带领学生开展实践教育教学的过程中，能熟练地为学生讲解规范、演示操作流程和展示技巧，能在企业真实项目中带领学生完成整个工作任务，并且及时发现和纠正学生在操作过程中技术方面的缺陷与不足，能让学生折服而固化威信。

3. 高尚的人格魅力是补强剂

一个有良好品质的教师，可以通过自己的行为，用热情洋溢、乐观无畏的进取精神，用好学多思、审时度势的工作作风，用正直诚实、任劳任怨的优良品质去引领学生。一个有高尚道德水平的教师，最能唤起学生的尊严感，能在他们的心灵中留下最深刻的痕迹。教师以高尚的人格魅力形象展现在学生面前，能让学生信服，对树立教师的威信有深远的影响。

4. 厚重的人文精神是增强剂

作为教师不仅要抓好课堂教学内容，还要在教学过程中结合所讲的内容进行课程思政、德育渗透，讲授一些富有哲理的内容，特别能感染打动学生，震撼学生的灵魂，会使学生听过之后意味深长，达到"润物细无声"的效果，这样，学生不仅会认真听课，而且会认真思考，并能调动学生的求知欲，达到提高教学质量的目的，也有助于教师威信的树立。"教育，无非是一切已学过的东西都忘掉的时候，仍然留在你心中的东西。"那些"东西"就是贯穿在我们的思维中的信仰、理想、价值取向、人格模式和审美趣味，这些即是人文精神。随着年龄的增长、职业的变更、环境的变异，我们学过的知识可能会逐渐遗忘，但一个人已形成的人文精神，会影响人一辈子，甚至会改变人的一生。如果是因为教师的人文教育建立起来的威信，那么，这种威信将是持久的、永恒的。

5. 有效的情感交流是润滑剂

教师经常主动接触学生，关心学生，了解学生，做到彼此的了解和熟悉，为建立和谐的师生关系提供情感基础。教师的教育教学应注意"营销"策略，注意分析学生的心理和接受能力，提高"营销"的效率。教师与学生交流时要注意语言上的教育性、针对性、民主性、及时性、适当性、适度性、生动性、幽默性、自然性，与此同时，还要注意体态上、书面上和网络上的沟通。这样，师生之间容易产生情感共鸣，使学生更容易接纳教师，从而树立起教师威信。

6. 适度的奖惩策略是助推剂

表扬或批评学生时，教师应当根据具体情况，选择批评的方式、方法、地点、语言和力度，这特别有助于教师威信的树立。例如，批评学生时，注意语句的先后顺序，注意最后一句语调的"近因效应"，让学生对教师的批评容易接受；对较熟悉的学生且不是初犯的，可采取严厉的批评和正面的强刺激教育；对不太了解的学生犯错，可采取旁敲侧击的方式或隐晦的方式进行批评，且点到为止。教师批评学生时切忌居高临下，自以为是，一味追求师道尊严，而忽视来自学生的意见。表扬时不要过分、过多，恰当适宜才可避免和减小其负面作用，减少别人可能带给他的嫉妒伤害。在教育教学中，应多采用抽象诱导语形成"暗示效应"，既维护了学生的自尊心，又起到了教育作用；在教育引导时，还可采用"肢体效应""幽默效应"，使学生在心理宽松的环境下接受教育，效果较好，而且有助于教师威信的树立。

7. 公正的处理方式是促进剂

当学生中发生一些纠纷时,教师一定要一碗水端平,不能偏向一方,而压制另一方;对学生的德、智、体、美、劳的评价一定要真实、可信,不送人情分。这本身就是教师职业道德所要求的,做到人人平等,在教师威信的树立中起着重要的作用。

8. 丰富的爱好特长是添加剂

当学生在课堂以外的地方看到他们的老师演奏、美术、书法、体育项目等样样精通时,会顿生出一股敬仰之情,从心理上崇拜他们的老师,从而有助于教师威信的进一步树立。作为教师要尽可能地发展自己的爱好和特长,为威信的树立添砖加瓦。

一名教师在学生中树立威信,就必须在观念上与时俱进,工作上扎实细致,思想上发奋进取,用足够的耐心、智慧和勇气,不断修炼自己,用渊博的知识、娴熟的技能、诙谐的语言、独特的特长、高尚的品质、无私的境界、厚重的底蕴、硬朗的作风等润物细无声地让学生逐步接纳,进而形成威信。

新时代职业院校教师职业幸福感的培育

2016年9月9日,习近平总书记在北京八一学校考察时指出:各级党委和政府要满腔热情关心教师,让广大教师安心从教、热心从教、舒心从教、静心从教,让广大教师在岗位上有幸福感、事业上有成就感、社会上有荣誉感,让教师成为让人羡慕的职业。

面对新时代我国教育方针的新主张、经济社会的高质量发展、产业结构调整和行业转型升级、职业院校改革发展迈入大改革、大发展阶段等带来的挑战,职业院校切合时代背景,分析校情、教情、学情,通过学校、教师自身和学生的不断努力,培育教师职业幸福感,调适好教师的心情,让教师的职业幸福感能够得到有效提升,对学校的高质量发展将起到不可限量的作用。

1. 优化发展环境,增强教师职业安全感、归属感

学校不断加大治理能力和创新能力建设力度,勇立潮头,高位超越,达成"颜值"和实力兼备,有良好的社会口碑。学校建立健全机制,始终将民生福祉放在工作全局的首要位置,来推进人性化、精细化管理。学校充分发挥"教代会"的作用,为教师提供更为舒适温馨的生活环境、学习环境、教学环境、科研环境、人文环境。学校秉持"学生是太阳、教师是地球、管理者是月亮"的管理理念,优质高效地服务教师和学生发展。教师置身于良好的文化氛围环境,积极献身职业教育的改革与发

展，不断提升自身的专业素养，职业化发展日臻完善，教师有职业安全感、归属感。

2.助力政策领悟，增强教师职业认同感、使命感

职业教育已摆在党和国家工作全局的重要位置，学校通过开展系列学习培训活动，帮助教师领悟国家对大力发展职业教育的政策支持和教师发展的政策支持，体悟职业教育成为教育发展的战略重点，教师的地位被提到了前所未有的高度，在实现中华民族伟大复兴的"中国梦"中具有不可替代的作用。教师置身于职业教育发展环境不断完善的状态中，自觉贯彻党的教育方针，培养德、智、体、美、劳全面发展的社会主义建设者和可靠接班人，响应"一个"坚持、落实"一个"任务，践行"两轮"驱动、服务"两个"发展，落细"三教"改革、实施"三全"育人，探索"四方"联动、推进"四链"协同，探究"五育"并举、融入"五项"职能，助力发展高质量职业教育，无愧于国家的嘱托、人民的希冀，教师有职业认同感、使命感。

3.加强道术探索，增强教师职业获得感、成就感

实践证明，今天的职业院校改革要见成效，实现高水平的发展，更需要教师从微观领域进行教育教学道术探索，打造个性化品牌，形成绝对优势，走向卓越。面对职业院校生源主体多元化和教育教学形态的丰富化、学生和教师素质结构不平衡的现实，有序地组织教师致力于教学研究和实践，把诸多的教育教学问题作为自己反思的课题，把诸多教育教学工作作为自己笔耕的素材，用发散性思维和批评性思维进行思考，探索规律和方法，以学术精神和智力技艺来求真务实生产智力产品。同时，教师在传道、授业、解惑的实践过程中，启迪学生的智慧，训练学生能力，促进学生文化理念、行为习惯、职业素养正向发展，学有所获、学有所得、学有所成，使

得学生在丰富多样化的学习过程中各自的素质结构获得最佳发展，不断体会学习的快乐、成长的幸福。教师在教育教学研究和实践过程中，提出自己的观点、观念、看法、想法、见解、主张，形成特色的经验和做法，具有借鉴和推广价值，使教师有职业获得感、成就感。

4.推进社会服务，增强教师职业荣誉感、自豪感

系统设计服务社会的系列制度，促进教师在高质量的社会服务活动中，获得社会好评和赞誉，分享劳动成果，增加社会、企业对职业院校教师的依存度，彰显职业院校教师的社会价值。首先，教师积极践行三教改革来传授专业知识、训练专业能力来育才，形成职业能力。践行三全育人来塑造专业精神、滋养专业素质来育德，形成职业精神。培养服务社会主义建设的高素质劳动者和技术技能人才，为国育才，为党育人。其次，教师利用自身的专业及职业优势，积极参加社会服务活动，用公益传递价值，弘扬社会主义核心价值观。最后，前瞻性对接未来科技发展趋势和市场变化，不断刷新自己的智力、技力、研发能力和人文能力，高质量服务人的全面发展和服务经济社会的高质量发展。教师在服务社会的过程中，能够充分彰显自己的专业性和先进性，肯定自己的服务工作和劳动有价值，使教师产生职业荣誉感、自豪感。

5.抓实教师诊改，增强教师职业责任感、敬业感

扩面提质教师发展诊断与改进工作，不断促进教师自我反思和改进工作，不断提升教学能力、实践能力、研究能力、德育能力、劳育能力、社会服务能力、信息技术能力。科学的绩效考核、适度的赞美与鼓励能有效释放教师的创造力，从某种意义上来说，好老师是"干"出来的，也是"捧"出来的。探索多种平台激励教师职业化

发展，多一些观察教师的角度，多发现教师的一些优点，开展形式多样的评选或交流等活动，使得教师体悟到在促进学生成为身心和谐、德才兼备、知行合一的德、智、体、美、劳全面发展的技术技能人才过程中发挥了不可替代的重要作用和重要贡献。内化责任意识，形成一种"自我感应"，达成一种不做出一点成绩不罢休的态势，保持昂扬的精神状态，最大限度地发挥个体潜能，使自己的职业生涯更加完善，有职业责任感、敬业感。

重视教师职业幸福感的培育是一个永恒的课题，当一名教师在教育教学的过程中，身心的需求得到满足、发展的潜能得到发挥、行动力量得以增长、劳动价值得到认可，所获得的快乐一定是持续的，这种快乐能成为内心思想转化为实际行动的"催化剂"，迸发出强大的动能。"平庸的教师在说教，好的教师在解惑，更好的教师在示范，卓越的教师在启迪。"一个有满满幸福感的教师，在追求做卓越教师的道路上会笃定前行，这种效应能最大化培育和提升这个群体并扩大这个群体的"面积"，有助于实现学校高质量发展目标。

做有教育情怀的追梦者

当今社会的发展日新月异,"互联网+"思维渗透到方方面面,有一种文化叫推力,有一种文化叫阻力;有一种行为叫踏实,有一种行为叫浮躁;有一种改革叫进步,有一种改革叫折腾;有一种效率叫效益,有一种效率叫功利;有一种教育叫无痕,有一种教育叫有痕。当今,功利主义教育思想仍然严重,教育浮躁现象依然存在。近年来,国家出台了一系列决定、意见、办法,全面治理教育,让教育回归本真。教育历来是一种慢的艺术,需要遵循教育规律和学生成长规律,恪守教育常识,放眼远方,实施理性改革,有效达成显性和隐性目标,不断提高教育教学质量。

作为一名有梦想的教师,或许我们有较高的智慧,但我们还需要不断读书、教课(不仅仅是教书)、诊改,践行有生命力的本真教育。读书是一种备课,长期不读书的教师备课不会充分;教课是一种"施工",长期不教课的教师教学"施工"能力会衰减;诊改是一种考量,长期不诊改的教师可能会沦为简单的劳动者。读书是慢性活,需要静心;教课是慢性活,需要静等;诊改是慢性活,需要静思。读书、教课、诊改的过程是从感知到理解再到超越的渐变过程,如此循环往复,能修炼为智者,以自己的成长和发展去促进学生的成长和发展。

作为一名有追求的教师,或许做不到高处,但要把握底线向高处发展,引领学生全面发展。或许不是每个教师都能有崇高的境界,但要把握教育教学细节规范;或许不是每个教师都能站在最前面,但要善于放眼未来；或许不是每个教师都能把握教育规律，但要善于学习教师职业知识；或许不是每个教师都能做好研究，但要善于教书育人；或许不是每个教师都能有社会服务能力，但要善于做"社会人"知晓社会；或许不是每个教师都能开发生产教学资源，但要善于使用消费；或许不是每个教师时时处处都能有教育智慧，但要善于把握教育情境；或许不是每个教师能在教学过程中润物细无声，但要善于课程思政；或许不是每个教师都能在学生面前都享有威信，但教师要善于引领学生发展；或许不是每个教师都能做到以朋友的态度平等地对待学生，但要善于和谐师生关系；或许不是每个教师都能比面对的所有学生都高明，但要善于向学生学习；或许不是每个教师都能有"互联网+"思维，但要善于应用信息技术；或许不是每个教师都能创新创业，但要善于培养学生双创意识；或许不是每个教师都能有高超的教学艺术，但要善于组织教学；或许不是每个教师都能做到课堂高效，但要善于诊改。

作为一名有情怀的教师，或许我们的能力有限、作用有限，但我们需要恪守教育常识，静心教书育人，与学生一起成长。教育可能做不到事事如意，但我们需要坚持；教育可能做不到改变现实，但我们需有梦想；教育可能做不到各方满意，但我们需要追求；教育可能做不到人人成才，但我们需有理想；教育可能做不到优质供给，但我们需要提升；教育可能做不到成就自己，但我们需有格局；教育可能做不到春风化雨，但我们需要启迪；教育可能做不到造就卓越，但我们需有智慧；教育可能做不到立竿见影，但我们需要静候；教育可能做不到令行禁止，但我们需有守望。

第四章 学生与人才培养

高职院校高水平人才培养体系建设之思

职业教育以服务发展为宗旨，职业院校必须建设高水平人才培养体系，主动适应和前瞻未来科技发展趋势和市场需求。

基于教育链、人才链、产业链、创新链协同联动，加大诊断与改进广度与力度，完善学校、专业、课程、教师和学生发展规划体系、目标体系、标准体系、保障体系等。

专业是高职院校履职"五元职能"的载体。要立足办学定位，健全专业动态调整机制，加大专业群建设力度，把专业群建在产业链上，形成与产业同步发展的专业群体系，以高水平专业建设支撑高质量专业人才培养。

教学是高职院校工作的基石。要加大对接产业结构调整和转型升级力度，完善教学体系建设，优化课程体系、教学组织、条件保障，形成内外衔接的教学体系，以高水平的教学支撑学生的高质量全面发展。

教材是育人育才的重要载体。要筑牢教材建设防线，加大课程开发力度，生产课程标准、资源库、教材等，形成完备的教材体系，以高水平的教材建设支撑高质量的有效育人。

管理是激发活力的重要手段。要建立有效的机制，加大教学管理改革力度，全面推行完全学分制，形成具有开放性、反馈性的教学管理体系，以高水平的治理能力支撑高质量的人才培养。

思政工作是学校各项工作的生命线。要加大思政教育改革力度，按"大思政"教育格局，形成系统的思政教育体系，落实立德树人根本任务，以高水平的思政教育支撑高质量的为国育才。

职业院校专业人才培养方案制订和实施之刍议

研制专业人才培养方案意义重大，必须全面贯彻党的教育方针，秉持三全育人理念，全面实行五育并举，建立人才培养体系大概念，以大格局、大课程、大思政、大劳动、大实践、大保障来一体化设计人才培养方案的制订和实施。

1. 以"大格局"来系统设计方案

制订人才培养方案需坚持教育为人民服务、为巩固和发展中国特色社会主义制度服务、为改革开放和社会主义现代化建设服务原则，从国家战略到行业趋势、企业需求、职业要求、岗位标准等层面系统分析，对接国家要求、学校目标和专业课程目标，精准目标层级定位；对接职业和教育标准，建立标准；对接产业链，构建"专业群"；对接社会需求，构建"课程群"；对接培养过程，构建"教学组织"；对接学生的个性化发展，构建"成才路径"。一层层地从上到下推演，从平台、课程、项目、体系、模式，再一层层地从下向上延伸，双向思辨强优势、补短板，建设高水平人才培养体系，追求为企业培养人才、为行业培养人才和为国家培养人才相统一，为国育才，为党育人。

2. 以"大课程"来承载三全育人

课程是人才培养目标实现的载体，职业院校教育教学的一切载体可以归于课程，必须统筹考虑狭义课程与广义课程、显性课程与隐性课程的关系及其对人才培养目标达成的功能与贡献度。从整体到个体三个逻辑层面，对课程进行体系化设计。整体层面上，科学设置课程，构建起人才培养方案中教育侧重点不同的课程结构，形成课程结构图式。例如，"通识教育课＋专业平台课＋专业课＋拓展课"；局部层面上，开展产业研究，了解产业需求，跟踪技术进步，科学具化课程结构中的不同类型课程，特别是专业类的课程明细，构建起人才培养方案的专业课程体系；个体层面上，基于教育心理学理论科学开发和设计，每一门课程在人才培养方案中的具体培养目标、标准和内容，形成课程目标系统。

3. 以"大思政"来落实立德树人

落实立德树人根本任务，必须系统设计思政教育系统，将思政教育从思政课教师"专人"转向所有课程教师"人人"，形成思政课程立德树人、课程思政全覆盖、润无声、育德育人的有机协同的"大思政"格局。既要高质量贯彻落实国家思政理论课程，又要挖掘每门通识课、专业课程及广义课程隐含的思政元素形成课程思政系统，建立"思想政治理论课＋通识课专业课思政＋广义课程思政"课程思政体系。开发学校工作的每个领域，每个领域的每个体系，每个体系的每个环节的课程思政教育目标链，并具化形成思政教育标准链，建立资源体系形成思政教育保障链。

4. 以"大劳动"来强化劳动育人

日常生活劳动教育＋服务性劳动教育＋生产劳动教育，构成劳动教育的框架，这三类劳动教育内容不同，不能偏废。按照课内与课外、校内与校外相结合，体力与脑力、生活技能与工作技能相结合的思路，建立家庭、社区、学校、企业、社会相衔接的劳动育人机制，形成"以体力为主的日常生活劳动教育课程群＋以智力为主的服务性劳动教育课程群＋以集体力与智力于一体的生产劳动教育课程群"劳动教育课程系统，并开发这些课程群的目标、标准、整体设计与单元设计、教育资源，统筹建设劳动教育保证体系。

5. 以"大实践"来落实实践育人

充分发挥实践育人功效，将实践锻炼贯穿于人才培养的全过程，达成职业素养的养成。第一，教学学时上，实践教学与理论教学并重，保证实践教学学时不低于50%；第二，教学内容上，建立完整并相对独立的实践课程体系，科学设计基于专业基本知识学习和创意的实验、基于职业技能训练和创新的实训、基于职业素养养成和创业的实习等专业实践教学内容，基于显性素质教育拓展科学设计社会实践、生活生产劳动、技术技能创新、创业实践、诚信实践、美育实践、志愿服务、公益活动、勤工助学等实践内容。第三，教学组织上，系统设计3年不断线，由浅入深、由简入繁分层分阶段推进，依附于理论教学"学中做"，独立于理论教学"做中学"，依托理实一体化教学"做中思"，依托实践活动载体"做中育"；第四，教学保障上，建立与目标多样、路径多条相适应的"软件"系统，建设内外结合、虚实结合的"硬件"环境。

6. 以"大保障"来保证高效实施

完善师资队伍保障、教学设施保障、教学资源保障和质量保障等保障措施与机制，落实落地人才培养方案。

第一，明确师资队伍基本要求。一方面，提出教师任职资格要求，如学历学位、职称、执业资格证书、高校教师资格证书、教学能力、实践教学能力、实践能力、课程开发能力、研究能力等；另一方面，提出专业教学团队要求，如团队的双师结构及数量、专业带头人及其影响力、双师能力、教师双岗能力。

第二，明确满足正常课程教学和信息化教学、专业实习实训所需的条件与设施等教学设施保障要求，如线上教育设备、实验实训室和一体化教室名等，配备以××台/班、××场地面积等。

第三，明确教材选用、图书文献和数字教学资源配备等教学资源保障要求，如文本库（专业介绍、职业标准或规范、教学文件、教材等）、图片库（设备工具图片、内外工作场景图片）、音视频库（教学录像、任务演示、生产工艺流程、职业环境认知等）、动画库（业务流程、业务操作、法规宣传等动画）、案例库、素材库、政策法规库、行业特色资源库、考试培训库、习题库、试题库等。

第四，明确教学过程质量监控机制、教学运行机制、毕业生跟踪反馈及社会评价机制、教育教学评价及持续诊断与改进等要求。前瞻性设计和建设保障性条件，是有效落实人才培养方案的关键性举措。但对实施保障的建设不够、储备不足，在实施过程中打折扣的现象时有发生，因此也是容易被忽视的环节。

职业院校专业人才培养方案制订和实施需要不断探索，不可能一蹴而就，需要遵循教育教学规律、思想政治工作规律、教师和学生成长规律，还需要发挥行政规律、市场规律的作用，建立机制、夯实基础、提升质量、整合资源、建设平台、搭建载体、拓展空间、优化环境、完善保障，把三全育人理念落到实处，达成专业人才培养质量的迭代升级。

"数"说高等职业院校专业人才培养方案

职业教育作为一种教育类型，培养社会主义接班人，培养服务社会主义建设的高素质劳动者和技术技能人才。高职院校专业人才培养方案中的课程类型有三种：一是公共基础课、专业基础课+专业课、拓展课；二是必修课、限选课、任选课；三是A类课程、B类课程、C类课程。三种课程类别之间是互相交叉、重叠、包含、补充、扩展的关系。在开发专业人才培养方案的过程中，根据社会经济发展需求、学校人才培养目标和定位，尊重教育规律、市场规律、职业成长规律，结合学校的发展状态，系统化考量并调适这些课程链接关系及比例关系。

1. 学时与学分

考虑职业教育类型特征和职业教育教学规律，考量高职院校的教情和学情，综合计算三年制高职院校的总学时：一年52周，教学计划周约40周，实践教学周16～18周，每周课内学时为22～26学时，计算总学时不低于2400学时，不高于2900学时，较合理的总学时为2600学时左右，非学时的教学活动越多越好。

三年制高职院校的总学分一般为140～160分，总学分的计算要综合考量以下四个相关联的结构因素：第一，A类课程和B类课程学分计算，以16～18周为计算单元，每周1学时为1分；第二，C

类课程学分的计算，以周或 32 学时为计算单元，每周或每 32 学时为 1 分；第三，课外比赛、兴趣活动、公益活动、社团活动等课外活动，都可以归于广义课程（各类素质），其学分计算考虑 A 类、B 类和 C 类课程的学分计算规则、一个专业的学时总量、课外学时容量、课外活动特点等因素，其学分的计算，可以参照 C 类课程学分计算规则；第四，对获得各类奖励、荣誉、证书、科研创新等标志性成果，可以依据成果含金量和学校实际情况设定合理的分值。

2. 公共课、专业课与拓展课学时比例

调适课程类型之间结构性比例需要系统化研判，培养德、智、体、美、劳全面发展的技术技能人才，必须遵循规律，处理好各类课程之间的关系。

根据专业特点，开齐、开足公共基础课程；根据专业培养目标，按照相应职业岗位（群）的能力要求，确定核心课程和若干专业课程；根据学校资源优势，结合学生素养拓展，设置纵向、横向的拓展课程。一般来说，公共基础课、专业基础课 + 专业课、拓展课的学时占比大约为 25%、65%、10%。

3. 必修课、限选课与任选课学时比例

实行学分制，既要关注学生的自主学习选择权，也要关注学校作为专业机构、教师作为专业人员的主导权，保证学生知识能力素质的系统性、完整性设计。必修课、限选课、任选课比例依据学校管理水平合理设置，如果一所学校的教育观念先进、信息系统健全、管理水平较高、条件设施充足、师资力量雄厚、教学资源丰富，实行学分制时，步子可以迈得大一点。一般来说，必修课、限选课、任选课的学时占比大约分别为 60%、30%、10%，视学校治理能力和专业特点，其占比也可以分别约为 50%、30%、20%。实行学分制，

课程容量结构也要合理,其大致比例为公共基础课 1.5∶1,专业基础课 1.3∶1,专业课 1.1∶1,公共选修课 2.0∶1。

4. A 类、B 类和 C 类课程门数比例

高职教育是一种教育类型,既不能普教化,也不能技能化(培训化),更不能功利化,实践性教学学时数不低于总学时数的 50%,但也不能过高。

一般来说,A 类、B 类、C 类课程门数的占比大约为 25%、55%、20%,视学校改革力度和专业特点不同,占比可能会有变动。A 类课程学时 +B 类理实一体化课程理论学时大约等于 C 类课程学时 +B 类理实一体化实践学时。

5. 基本技能、专项技能与综合技能比例

根据高职电类专业全统计和土建类专业抽样统计结果分析,一个高职专业的基本技能约 8～10 个、专项技能 5～7 个、综合技能 2～4 个,依次构成从初级到高级、由浅入深、由简单到复杂的技能项目训练数量约为 15～21 个。技能项目中基本技能、专项技能、综合技能的占比约为 50%、33%、17%。

无法有效实施工学交替教学组织模式,是当下职业院校的短板,如果能将上述这些技能训练项目进行系统化链接,并安排在每个学期中,且保持 3 年不断线,明晰教学目标、教学标准、教学时段、教学场所、教学师资、实训条件、实训耗材、实训保障等,即可构成清晰的工学交替组织路线图,同时也形成了技能教学与培训的目标链、标准链、执行链、保障链,从而将工学交替、育训结合教学组织模式有效地落地实施,保障职业教育的质量。

6. 狭义课程与广义课程比例

学校教育教学的一切载体，都可以归于课程，人才培养方案中的课内课程可以归于狭义课程，狭义课程高聚焦、强刺激；课外比赛、兴趣活动、公益活动、社团活动等课外素质教育活动或载体，都可以归于广义课程，使广义课程宽覆盖、润无声。合理设计狭义课程与广义课程之间学分比例有助于促进学生的全面发展、个性化发展，强化学生综合职业素质的养成，更好地落实人才培养方案。考虑A类、B类、C类课程和素质学分计算规则、一个专业的学时总量、课外学时容量、课外活动特点等因素，广义课程学分占比约8%。

职业院校学生职业综合素质养成教育探索

职业院校以专业为载体,以三维目标为导向,促进学生练技能、学知识、提素质,进而落实立德树人的根本任务。基于此,职业教育不仅仅是专业教育,更多地应该是一种职业综合素质养成的教育,这恐怕是从根本上提高职业教育质量的逻辑起点,也是落脚点,更是一种情怀。

1."五育"并举,优化学生素质结构

2018年的全国教育大会上,将"德、智、体、美全面发展"提升为"德、智、体、美、劳全面发展",新时代、新时期教育目标的素质结构发生变化,契合了新时代崇尚工匠精神、崇尚劳动、崇尚技能的发展环境。作为职业院校,必须坚持"五育"并举,着力促进学生修养德行、沉淀智慧、积累能力、强健体魄、健康审美、崇尚劳动、娴熟技能。

夯实德育。全面深化政治教育、思想教育、职业道德教育、劳模精神教育、工匠精神教育,让正念、正能量贯穿学生言行,德行天下。

筑实智育。有效传授科学知识,训练技能,让知识和技能武装学生大脑,智行天下。

抓实体育。促进学生养成体育锻炼习惯,锻造良好意志品质,增强适应自然环境的能力,让良好的身体素质伴随学生,健行天下。

严实美育。培养学生感受美、鉴赏美、表现美、创造美,提高审美情趣,让真善美滋润学生心灵,美行天下。

做实劳育。组织学生公益劳动、社会实践、职业体验、技能练习、工艺制作、创意设计、技术试验、专利发明、创新创业、顶岗实习等劳动实践,让创意、创新、创造充盈学生大脑,创行天下。

在优化学生素质结构过程中,要补齐德育、美育、劳育短板,形成显性课程高聚焦、强刺激,隐形课程全覆盖、润无声的教育体系,全员、全程、全方位贯通渗透,将德育、智育、体育、美育、劳育落地、落实、落细。

2. "五纵五横"与"五育五责"融合,强化学生职业素质

随着职业教育内涵发展的不断深入,高职院校的职能更加多元化,人才培养、科研(技术传承与创新)、社会服务、文化传承与创新、国际合作是高职院校的五个职责(以下简称"五责")。高职院校有效践行"五育五责"工作,培养职业素质,有效构建"五纵五横"质量保证体系,提高教学质量。将"五育五责"与"五纵五横"有机融合。一方面,依托校企合作平台,将"五育""五纵"贯穿于"五责"的每一个职责中,形成全面育人、育人全面的育人文化;另一方面,依托数据信息平台,将"五育""五纵"贯穿于"五横"的每一个层面中,形成全面质量管理、质量管理全面的质量文化,以育人文化、质量文化强力塑造学生职业素养。

3. "四类课堂"结合,增进学生职业素质养成

为提高学生职业竞争力,职业院校必须前瞻性对接产业、行业、企业和职业未来发展趋势,科学组织专业,系统组织学业,鼓励学生创业,促进学生就业,培育守业、敬业、精业、乐业、勤业意识。

为促进学生职业素质养成，根据课程特点和内容，创设不同且丰富的学习情景。或在传统的教学环境中，即第一课堂，传授基本知识、开展角色扮演及主题研讨活动；或在实训场所，即第二课堂，接受虚拟或实际模拟训练；或在企业，即第三课堂，在岗学习实践；或在比赛现场或生产环境中，即第四课堂，经历体验完成真实项目，真题实做。通过四类课堂的学习和实践，促进学生职业素质养成，以期学生在未来的工作中，当相同或相近的情景出现时，能直接胜任；当相关或相似的情景出现时，有迁移能力；当似曾相识的或陌生的情景出现时，有创新潜力。

4. "三驾马车"并驾齐驱，增强学生职业素质养成

职业院校深化内涵建设与改革，实施"1+X"证书制度，在实际教育教学过程中要处理好理论教学的基础性、实践教学的应用性、素质教育的渗透性，形成职业院校教学"三驾马车"。这"三驾马车"必须并驾齐驱，离开理论教学，实践教学和素质教育就会失去基础支撑，高职教育会被"庸俗化"；离开实践教学，理论教学和素质教育就会缺少源头活水，失去生命力，高职教育会被"普教化"；离开素质教育，理论教学和实践教学就难以育德育人，容易偏离航道，高职教育会被"功利化"。在教育教学过程中，教师要做到"三驾马车"并驾齐驱，将碎片化的知识、能力、素质有机融为一体形成"有机营养餐"，始终贯穿在教育教学全过程中滋养学生，播撒职业精神、劳模精神、工匠精神，有效落实德技兼修、知行合一，进一步奠定学生职业素质发展基础。

5. "育训"结合，加强学生职业素质养成

当下，高职专业建设与改革的短板在于"育训"结合的教学组织模式未能有效地、实质性地落实落细，工学交替运行质量不高。职

业院校改革要取得突破性的高质量发展，关键在于校企合作规划、合作治理，要以项目或任务为载体的"育训"结合的组织体系，系统推进工学交替运行，提高学生的职业综合素养。根据抽样统计，一个专业的基本技能 8～10 个，单项或专项技能 5～7 个，综合技能 2～3 个，这就构成了专业技能训练项目数量为 15～20 个。将这些项目的教学目标、教学标准、教学时间、教学地点、教学师资、实训条件、实训耗材、实训保障等进行系统化链接安排，即形成工学交替组织体系。该体系能够有效推进育训结合教学组织模式实施，加强学生职业素质养成，提升职业竞争力。

6."显性和隐形"结合，塑造匠心提升职业素质养成

工匠精神是职业教育的重要培养目标，培育工匠精神是职业院校贯彻党的教育方针的重要体现；工匠精神是职业精神的重要表现，培育工匠精神是促进学生职业素质养成的重要内容。培育工匠精神主要是以立德树人为根本、以刻苦钻研为基础、以追求技术技能进步为目标、以精益求精为标准，要将工匠精神纳入课程体系，在运行机制建设、教材建设、课程标准建设、保障条件建设等方面，全员、全程、全方位贯通渗透，系统推进工匠精神培育落实落细。

关注学生职业素质的养成，是职业院校落实立德树人、以学生为主体等要求和理念的具体体现，培养学生职业能力、培育职业精神、促进学生职业综合素质养成，是职业院校的使命。

刍议三全育人的几个向度

三全育人是一种先进的教育理念，近年来，已成为教育界的一个高频词，实现三全育人从理念到行动落地，必须做到人人育人、时时育人、事事育人、处处育人。因此，实施三全育人是一项复杂的系统工程，必须推进全员参与、全程贯穿、全面协同，从整体的、大局的、深层的、长远的角度来一体化构建内容完善、标准健全、运行科学、保障有力、成效显著的思想政治教育体系。

1. 育人"基础体系"

2016年12月，习近平总书记在全国高校思想政治工作会议上指出，做好高校思想政治工作，要因事而化、因时而进、因势而新。要遵循思想政治工作规律，遵循教书育人规律，遵循学生成长规律，不断提高工作能力和水平。2017年2月，《中共中央、国务院印发〈关于加强和改进新形势下高校思想政治工作的意见〉》（中发〔2016〕31号）提出，形成全员全过程全方位育人。把思想价值引领贯穿教育教学全过程和各环节，形成教书育人、科研育人、实践育人、管理育人、服务育人、文化育人、组织育人长效机制。这是做好新时代高校思想政治工作的客观要求，也是职业院校实施三全育人的基本准则。纵深推进三全育人工作，必须坚持社会主义办学方向，不忘初心、牢记使命，把思想政治工作贯穿教育教学全过程，落实立德树人根本任务。加强队伍建设，强化教学、管理和服务人员"一岗双责"，既要爱岗敬业，也要价值引领，重点抓好党团队伍、辅导员队伍和教师队伍三支队伍建设，提高育人质量。推进高水平人才培养体系建设，前瞻性地对接未来发展趋势，服务人的全面发展。通过夯实以上基础性工作，形成"坚持办学正确政治方向＋建设高素质育人队伍＋构建高水平人才培养体系"的三全育人"基础体系"，筑牢育人根基。

2. 育人"路线体系"

落实三全育人，职业院校必须坚持"五育"并举，并将德育、智育、体育、美育、劳育等贯穿人才培养、科技研发与积累、社会服务、文化传承与创新、国际交流与合作五项职能，达成全人、全时、全域的全面育人文化；将决策指挥、质量生成、资源建设、支持服务、监督控制五个纵向系统，贯穿学校、专业、课程、教师、学生五个横向层面，达成全员、全过程、全方位的全面质量文化。强化学校所有工作人员的责任感和使命感、质量意识和担当意识，让每个员工在各自岗位上有能力按标准从形式到内容都做到高质量育人，实现环境育人、课程育人、科研育人、实践育人、文化育人、网络育人、心理育人、管理育人、服务育人、资助育人、组织育人，形成集"教学育人＋管理育人＋服务于人"于一体的三全育人"路线体系"，实现全方位系统化育人。

3. 育人"链条体系"

为高效实施三全育人，研制三全育人规划、出台实施指导意见、制订工作方案、精细工作职责和要求、分解任务清单、明确实施路线图等，构建三全育人链条闭环系统。建立宏观、中观、微观层面贯通的目标体系和标准体系；开发建设软硬资源系统，保证三全育人质量体系有效运行；建立信息化平台系统，实现信息互联、互通、共享，为科学决策提供可靠数据来源，对运行质量监测和动态诊断与改进，调适育人成效。从而形成"目标链和标准链相啮合＋执行链和保障链相适配＋监测链和反馈链相协同"的具备反馈联动机制的三全育人"链条体系"，全面稳定和提高育人成效。

4. 育人"平台体系"

结合学校所在区域或产业的历史沉淀及未来发展趋势，统筹学校、企业和社会育人资源，建设涵盖课前、课中、课后教学活动的智慧教学云平台，具备在线备课、集体备课、预习自学、课堂互动、作业测评等功能的线上线下混合式课堂教学系统；成立马克思主义学院、马克思主义理论类学生社团，建设思想政治研学中心，开办思政论坛，举行道德和法制讲堂，开设思政微信公众号等，传播正能量；夯实社会实践基地、志愿服务基地、创新创业基地、党团活动中心、校园文化中心、非遗传承工作室、新技术体验中心、网络思政资源中心，推进优秀文化和文艺作品进校园；充分利用爱国主义教育基地、优秀传统文化教育基地、革命文化教育基地和民族团结进步教育基地等资源。形成"线上线下混合式课堂教学系统＋学术与宣讲育人平台＋个性化实践育人基地＋社会公共资源教育基地"立体化的承载三全育人工作的"平台体系"，全面承载育人工作。

5. 育人"载体体系"

课程是职业院校将三全育人落地的微观层面的关键载体，职业院校教育教学的一切教育载体可以归于课程，课程可分为狭义课程和广义课程，狭义课程是指文化基础课、专业平台课、专业课、拓展课等，广义课程是指学校传统课堂以外的一切教育活动、教育项目或可资教育的事件。实施三全育人，既需要落实国家思想政治理论课，也需要挖掘狭义课程思政教育元素，同时要重视广义课程思政开发。从现实来看，虽然各职业院校推进课程改革与建设的力度较大，但不少院校对于课程思政仍然停留在口号式的要求上，未能系统组织、挖掘开发课程思政元素，即使做了一些探索，也没有形成较为完备的课程思政教育系统，在育人过程中处于薄弱环节。而很多时候挖掘并利用这些课程的隐性思政教育资源，会产生更好的育人效果，需要加强开发并进行配套性建设，形成由思想政治教育理论课"专人"向课程思政"人人"转变的"思想政治理论课＋狭义课程思政＋广义课程思政"三位一体的三全育人"载体体系"，使人人皆教育、事事皆教育、处处皆教育。

特别要说明的是，在当下全民抗击新型冠状病毒肺炎疫情的战斗中，在社会各个行业领域的"航道"内涌现了一批"航道先锋"和"航道英雄"，极致彰显了其"航标"的精神价值，这些可歌可泣的战疫故事，自然形成了"海量"的思政课程资源。由于全体师生感同身受，教师结合课程特点，将这些具有高度的鲜活性、体悟性、立体性的抗疫"故事"渗透到教学过程中，可以有效降低说教的成分，达成同频共振，发挥育人的最大效应。同时，也可将中国人民有效应对新型冠状病毒肺炎疫情纳入课程中，并组织力量开发编写立体化教材，讲好中国抗疫"故事"，弘扬正能量，应该成为现在乃至今后相当长一个时期的育人主题。

6. 育人"空间体系"

课堂是职业院校将三全育人落地的关键场所，课堂是质量生成的关键环节。课堂联结着教师教课与学生学习，联结着教师成长与学生职业成长，联结着教师结构性素养与学生结构性素质的培养。做好教育环境建设，夯实主阵地，建强媒体矩阵，推进线上线下育人平台协同，同时积极整合资源，加强还比较薄弱的广义课堂如宿舍、食堂、运动场、网络教育情境及校内外各类德育基地的建设，拓展育人场所，使思想政治教育内容和形式更为立体、鲜活，形成"狭义课堂+广义课堂"场所全覆盖的三全育人"空间体系",实现处处皆教育。

7. 育人"保障体系"

保障三全育人有序、高效地运转,需要研究先行,理性思考,把握校情,掌握学情和教情,引导各部门和人员开展协同育人工作的研究和实践,精准施策。加大新基础性建设力度,建设标准化、程序化、交互性强的信息化协同办公平台,便于协同工作处理流程、协同事务的快速响应等信息储存,利于三全育人工作绩效考核。加强思想政治教育和培训力度,建强"主力军",推进思政工作队伍和专业教师队伍的有机协同,增强全员育人使命感和能力、强化责任感和协作育人意识,促进所有协作育人水平在高位运行。加大资金投入,按标准划拨三全育人专项资金,用于部门协同育人研究项目资助、运行经费、设施设备维护和购置、能力培训和绩效奖励。形成"理论+运行机制和制度+高素质教学、管理、服务队伍+专项资金+信息化平台"支撑的三全育人"保障体系",打通"最后一公里",实现落实落地,促进学生获得最佳发展。

总之,推进三全育人工作不仅需要不断探索,还需要发挥行政规律、市场规律的作用,建立机制、夯实基础、建设平台、搭建载体、拓展空间、优化环境、提升能力,形成迭代升级的立体化工作体系,把三全育人落到实处。

构建文化育人体系，打造育人文化

育人文化与学校相伴而生，如影随相，千姿百态。优秀的育人文化永远是学校的重要资源、无形的资产，也是推进学校发展的生产力。营造高品位的育人文化，对于引导师生坚定正确的政治方向，丰富课余文化生活，建立良好的审美观与和谐的人际关系，增进身心健康成长，促进德、智、体、美、劳均衡发展和全面成才具有重大的意义。

1. 建立文化育人机制，推进育人文化培育

湖北城市建设职业技术学院（以下简称学院）坚持以社会主义核心价值体系引领学院主流思想文化，确保育人文化建设的先进性。以师生为参与主体、以校园环境为地理空间、以大学精神为核心特征，拓展育人途径，提升育人质量。

结合办学经验和特色，凝练"立德、尚能、笃学、创新"的校训，从办学治校理念引领文化建设；将校园文化建设与学院发展同步规划，将校园文化建设内容细化分解并纳入各专业人才培养方案中，将文化育人渗透于人才培养的全过程；构建多维度的学习培训、育人平台，大力推进校史馆、大讲堂、大学生创业基地、校训石、文化墙、励志格言牌等建设，强化文化育人氛围；举办体现时代特征和学校特色的、丰富多彩的科技、文艺、体育活动，把德育、智

育、体育、美育、劳育渗透到校园文化建设活动中，使师生员工在参与活动中受到潜移默化的影响，精神生活得到充实，道德境界得到升华。

2. 开办创新大讲堂，打造文化育人品牌

学院积极发挥文化传承和创新功能，面向藏龙岛区域开办了"藏龙岛·创新大讲堂"（以下简称大讲堂），大讲堂以"触摸文明、关注社会、感知世界、开拓未来"为宗旨，以人文与社会、科技与工程、经济与管理、中国与世界、创新与未来、艺术赏析与心理咨询等系列主题为讲座内容。受众对象为藏龙岛区域的大专院校师生。

自2010年5月26日"藏龙岛·创新大讲堂"开讲以来，得到了湖北电视台、湖北经济电视台、《湖北日报》《楚天都市报》等媒体的关注。截至目前，已举办讲座92场，讲座嘉宾有两院院士、国务院和省政府参事、国家和省道德模范、国务院和省有突出贡献的中青年专家、享受政府专项津贴专家、境内外知名学者、行业精英等。

大讲堂的开办，延伸了学校的教育功能，丰富了学生的知识，拓展了学生的视野，培育了学生的人文精神。例如，邀请"全国道德模范""第十二届全国人大代表""全国自强不息优秀大学生""全国优秀共青团员"谭之平，讲述她个人成长经历——"在文化传承创新中成长"的报告对健全学生人格，树立正确的世界观、人生观、价值观产生了积极影响。

大讲堂的开办，为师生搭建一个不出校门就能与大家、名家面对面接触的平台，切身感受大家、名家的人格魅力、学术造诣、思想情操，培育出更多志存高远、锐意创新的人才。例如，邀请"中国光纤之父"——中国工程院院士赵梓森做了"光电子与信息高新技术产业的发展对世界及未来的影响——赵梓森院士谈高新技术如何改变我们的生活"的精彩讲座，通过与赵院士面对面的亲切交流与互动，同学们在轻松愉快中更为直观地学习到了丰富的科学知识，更加感性地领略了科学的迷人魅力。

3. 传承楚文化，弘扬传统文化教育

学院与武汉市东湖磨山风景管理处共建楚文化教育与传播基地，加强中华优秀传统文化教育。在一年一度的武汉东湖楚文化艺术节中，学院百名学生汇演的"楚王迎宾"精品剧目，再现古楚国楚王及守城军队护卫都城、举行队列仪式和迎宾仪式的历史氛围，让游客亲历其中，从而体验到楚文化的瑰丽多姿，展示了楚文化的非凡魅力，极大地提升了湖北旅游文化品牌。同时，也充分展现了当代大学生的良好风貌和奉献精神。"楚王迎宾"是学院校企合作传承文化，进行文化教育的优秀成果之一。一方面发挥了磨山景区旅游文化优势，另一方面拓宽了校园文化建设外延，丰富在校学生的社会实践经验，促进企业与校园和谐共建，形成一道靓丽的校企合作品牌。

4. 搭建校企合作载体，促进校企文化交流

依托湖北建设教育职业集团平台，加强校企文化交流，先后与中建三局、武汉建工集团、广东天衡工程建设咨询管理有限公司、湖北省消防总队培训基地等大型企事业单位签订合作协议，共建校内外优秀企业文化教育基地、职场训练中心、职场模拟体验中心、素质拓展基地，通过参观学习、职场指导培训、模拟体验，使学生更好地认知优秀企业，感受企业精神、经营理念与价值观，使学生更加注重自身修养，努力学习、积极实践，有效提高了学生的职业竞争力。学院与广东天衡工程建设咨询管理有限公司共同开办"天衡学院"，与武汉市绿色建筑业协会共同开办"绿色建筑学院"，开展现代学徒制培养，制定了涉及企业文化、管理制度、职业要求等方面的培训计划，让企业培训进课堂，定期安排企业技术和管理人员

到学院对学生进行专项培训,在学生入学教育、专业教育、实习实训课程教学、教学场所布置、奖学金评比、就业等方面都融入企业文化元素。校企双方紧密合作促进企业文化与校园文化的互通互融,形成共同管理和考评学生的模式,发挥校企文化共同育人的功能。

5. 固化文化育人活动,突显校园文化特色

学院将"诚信文化"和"鲁班精神"贯穿于课堂内外,以社团活动和第二课堂活动为主,充分发挥学生的聪明才智,使学生的才华得以充分展示。通过举办科技节、读书节、女生节,开展演讲比赛、书画比赛、体育比赛、社会实践、志愿活动等文体活动,形成了"月月有主题,周周有活动"的良好态势,以此固化校园文化育人模式,沉淀校园文化育人底蕴,使活动开展常态化,精彩纷呈的校园文化活动给校园文化注入了巨大的生机和活力,对培育学生的职业精神起到了巨大的促进作用。这些既为学生提供了必要的发挥个人兴趣、特长的条件和机会,锻炼了学生的组织能力、活动能力,使学生从中能够得到展示自己、表现自己的机会,从而更加树立信心,不断提高自身综合素质,又大力弘扬了"诚信文化"和"鲁班精神",培养了学生吃苦耐劳、求真务实、严于律己、诚实守信的品质,形成了正确的道德观、荣辱观、社会主义核心价值观和人生观,培养了学生立足岗位、勇于实践、开拓创新、积极进取、精益求精的职业精神。

总的来说,在推进丰富多彩的文化育人的过程中,有效培育"文化引领,全面教书育人,教书育人全面""质量本源,全面质量发展,发展质量全面""数据说话,全面数据管理,数据管理全面""校企协同,全面校企融合,校企融合全面""供给优质,全面促进发展,促进发展全面""工作务实,全面落地落细,落地落细全面"的育人文化,不断提高教育质量,为国育才,为党育人。

基于"学困生"精准帮扶的"梯级培训体系"的育人行动

一、项目主题与思路

1. 背景缘由

在高等职业教育飞速发展的今天,在职业教育的指导思想中,"以学生发展为本,坚持全体学生的全面发展,重点要关注学生个性的健康发展和持续性发展,努力实现人人成才的育人目标",是目前需要各级层面关注的主题。因此努力挖掘各层面支持资源,因材施教,助力成长,才能为学生的全面发展营造一个良好的氛围,切实提高新时期高校思想政治教育工作。以此为切入点,采取行之有效的"精准帮扶"办法来突破目前瓶颈,真正帮助学习困难学生转变观念,是目前项目研究的重点。

2. 现状分析

在高等职业教育已升格为同类型教育的今天,我们要以服务高职学生群体为本,实现"人人成才"的育人目标。学习困难学生教育的问题,对于高职院校来说关系到立德树人的根本任务和办学目标的实现;对于学生来说关系到能否增知长能和服务于社会、实现人生价值,因此必须及时纠正和引导。对比其他本科院校,高职院校学生由于生源问题,他们在学习理念和能力上相对较弱,在学习动能上需要更多硬性管理和软性引导。在众多高职院校的"学困生"群体中，由于没有形成系统的帮扶体系，"学困生"比例有逐年增高的趋势。同时由于"学困生"的监管过于流于形式，使得"学困生"的转化质量不高，更有甚者出现反复，与目前高职教育实现"人人成才"的理念相违背。如何选取正确的路径来实施"学困生"精准帮扶，使其逐渐走入正轨，实现他们的成才梦，激发他们对未来工作和生活的向往，是我们作为高职教育育人必不可少的一环。

3. 运作思路

在查阅同类型院校对"学困生"帮扶的研究理论和实践中，以近百篇相关论据及与此相关的项目内容作为研究依托，经过合理筛选和对比，同时以我校为实践试点，从专业人才培养特点、生源分布、学习背景、教学组织模式、教学实践基地等进行数据选取和充分调研，得出影响因子中最亟待解决的因素进行深入分析和探索实践。围绕此思路，在针对"学困生"的精准帮扶中，真正落实"精准"工作内容。

二、项目运作

1. 项目主体（科学构架项目组织机构）

以三全育人理念贯穿整个项目，结合学校特点，形成以学校心理咨询中心为引导，以学校帮扶委员会为指导，以三级学院专项帮扶工作小组为主导的"三导五介入"的组织体系。成立校"学困生"三级帮扶组织构架。一级为由学校相关职能部门构成的帮扶委员会，主要由心理健康中心、教务处、学工处、质量管理处四个行政部门构成，帮扶委员会主要统筹全面帮扶工作，完成数据信息化传递和管理，以及帮扶制度化建议和指导工作；二级为二级学院专项帮扶工作小组，由院长任组长，各教管和学管管理人员和系主任参与，合理筛选主导帮扶人员，并组织构建帮扶机制及制度体系、实施细则等文件的推进执行，落实前期"学困生"对象定位和帮扶举措、落实"梯级培训体系"初步推行，逐渐启动"学困生帮扶"后评价机制，执行常态化诊断与改进等工作；三级为由心理专员、专任教师、辅导员、学管人员、学生党员五类人员组成的以帮助实施"学困生"主体目标实现的具体执行人员。项目组织机构如图1所示。

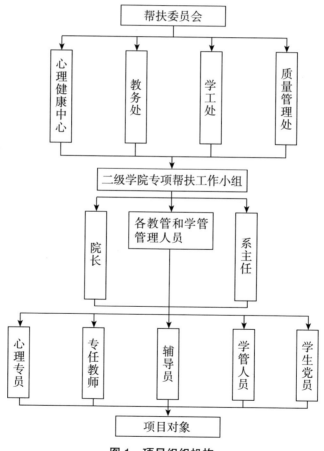

图 1 项目组织机构

2. 项目对象（合理选取项目影响因子）

一线教师对"学困生"的特点界定，更多关注于学生本身的学业成绩，并结合学生课堂内外的表现进行分析，侧重于学生自身学习能力和意识因素（包括专注力、思维能力、观察力等），从学习动能来分析。从研究对象中我们对学习动能影响因子进行分析，如图2所示。

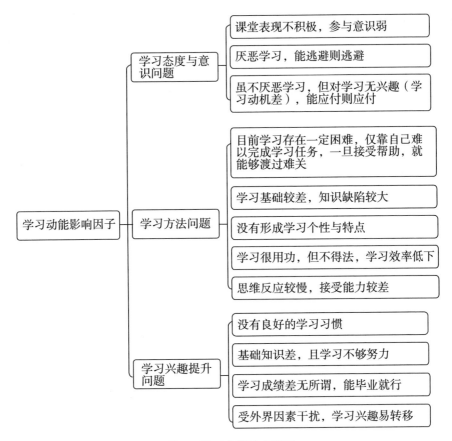

图2　学习动能影响因子

同时对调研学生在非学习影响因子中进行排序数据比对，再次对数据进行了频次比例分析和总结，如图3所示。有6大因素超过了10%，这也将是我们在举措和后续工作流程中的重点实践因子。

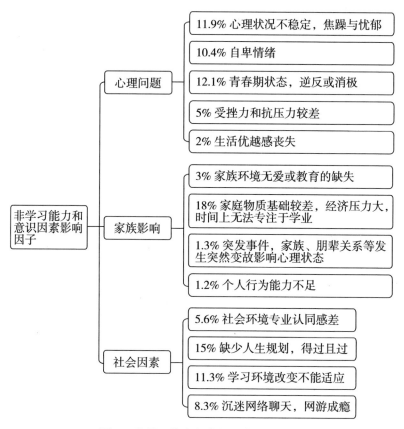

图3 非学习能力和意识因素影响因子

对这类非智力和身体机能障碍导致的学习困难，一旦采取正确精准的帮扶措施是完全可以进行转化的。

3. 项目内容（过程实施举措）

（1）精准制订帮扶计划和对策。根据各类资料的搜集筛选和系统分析，逐个进行调研，在院级帮扶委员会指导下建立专项帮扶小组，定期召开由心理咨询中心、学工处、专任教师或系主任、学院领导、辅导员等组成的"学困生"分类评价及帮扶方案的工作专项会议，确定"学困生"类型并制订精准帮扶计划与举措，落实每一位"学困生""一生一册"档案的动态帮扶记录。同时在组织机构架构工作流流程启动后，落实"学困生"分类的梯级培训体系，依托校级各类资源平台，启动"一生一册"的"心流计划"，实施闭环管理。

（2）完善帮扶项目全过程考核与评价机制。确立全员全过程参与的帮扶项目评价体系，形成"三导五介入"的帮扶工作思路及专项考评机制。以校级（心理咨询中心）引导，依托学工处学生管理日常帮扶管理细则，对接教务和质量管理处考评监管体系，以帮扶对象学期考核数据体系指标为指导依据，在二级学院中深化落实"学困生"各项帮扶工作的动态调整方案和实施方案落地，以学院层面为主导，以"学困生"考评机制内容体系为参照点，以全员参与（心理专员、专任教师、辅导员、学管人员、学生党员）为介入点，实施考评全过程体系。

（3）更新完善目标后评价机制。形成后评价协同规划机制，落实计划（Plan）、执行（Do）、检查（Check）和处理（Act）的 PDCA 循环，落实督查问责机制，全方位协同推进帮扶工作持续向好。使学生学习动力持续提升，学习步入正轨，形成全院关心、支持和主动参与"学困生"帮扶活动的良好氛围。

（4）构建多元"学困生帮扶梯级培训"体系。校企共创，多元参与，循环实施推进。在通过"心流计划"，对"学困生"的引导中，以制度化建设落实"学困生帮扶梯级培训"体系，如图 4 所示。通过专业基础课轮训、专业核心课兴趣培养、校企文化意识养成、思政意识形态养成、学习动能培养梯级递进等方式，以多元化特色方法和举措来支撑梯级培训体系的推进。采用短视频、微课、专项实训、学生社团和各类型讲座、入企业参观和邀请校企合作单位优秀员工讲座、思政大讲堂和课程思政、职业规划目标的对照和树立等分类递进教学方法和手段。以学校现有的各类资源平台来促进方法和举措的实施和实现，如专业教学资源库平台体系的运营、学生第二课堂和特色教学模块的建设、依托湖北建设职业教育集团资源、各类思政案例教学资源库平台、心理咨询联盟单位和各级产业学院及联盟体等建成多元化的立体交互平台体系，助力学困生实现各自"心流计划"的目标。

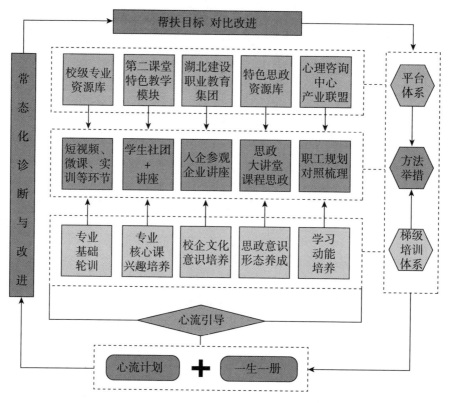

图4 "学困生帮扶梯级培训"体系实施流程图

（注释：心流是美国心理学家米哈里·契克森米哈赖首先提出的一个概念，这个概念和专注力高度相关。例如，玩游戏就是一种很容易进入心流状态的活动，目标明确、规则清晰、反馈及时，能获得各阶段的成就感，所以很容易沉浸其中，乐此不疲。根据心流原理制定"学困生"的专项"心流计划"，在"一生一册"里精心制定"学困生"的合理目标等级值，同时制定各阶段性目标的完成时间节点，通过各类方法和举措实现沉浸式学习习惯，提升学习动能。）

三、项目特色成效

（1）依托学校诊断与改进常态化管理机制，与学业预警常态化宣传互动。在相关职能部门之间对"学困生"专项帮扶内容进行信息的分类与传递，在心理咨询中心、学工处、教务处、质量督查处等职能部门日常诊改中增设"学困生"跟踪体系的监督和管理，将监督细则纳入工作中，从分类和成因的测点逐个监控，各司其职。同时对各年级进行逐级学业预警常态化宣传，在意识上高度重视不松懈，使诊改高效运行。

（2）扩大帮扶项目的实践范围，在学校其他二级院中开展帮扶后续行动。开展"学困生"参与人员的培训工作，从制度到方法、从设计思路到实施，使受训人员真正在理论上"熟"起来，在行动上"实"起来，逐级落实以我校建筑工程学院项目成效中的具体做法和工作流程体系为点带面，形成校级帮扶诊断改进闭环管理，实现各级"学困生"的三全育人目标。

（3）构建"学困生多元化梯级特色"教学模块，梯级培训循环递进。以多元化的方法和举措，形成梯级特色模块，如构建以激励为目的的"心理激励——精准帮扶活动"，认真观察学生在第一课堂学习及第二课堂活动等方面的表现，放大学生身上潜在的优点，让学生对自己的学习能力产生全新的认知，激励"学困生"不放弃、不灰心。

在近几年试点中，通过多元"学困生梯级培训"全过程管理体系的实施，"学困生"的转化数量和质量上都出现了明显成效，"学困生"比例逐年降低，脱"困"稳定性逐年提升，学习动能显著提高。

未来，"学困生"群体的帮扶任务仍然很艰巨，职业教育改革一直在进行多维度的改进和探索。秉承"人人成才"的教育初心，我们需要在实践中不断探索新的路径和方法，实现高职教育的强适应性和高匹配性，发挥职业教育特色，创造更好的成果并不断推广。

职业教育美育实施路径浅谈
——"艺术 + 技能"融合、美润人心

2019年教育部印发《教育部关于切实加强新时代高等学校美育工作的意见》（教体艺〔2019〕2号）中指出，学校美育是培根铸魂的工作，提高学生的审美和人文素养，全面加强和改进美育是高等教育当前和今后一个时期的重要任务。在2020年全国教育工作会议上再次强调了美育教育的重要性。习近平总书记指出，要坚持以德树人、以美育人、以文化人，提高学生审美和人文素养，弘扬中华美育精神，增强文化自信，新时代美育承载着促进人的全面发展、推进社会全面发展等责任与重大使命。作为高职院校，该如何采取有效措施促进学生美育发展就成了目前需要解决的重要问题。

随着近些年国家政策层面的指导性文件的出台，各地都纷纷制定了有针对性的举措，使得美育教育工作取得了可喜的进展。但是，在当前教育改革发展的高速发展中，美育的实践教学体系的系统性研究还处在探索阶段，与专业课程体系的改革创新相对应，如何构建德、智、体、美、劳全面培养的育人体系还需要大力推进。在产业转型高速发展中，对美好生活向往的广大青年学生，也对优质丰富美育资源的期盼迫在眉睫。以此为契机，湖北城市建设职业技术学院以建筑装饰专业高水平专业群人才培养为切入点，以综合素质育训平台为依托，结合专业群美育特点，深度挖掘美育

元素，进行系统筛选和分类教学，积极探索美育教育教学体系，有效提升学生全面发展的竞争力，寻求"美育课程 + 课程美育"的有效实施路径。

1. 营造具有特色的美育"硬"环境

校园是全面实施素质教育的有效载体，营造凝聚着"独特美"的建筑环境，使其承载着有教育意义的精神。挖掘学校优势环境资源，根据学院特有的实训场景，在"硬"环境改造中，以风景园林实训基地为切入点，设计各种仿古小建筑配饰与小品、与自然融合在一体，相互辉映，以"艺术场景搭设 + 技术技能展示中心项目建设"设计思路为艺术和技术互融。在学生美育模块主题实践课中，通过自己动手制作的作品，美化教室和校园文化墙，设计精美学习用品，美化教室各类角落。其目的就是让凝固的美与自然之美和技艺之美熏陶学生的心灵，并在学习、实训、课外活动的不同场景，使美的视觉冲击直抵人心。

2. 强化专业课堂的美育"软"环境

在专业课程相关的系部，以教研活动为载体，结合系部专业课程特点，制定"美育课程"实施细则，落实教学内容，运用多元方法和手段，进行专项美育与专业课程融合的教研活动，如图 5 所示，使美育教育课堂和课堂实施美育元素的全覆盖。同时通过不定期举办形体、沟通技巧、仪态、色彩等各类讲座和主体作品展，让全体教师和学生都站在美育的大舞台上，以教师的言行促进美的传递，从服饰搭配到仪表仪态，从课堂礼仪到日常的行为举止，让教师成为美的代言人，并渗透到每个课堂，结合时代主旋律和爱国主义精神，传播美育知识，引领学生树立正确的审美观念；学生们在课堂和展览中欣赏着艺术美，探寻着智慧美，推行"课程美育"，在别具特色的专业课程中创造美,这些流动着的美构筑了一道道别样的风景,同时也增强学生传承弘扬中华优秀文化艺术的责任感和使命感。

图 5　建筑系美育教研活动

3. 开设特色模块的艺术课程

依托校园"鲁班中国"特色项目课程,开设"植物认知与识别""爱花养花""书画鉴赏""造艺-小木工"等特色模块艺术课程,如图6所示,以提升学生对传统国画文化知识和优秀国画作品的美学鉴赏。通过对植物背后的文化和趣味故事,对家居小物件的亲手缔造等来展现中华民族独具特色的优秀传统文化,激发学生的创作热情和再创新能力,以及民族自豪感,强化学生的文化主体意识,传承中华民族独特的文化素养、美学思想、审美意识、思维方法。

（1） （2）

图 6 "书画鉴赏"选修课

4. 打造专业特色的学生社团

依托学生主人翁意识，以学生社团促进美育进一步的高效推进。学生是校园精神文明建设的一支重要力量，是学校实施美育的载体，是新形势下学校施行素质教育、践行社会主义核心价值观的重要组织形式，在促进学生全面发展等方面有着十分重要的意义。载体多元可以充分发挥学生的主体作用，以学生推进全员育人的内生动力，有效进行文化传承与美育劳动教育活动。以"一花一叶一物"为载体进行艺术创作，实施和传播古建、园林经典文化的传统艺术与技能的有效融合。

职业院校劳动教育课程体系构建与实施途径探究

2020年3月20日,《中共中央 国务院关于全面加强新时代大中小学劳动教育的意见》指出,近年来一些青少年中出现了不珍惜劳动成果、不想劳动、不会劳动的现象,劳动的独特育人价值在一定程度上被忽视,劳动教育正在被淡化、弱化。同时,强调了劳动教育的地位:劳动教育是国民教育体系的重要内容,是学生成长的必要途径,具有树德、增智、强体、育美的综合育人价值。如何加强劳动教育成为教育领域颇受关注的热点问题。职业院校为培养生产一线的技术和管理人员,将劳动教育纳入人才培养体系,形成劳动教育课程子系统,具有落实落地劳动教育的天然优势。

1. "劳"是人才素质结构的有机部分

教育与生产劳动和社会实践相结合是培养社会主义建设者和接班人应遵循的主要原则。曾经,我国的教育方针中关于人才的素质结构描述是"培养德智体全面发展的社会主义建设者和接班人"。2018年9月10日召开的全国教育会议提出"培养德、智、体、美、劳全面发展"是在《中华人民共和国教育法》框架内对新时代教育培养目标素质结构的新定位,其教育政策行为旨在促进学生修养德行、沉淀智慧、积累能力、强壮体魄、健康审美、崇尚劳动、娴熟技能,更是契合了新时代崇尚工匠精神、崇尚劳动、崇尚技能的发展环境。

2. 劳动教育课程体系的基本框架

《中共中央 国务院关于全面加强新时代大中小学劳动教育的意见》将劳动分为生产劳动和非生产劳动，劳动教育对应分为生产劳动教育和非生产劳动教育，其中，非生产劳动教育分为日常生活劳动教育和服务性劳动教育。因此，劳动教育包涵生产劳动教育＋日常生活劳动教育＋服务性劳动教育，这三类劳动教育内容不同，不能偏废。

职业教育以努力培养数以亿计的高素质劳动者和技术技能人才为己任，支持我国经济社会高质量发展。职业院校在培养创新性技术技能型劳动大军过程中，必须落细、落实、落地劳动教育，按照课内与课外、校内与校外相结合，体力和脑力、生活技能与工作技能相结合思路，建立家庭、社区、学校、企业、社会相衔接的劳动育人机制，形成劳动课程高聚焦强刺激、课程劳动全覆盖、润无声、同协力的"以体力为主的日常生活劳动教育课程群＋以智力为主的服务性劳动教育课程群＋以集体力与智力于一体的生产劳动教育课程群"劳动教育课程系统，并开发这些课程群的目标、标准、整体设计与单元设计、教育资源及保障等。其中，劳动意识和劳动教育理论贯穿始终，主要聚焦劳动精神、劳模精神、工匠精神，进行专题教育，以此提高学生对劳动教育的认识和主动意识，树立劳动创造美的理念，让创意、创新、创造充盈大脑而创行天下。可以邀请技术大师、技术状元、能工巧匠、专家学者、劳模代表、优秀校友开展主题讲座和论坛，也可以组织研讨、辩论等活动，为学生深入解读劳动精神，为开展劳动教育、传播劳动精神提供智力支持和理论支撑。

3. 职业院校劳动教育的实施

职业教育的类型教育特征，决定了职业院校劳动教育的内容丰富、形式多样、载体多元、手段多变，需要多途径有效实施。

（1）日常生活劳动教育。

以体力劳动为主，侧重基本生活知识和技能积累，在日常生活劳动实践中学会认知、学会生活、学会生存、学会共处，适应生活环境、适应社会生活。

家庭生活劳动教育。家庭，是实施生活劳动教育的主要场所，可围绕衣、食、住、行等日常生活的方方面面，通过让学生参与洗晒衣服、衣物整理、买菜做饭、清洁卫生、待人接物等生活劳动实践，做好家务劳动、服务家人起居，参与家庭事务管理，达成生活自理。

学校生活劳动教育。学校，是实施生活劳动教育的重要场所，主要统筹组织学生参加部分校内外专项劳动。一方面，组织学生在学习和生活场所卫生值日、校园卫生大扫除、劳动周或月，利用节假日进社区或养老院帮扶老人或行动不便的人做一些力所能及的家务劳动，增强劳动意识；组织学生开展生活垃圾分类宣传或废物利用回收或以旧换新的活动，增强环保意识。另一方面，将专业劳动和生活劳动有机结合起来，根据专业特点，开展多样化的生活劳动实践，例如，电气工程技术专业，可安排学生为社区居民提供电气使用咨询或故障排除，还可协助学校常态化开展节水节电宣传和安全用电、避雷措施等普查，增强节能减排意识和安全意识；园林工程技术专业，可通过认领花草树木或组织学生通过垦地、播种、浇水、施肥、养护等环节来植树护树，美化校园，增强绿色意识，把这些专业性劳动引入到实际生活实践中，提高生活质量。

企业生活劳动教育。企业，是实施生活劳动教育的重要途径，可以对学生在岗学习生产期间的生活起居做出统筹安排，开展丰富的业余生活；可以对生活场所和工作场所内务整理提出要求，以自己的双手营造整洁的工作环境；还可以结合专业特点，开展劳动实践。例如，环境艺术设计类专业，可以安排学生为企业重大活动、重大节假日在宣传橱窗、办公场所等进行整体布设，美化环境，从而愉悦心情，使生活和工作充满希望，提高生活和工作质量。

（2）服务性劳动教育。

以智力劳动为主，侧重于用知识、技能、工具、设备等为他人和社会提供服务，以自身的劳动成果奉献他人，造福社会，陶冶情操，美化心灵，学会共处、奉献、担当。

普适性服务劳动教育。可以通过组织在校所有学生维护公共场所卫生、文化艺术进社区（或企业）、植树造林护林、自然山体内的枯枝杂叶和垃圾清理、结对帮扶社区或敬老院老弱病残人员、义务家教、政策咨询和援助、特殊群体的人文关怀、社会治安、协助交警、紧急救援、慈善活动、特殊时间到特定单位开展公益性劳动等，增强公益服务意识，培育志愿者精神，彰显奉献精神。

专业性服务劳动教育。根据学校的专业群和社团结构分布，注重实效，统筹制订方案，有序引导学生发挥专业特长，鼓励或倡导学生结合所学专业面向附近社区居民或院校师生提供专业性的服务。一方面，以专业为载体，提供有针对性的专业服务，例如，每个专业为中小学生提供相关的职业认知和劳动体验，建筑智能化工程技术专业学生重在常用电器的安全使用宣传、电器维护与维修，园林工程技术专业学生重在花草栽培与养护，艺术设计专业学生重在工艺品设计与制作；另一方面以社团为载体，提供个性化的服务，例如，书画协会重在琴棋书画的辅导和指导、重要节日或重要活动的宣传材料制作与布设；轮滑协会重在技术上对轮滑学习者进行辅导和指导；科技协会重在发明创造知识科普和科技创意活动。增强专业服务意识，强化社会责任，提升技能和人文素养，培育担当精神。

通过服务性劳动，推动学生接触社会，深入生活，形成良好的社会风尚，同时培养学生为人民服务、为公众谋利益的良好思想品德。

（3）生产劳动教育。

职业院校实施生产劳动教育必须依托校企合作平台，结合课程和专业特点，集"体力＋脑力"劳动于一体，侧重技术技能训练与积累，分层分步推进，在劳动实践中学会学习、学会工作、学会创造，达成劳动美感、获得感、成就感。

在专业技术技能训练中劳动。通过安排技能练习、实验实训、工艺制作、创意设计图、技术试验、职业体验、顶岗实习等实践训练，着力基本技术、技能的累积。例如，"电机拖动"课程，可以通过开展电工器材认知、使用、保养及电机的正反转和调速控制训练，以及电机（含变压器）的选配计算及其经验公式等，丰富学生运用电机劳作的职业知识，提升职业劳动素养，增加劳动美感。

在专业技能竞赛中劳动。在专业实践教学过程中，可以适时组织项目化或课目化的专业劳动技能竞赛。例如，"电机拖动"课程，可以开展"电机点动控制"项目竞赛，考察竞赛队的线路集成设计与调试、主电路与控制电路设备的选配、生产环境的规范整理和清洁等，培养团队协作精神、创新精神、劳模精神，增强劳动获得感。

在专业生产训练中劳动。为强化职业素养的养成，在学生有一定专业劳动的基础上，在生产性实习和生产现场中安排对口劳动。例如，"电机拖动"课程，可在校内或校外生产基地，安排学生参加电机拖动生产，在生产劳动中，通过电机运行优化设计、监测、维护与故障排除，提高技术技能操作熟练程度，熟悉流程和规范，取得初步的生产经验，扩展生产技术知识，为就业和未来职业发展储能，增加成就感。同时，鉴于在电机实训或生产劳动实践中具有高风险，必须强化在理论指导下按规程严谨操作，防止因违规操作或因一时疏忽，导致不可逆的人身触电等重大事故，借此强化劳动纪律和安全防范意识。

总而言之，通过在训练中劳动、劳动中训练，培育劳动精神、职业精神、工匠精神。发挥劳动教育在树德、增智、强体、育美中的综合作用，不断提高职业院校学生技术技能技巧与创意创造创新能力。当然，为保证劳动教育质量，学校要统筹建设劳动教育保证体系，阵地上形成学校与校外劳动教育基地、内容体系上形成生产劳动教育与非生产劳动教育、组织上形成理论讲授与劳动实践、设施设备上形成硬件资源与软件资源、教师素质上形成教书育人能力和劳育能力，考核上形成生产劳动和非生产劳动系统性评价等方面协同的劳育格局。

职业院校实施劳动教育的几点认知

职业院校实施劳动教育，必须全面贯彻党的教育方针，深刻领会 2020 年 3 月印发的《中共中央 国务院关于全面加强新时代大中小学劳动教育的意见》精神，吸收联合国教科文组织于 1996 年发布的《教育——财富蕴藏其中》提出的教育四个支柱"学会认知、学会做事、学会生存、学会共处"的理念，按照教育部于 2020 年 5 月发布的《职业院校在实习实训教学中强化劳动教育的实施办法》扩面行动。

劳动范畴是宽泛的。每个行业领域都有自己的"航道"，每个"航道"都有自己的"航标"，每个"航标"都有自己的"精神价值"，其群体品质和价值都不可低估。劳动没有高低贵贱之分，但劳动质量有高低之分。热爱劳动的人是光荣的，既热爱劳动又拥有娴熟劳动技能的人是宝贵的，既热爱劳动又拥有劳动技能还善于创新创造的人是伟大的。

劳动教育内涵是丰富的。教育的目的是培养社会主义劳动者，劳动教育是立德树人的有机组成部分。一个人出生即是一个本征"自然人"，如果仅仅在自然环境中长大，其劳动的知识、能力增量性变化是不能充分满足其生存和工作的需要；如果一个"自然人"接受有效的劳动技能教育，其劳动素质的增量显著，能比较好地融入社会发展，成为"社会人"。培养社会主义劳动者，仅有技术技能教育是不够的，需要把劳动教育系统化，既传授劳动知识、培养劳动能力，又培育正确的劳动价值观。

劳动教育层级是递进的。无论中职还是高职，其劳动价值观培育要求是相同的，其劳动教育层级存在从劳动精神到工匠精神到劳模精神的递进关系。培育劳动精神就是培养有素质的劳动者；培育工匠精神就是培养优秀的劳动者，不断超越自己；培育劳模精神就是培养更加优秀的劳动者，既超越自己也超越他人，成为影响他人的杰出劳动者。从劳动精神到工匠精神到劳模精神递进培育的快慢与学校整体办学水平、教师个体能力及工作单位继续培育正相关。由于中职学校和职业高校的培养目标定位不同，职业知识、技术技能层级不同，也存在递进关系。实施劳动教育要重视劳动知识、劳动技能和劳动精神的衔接。

劳动教育工作是协同的。劳动教育根本目的是立德树人，实施劳动教育重在劳动和教育并举。必须坚持课内与课外、体力和脑力、生活劳动与生产劳动、功利性与公益性相结合的原则，建立家庭、学校、企业、社会（社区）相衔接的劳动育人机制，构建劳动课程全覆盖、润无声的劳动教育课程体系，善做劳动教育"营养餐"，将劳动知识、劳动能力、劳动精神教育这"三驾马车"并驾齐驱。实施劳动教育贵在聚合行动，劳动教育要从教师"专人"转向所有课程教师"人人"，形成协同合作，呈现累加效应。

劳动教育内容是系统的。职业教育以努力培养数以亿计的高素质劳动者和技术技能人才为己任，当时期职业教育政策行为旨在促进学生修养德行，沉淀智慧，积累能力，强壮体魄，健康审美，崇尚劳动，娴熟技能。劳动教育组织要通过在生活中劳动、劳动中生活，在服务中劳动、劳动中服务，在训练中劳动、劳动中训练，在培养劳动知识和技能的过程中聚焦劳动理念、劳动精神、工匠精神、劳模精神的培育。

劳动教育落地是要有教材的。强化劳动教育，一定得有专门劳动课程来"强刺激"，将劳动课程纳入课程体系。劳动课程一定得有教学材料，一门课程如果没有教学材料和标准，意味着不被重视，即使重视了，也难以落地。劳动教育教学材料可以是纸版教材＋信息化教育形态（网络教材、电子教材）＋实体教材＋教学资源库（课件、课程标准、文本库、图片库、音视频库、动画库、案例库、素材库、政策法规库、试题库、在线学习资源等）构成的立体化教材。开发劳动教育课程，一定得有结构合理的团队，依靠每个老师"单打独斗"开发劳动教育课程是不现实的，质量也不好把控。

劳动教育教材内容是要有选择的。劳动教育专门教材的内容结构可以由普适性内容＋个性化内容＋政策内容组成。普适性内容重在让学生领悟劳动精神、工匠精神和劳模精神，补课强化、拓展生活劳动，强化引导培育服务性劳动意识；个性化内容重在案例启发，可以是典型劳动教育案例、新型劳动案例、典型劳动者案例，典型劳动团体案例、典型职业或劳动精神案例等；政策性内容重在领悟国家、社会支持，激发务实劳动动力。

劳动教育实施是要有保证体系的。为保证劳动教育质量，学校要统筹建设劳动教育保证体系，教育目标上，建立纵向衔接横向贯通的目标链；教育标准上，开发与目标链相啮合的标准系统；教育内容上，统筹体力与脑力劳动教育内容；教学组织上，重在理论讲授与劳动实践于一体；教师素质上，建强人人皆劳动教育的教师队伍；教学资源上，匹配丰富的硬件资源与软件资源；教育阵地上，建设校内外相结合的劳动教育基地；监测手段上，建成监控与诊改信息化平台系统；考核评价上，探索多视角的劳动教育评价模式。

现代学徒制试点之思

现代学徒制旨在深化产教融合、校企合作，创新技术技能人才培养的一种模式，已上升为国家层面的教育内容，成为我国的一种教育制度。

1. 现代学徒制概念提出

1993年英国最早提出现代学徒制，2011年我国首次正式提出现代学徒制，并在江西新余市开展试点，2014年出台《国务院关于加快发展现代职业教育的决定》（国发〔2014〕19号）将现代学徒制工作上升为国家层面的教育内容。

2. 现代学徒制试点要求

政校行企齐上阵，试点内容侧不同，制度标准要完善，育人机制双主体，教师师傅相融合，招生招工成一体，合作企业有影响，职教园地有门槛。

3. 现代学徒制试点类型

教育部和人社部分别推出现代学徒制和新型学徒制试点，是同一制度框架下的两种形式。

（1）现代学徒制试点。

教育部组织的试点。职业院校努力实现学校和企业均作为主体办学，面向学校学徒生；机制上，政府推动、学校主导、企业参与；

理念上，学校主导"招生即招工、入学即入职、学习即工作、毕业即就业"；模式上，"工学结合、工学交替"；费用上，学徒生在岗学习期间，企业给予补贴。

（2）企业新型学徒制试点。

人社部和财政部组织开展的企业新型学徒制试点。机制上，政府推动、企业主导、院校配合；理念上，企业主导"招工即招生、入企即入校"；模式上，"企校双制、工学一体"培养；对象上，企业签约职工（新招用和新转岗人员）；费用上，学徒在学习期间，企业根据贡献程度支付学徒工资，国家按人头给企业每年补贴。

4. 现代学徒制试点部署

继2014年8月《教育部关于开展现代学徒制试点工作的意见》（教职成〔2014〕9号）和2015年1月《关于开展现代学徒制试点工作的通知》（教职成司函〔2015〕2号）的发布后，2015年8月5日教育部遴选了第一批165个试点单位，2017年8月23日教育部遴选了第二批203个试点单位。继2018年3月《教育部办公厅关于做好2018年度现代学徒制试点工作的通知》（教职成司函〔2018〕10号）的发布后，2018年8月1日教育部遴选了第三批194个试点单位。至此，三批共562个试点单位，正式启动国家级现代学徒制的试点工作。

5. 现代学徒制试点思考

就探索现状来看，政策环境还需进一步改善，但现代学徒制的培养效果毋庸置疑。是不是所有专业均按现代学徒制模式培养效果最优，可能还需实践给出答案。作为职业教育要充分提高质量，在系统设计的基础上，只要能在教学组织过程中充分运行"工学交替"，就能极大提高培养效能，就值得探索和推广。

不是每个企业都有教育能力和较强的培训能力，开展现代学徒制试点，需要系统考量参与企业的影响力、培训力、教育力、文化力、吸纳力、互动力等要素，与国家主流、大型、骨干企业深度开展现代学徒制培养应该成为职业院校的追求方向。

崇尚"工匠精神"，敬重并甘当"工匠"

1. 工匠与学者辨析

工匠以实用性为导向，刻苦钻研，精雕细琢，追求技术进步，以职业精神和技艺来精益求精地生产物质产品。工匠之作，若无创新，仅具一般实用性；若善创新，则能生产出令人愉悦的工艺精品。

学者以研究性为导向，耐住寂寞，潜心问道，追求学术进步，以学术精神和智力水平来生产智力产品。学者之作，若无创新，仅具一般参考性；若善创新，则能生产出造福人类的学术精品。

无论工匠还是学者，其职业精神一样，均专注于某一领域并针对这一领域的研发或生产，精益求精、一丝不苟地完成每一个环节。广义地说学者也是"工匠"（以下将广义工匠简称为"工匠"），每个人履行好自己的岗位职责本身就是将工作落细落实，就是"工匠"行为，与学历高低、职称高低、职位高低非正相关。

2. 践行"工匠精神"并甘当"工匠"应成为一种文化

大力弘扬和践行"工匠精神"、敬重并甘当"工匠"，应成为所有群体的基本遵循，做任何工作都需要发扬"工匠精神"，做追求卓越的"能工巧匠"，推进工作落细落实，从而推动事业的不断发展。

能将工作有效落地的人是"工匠"，能将工作高效落地的人是

"优秀工匠",能将复杂工作高效落地或在任何状态下把工作高效落地的人是"卓越工匠"。做"工匠"也许平凡,但其为社会贡献的力量却不可限量,最大化提升这个群体并扩大这个群体的面积,是一个单位的幸事,也是国家的幸事,让我们敬重这类看似平凡其实极不平凡的人,因为他们是事业的守望者、是推进事业发展不可替代的力量。

从事理论探索与发现、设计与发明、转化与生产、组织与管理的人员都是人才资源,也都必须将各自工作领域落细落实,崇尚"工匠精神"、敬重并甘当"工匠",应成为我们的基本职业素养。

"工匠精神"在人才培养教学组织探索
——"造艺公社"实施浅析

1. 工匠精神

工匠精神产生于手工业时代,是手工劳动者的精神遗产,指对技艺和产品精益求精的精神理念。"精""益""求""精"分别描述了工匠精神的静态起点、动态传承、动力源泉和历史使命,工匠精神蕴涵着质量螺旋上升的指向性发展属性。

"工匠精神"的内涵随着时代的发展而不断丰富。培育以"工匠精神"为主要特征的质量文化,做任何工作都需要发扬"工匠精神",推进工作落细落实,从而推动事业不断发展。重复的工作规范做,提效率;常规的工作创新做,增质量;复杂的工作探索做,求突破。

2. 新时代现代工匠成长正当时

现代工匠应该是全社会不可或缺的群体,中华民族复兴需要以千万计、以亿计的工匠,职业教育是培养现代工匠的摇篮。培养技术技能人才,需要一代人观念的更新,更需要国家战略、国家意志。进入新世纪以来,中国比以往任何时候都崇尚技能宝贵,党和国家高度重视高技能人才,出台了一系列政策,持续改善高技能人才成长环境。

现代工匠生逢其时。新时代的中国比以往任何时候都崇尚劳动光荣、技能宝贵、创造伟大,强起来的中国比以往任何时候都需要大批的现代工匠，培养现代工匠的职业教育备受重视，成为我国教育发展的战略重点。

现代工匠正当其时。如今的时代是一个技术技能人才辈出的时代，只要刻苦钻研、追求技术进步、修炼职业素养，就一定能脱颖而出，成就出彩的人生。

3. 职业院校"工匠精神"的培育——以建筑装饰工程技术专业"造艺公社"为案例

"造艺公社"是由湖北城市建设职业技术学院第44届世界技能大赛参赛学生于2017年4月创办的技能型学生团体。致力于提升学院文化氛围，打造学院精品社团，同时服务于相关技能大赛的选拔、培训工作，并为学院全体学生在与技能相关方向的就业、创业奠定能力基础，提升学生相关能力水平。社团依托于世界技能大赛建筑类项目湖北省集训基地，针对精细木工、瓷砖贴面、抹灰与隔墙、砌筑4个项目展开宣传、选拔、培训等活动，为湖北省参加世界技能大赛全国选拔赛提供支持。同时不断拓展衍生，在教学改革中，以创新创业为目标，运用信息化手段，不断提升社团影响力。近年来支持了建筑装饰专业等诸多大型专业建设改革，如参与了国家现代学徒制的试点工作、国家骨干专业建设等。依托社团，近年来取得了较好的成果，学生连续三届在世界技能大赛省级选拔赛中包揽瓷砖贴面、精细木工、隔墙与抹灰赛项全省前三名，其中四人次进入国家集训队。参加省级比赛油漆与装饰、花艺、建筑信息模型、园艺等项目，获得一、二、三等奖共计36人次。此外，学生在第一届"全国职业院校建筑装饰技术应用大赛"中荣获三等奖，第一届"湖北省职业院校建筑装饰技术应用大赛"中荣获一等奖。在2021年"造艺公社"学生团队积极创业，获得湖北省"互联网+"创新创业大赛金奖。

回顾近年来的社团工作，在实施中，我们做了如下一些实践探索。

（1）进行有效的教学组织体系设计。

以装饰模块世界技能大赛培育选手组成的学生社团，融入教学模块。合理定位社团工匠精神的培育目标：职业体验、岗位实践；模块工艺制作、创意设计；世界技能练习、创新创业；社会实践、公益劳动。

（2）制定特色闭环的第二课堂实践目标。

依托社团，形成第二课堂的企业巧匠"训"学徒，校内导师"育"学徒，往届获奖选手"帮培"学徒的特色实践教学目标。特色项目（活动）教学体系如图7所示。

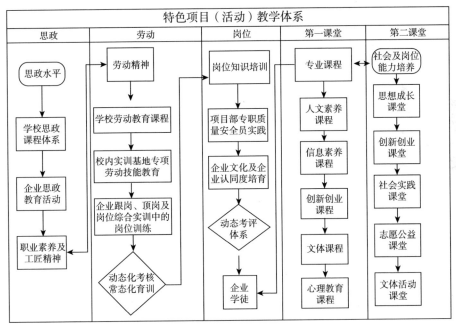

图7 特色项目（活动）教学体系

（3）建立有效的制度保障机制。

专业教学是融入"工匠精神"的有效途径，但需要有合理的保障制度，因此形成一套学校和社团共建的机制是教学推进的前提。

（4）坚持教学创新，在教学环节中融入工匠精神。

增强专业认知，培养职业情怀。坚持职业标准，规范操作流程。开展双创教育，培养创新意识。同时以现代学徒制培养为延续进行社团后备力量的储备，持续常态化推进工匠精神的教学组织互融。创新创业重在实践，鼓励学生在创业孵化园、众创空间等平台上积极参与到实践项目之中，通过第二课堂实践，教学项目参与等方式，在实践过程中提高决策能力、表达能力、洞察能力、思维能力等创新创业素质。

最终以典型案例积极辐射其他专业"工匠精神"的实施方法探索，以此落地社团宗旨：创意、创新、创造，职业技能创行天下。

第五章 实践教学

高等职业院校的实践教学

1. 高职院校实践教学形式

高职院校的实践教学形式丰富，内容多样。其一，有基于专业基础知识学习和创意的试验，含创意设计、技术试验等；其二，有基于职业技能培养和创新的实训，含创新创业、校内生产实训、校外生产实训、顶岗实习，校内实体模拟性实训、虚拟仿真性实训、参观性实训；其三，有基于显性素质教育拓展的实践，含军事实践、社会实践、公益活动、生活劳动实践等。

2. 高职院校实践教学安排

组织实践教学，要根据实践教学的目标、标准、内容等，合理安排。第一，依附于理论教学的实践教学，一般安排在相关课程内容教学结束之后进行，如课内实训、试验等，侧重"学中做"；第二，独立于理论教学的实践教学，一般安排在专门的时间段内进行，如基本技能、专项技能、综合技能训练、顶岗实习等，强调"做中学"；第三，与理论教学相融合的实践教学，一般安排在课堂与现场两个不同的学习场景中进行，以实现学习与工作的交替，理论学习与实践训练的融合，如选取真实项目或任务，注重"边做边学、边学边做"，并力求提高学生实践能力及发现问题、解决问题能力。

3. 高职院校工学交替教学组织

当前,"普教化"的教学组织在职业院校中较普遍,不能很好体现职业教育的特征,使得职业院校的教育教学质量提高缓慢。实施工学交替、育训结合的教学组织模式,能很好地推进真正的职业教育任务驱动、项目导向的教学模式落细落实,提高教学质量。根据电信类专业和土建类专业抽样统计,一个高职专业的基本技能 8~10 个,专项技能 5~7 个,综合技能 2~4 个,依次构成从初级到高级、从简单到复杂的技能项目训练。将这些技能训练项目系统化安排在每个学期中,保持三年不断线,并明晰教学目标、教学标准、教学时段、教学场所、教学师资、实训条件、实训耗材、实训保障等,既构成了清晰的工学交替组织路线图,同时也形成了目标链、标准链、执行链、保障链,从而将工学交替、育训结合教学组织模式有效地落地实施,保障职业教育的质量。

高职教育深化内涵建设与改革,必须在培养学生的全过程中始终将"知识、能力、素质"作为"每日三餐"的有机营养成分一以贯之,以促进学生职业素质的养成,高质量的教育能引领学生未来发展,高质量的实践教学能让学生掌握当下技能,高质量的教育和高质量的实践教学融合并举,既能引领未来又能把握当下。只要重视实践教学的顶层设计、加强培训实践教学管理人员、提高教师实践教学能力、科学实施工学交替组织模式、改善实践教学的条件和环境,并落地落细落实,高质量的职业教育就能呈燎原之势。

教学过程中的心理探索

学校教育教学质量的提高过程，是一个求解多变的复杂过程，解析教学过程中的心理，利用心理效应，改善、改进、改革教学组织，调整适合学生的"口味"，提高教与学的匹配度，能有效提高教学效益，这是一个需要深入探索的长期课题。

1. 教学过程中的心理倾向

任何一门课程的教学过程，都是矛盾的对立统一过程，教师通过课程教学的启发、引导和渗透来传道、授业、解惑，体现师者价值，学生通过课程学习得到启迪、顿悟，掌握规律、知识、技能，提升素养，达到学习目标。由于教学过程中双方所处的地位和作用不同，各自的心理活动倾向也就不同。

（1）教师教学心理倾向。

教师的每一节课的授课过程都反映着教师的教育职业心理活动，是教师思想、文化、素质、作风等集成作用于学生的集中展示，这不是单纯靠45分钟就可以解决的，也不是用45分钟就可以计算的。第一，教师要充分认识到运用好教育心理规律赢得学生信任，是取得良好教学效果的一种方法和手段，在教学过程中把每一节课都作为师生的一次心理交流课，激发学生的学习活力。第二，教师要善于揣摩学生的心理反应，要善于通过观察学生表现出来的神态来判断学生对学习内容的领悟或困惑，进而分析备课的充分性、教学组织的合理性、教学方法和手段的匹配性。学生言行上的每一点细微的变化，都是教师授课状态的晴雨表，当学生困惑不解时，教师须适度重复、放慢速度、加重语气，抑扬顿挫的语调会辅助增强学生的理解力；当学生遇到难点和一时难以理解的问题时，要耐心解析，同时反思教学方法是否恰当；留意个别学习困难的学生，采取个性化的，如课内课外结合的办法解决问题。第三，教师要善于通过自身良好的心理品质强化教育效应。学生对教师的接纳过程，不仅包括教师的知识、技能，还包括教师的品质、行为素养、思想作风和工作作风，甚至教师的性格、脾气、仪表、风度、语言习惯等。学生在学习阶段往往会有较强的模仿力，教师的眼神、笑貌、语言、态度等都是与学生的心灵交流，教师渊博的知识、诙谐的语言，可以在才华与能力上令学生折服，教师的博大胸怀、善解人意和无私的境界等心理品质，则会从心理上征服学生，这些都会影响到教师的授课效果和学生的学习兴趣，不仅可实现教学目的，而且会产生一种无形的力量和强大的威慑力。

（2）学生学习心理倾向。

职业院校学生来源多元化，基础素质不平衡且差异较大，在学习过程中的心理倾向表现在以下几个方面：第一，职业院校学生厌学现象突出，但大多数学生对学习重要性认同度高，只要能学有所获、学有所成、学有所用，学习态度较好，也富有探索精神，这是大多数学生的心理特点，是教学环境的主流，教师要多从心理上诱导，稳定和扩大这个群体的数量。第二，对专业课程学习既陌生又好奇，学习欲望高、新鲜感强，但不持久、不稳定、易受干扰。教师要加强专业教育和职业规划教育，正面引导，提高学生学习的稳定性。一般来说，学生的职业规划越清晰，就越有兴趣投入；反之，则不感兴趣，上课无精打采，萎靡不振，特别是学习一些全新的名词、概念等时感觉像听"天书"。这种情况下，任课教师要加强引导，加大职业感知力度，帮助学生提高认识，有效调动学生的学习兴趣。

第三，寻求知识性、社会性、实用性的现象比较普遍。在知识深度及广度外延不断扩大、获取途径更加多元化、时尚感越来越强的科技时代，学生更易受到社会潮流的影响，他们不满足于课本上的知识，这就要求教师不断吸取新知识，适应"互联网+""人工智能+"时代的趋势，使学生对知识的欲望、技术技能和职业素养养成的渴求得到满足。第四，对教师的期盼高，带有一定情感性。教师要加强自身学习，用丰富的知识、卓越的能力和高尚的人格魅力诱发学生的学习兴趣，用优秀的师德形象去引领学生。

2. 教学过程中的心理效应运用

无论是管理还是教学，都应注意抓住教师和学生的心理特征，注意人的心理活动规律，发挥心理效应作用，使教育教学有针对性，有效提高教育教学效果。

（1）德育心理效应运用。

教师在教育教学过程中应有效运用德育教育心理效应。例如，表扬或批评学生，教师应当根据具体情况，选择合适的方式、方法、地点、语言和力度，批评学生时，注意语句的先后顺序，注意最后一句语调的"近因效应"，让学生对教师的批评容易接受；对较熟悉且不是初犯的学生，可采取严厉的批评和正面的强刺激教育；对不太了解的学生，可采取旁敲侧击或隐晦的方式进行批评，且点到为止。教师批评学生时切忌居高临下，一味追求师道尊严，而忽视来自学生的意见，甚至训斥学生；教师不要对学生有过多的硬性禁止，注意"禁果效应"，防止逆反心理，要求学生做到的又可能是学生难以接受的，应多加引导；教师表扬学生时不要过分、过多，恰当适宜才可避免和减小其负面作用，减少他人可能带给他的嫉妒和伤害。在教育教学中，应多采用抽象诱导语形成"暗示效应"，既避免讲话不严谨带来的错误发生，又维护了学生的自尊心；在教育引导时，还可采用"无声效应""肢体效应""幽默效应",使学生在心理宽松的环境下接受教育,效果较好,而且有助于教师威信的树立。

(2)教学心理效应运用。

教学有法,也无定法,教学过程中巧妙运用教学心理效应,有时会起到事半功倍的效果。例如,教学过程中适当运用"首因效应",在记忆中使其发挥感知的重要作用,因为有些特定场景下的第一印象可以留下深刻记忆;巧妙设计"空白效应",利用适当的课间空余,给学生以思考理解的过程,调动学生主动学习的积极性;注意观察"情绪效应",教师要通过学生的表情、动作、手势等了解学生,及时响应并智慧应对能引发学生共鸣,调节课堂气氛;恰当运用"角度效应",如手势角度不宜太大,身体不能过分弯曲,眼神不能分散,给学生舒服的感受;鼓励发挥"群言效应",让学生发表意见,相互讨论,活跃学生思维,变被动学习为主动学习;准确使用"艺术效应",把所讲的内容进行组织加工成艺术品,让学生感到接受知识和训练技能是一种享受。针对学生素质之间差异带来的教学过程中复杂多样的心理问题,采用不同教育教学艺术,采取多种多样的教学方法和教学技巧。例如,针对性格、气质、能力不同的学生有选择地提问题,学生回答得不够准确或有错误时,要从不同角度,尽量给予肯定、鼓励和安慰,有利于让学生在获得感中增强自信,激发学习热情。

(3)学习心理效应运用。

学生有良好的心理行为,在学习的态度上才会有良好的表现,教师教学组织过程中要发挥学习心理效应作用,把课堂教学作为教师与学生各方面沟通的桥梁,建立和谐的师生关系,有利于提高教育教学效果。学生在学习过程中,喜欢教师善解人意、平易近人、通情达理,希望学有所获、学有所得、学有所成。例如,职业院校学生对实践性教学比较感兴趣,动手能力普遍较强,而不愿意更深入地加以探索理论性较强的课程，教师要强化理论联系实际，揭示理论的重要性，让学生明白任何一种理论都是长期实践的结果，是实践的总结与升华。教师要精心设计教学组织过程，充分运用心理效应，每次课后运用"反馈效应"，巩固学习效果，发挥"近移效应"作用，使得先行学习对后继学习的影响。教师通过组织学生复习、预习，发挥"正迁移"的作用。学生的学习是一个集成的过程，根据记忆规律，教师可对记忆的材料采用"隔离效应"，将重点、难点、疑点进行隔离。对学生抱有"自己人"的心理，树立"生生平等"的观念，不从思想上人为地划分好学生、差学生，产生公平效应，使教学在严肃、活泼、轻松、愉快的氛围中进行。

教育教学是一个复杂的信息反馈过程，根据学生的共同心理特点和因年龄不同、经历不同所形成的个性差异，运用教育教学规律，探究教育教学心理，有效激活教学各环节中的心理活动，促进学生全面发展，服务学生职业素养的养成。

国家现代学徒制背景下
工学交替教学组织之思

工学交替教学组织重在校企合作，新业态下岗位人才培养重在校企双元化深度实施。当前处于职业教育高速发展期，存在行业产业发展的新型岗位与人才输出不匹配，校企合作出现了课程体系建设融合度不深入，课程实施环节动态调整不彻底，双主体责权利不明晰，岗位的前瞻性不够等问题。如何在微观层面以国家现代学徒制人才培养新思路去设计，重构教学组织新路径，以校企融合高频互通教学组织新模式，去探索现代学徒制人才实现的新方法是目前要思考的关键所在。

一、新背景——学徒制实施和建设行业产业发展的现状分析

1. 建设行业人才高质量需求与新型岗位契合度的矛盾

随着我国对职业教育前所未有的重视，高素质技术技能人才在社会经济中的地位也不断提升，职业教育已然进入最好的发展期，这也为职业教育发展新趋势带来了机遇和挑战。围绕这些机遇和挑战，在建设行业与企业高速转型期中面临的人才短缺，为我们的职业人才培养思维转变和创新驱动带来了全方位的挑战。

目前，人才的需求增量中的传统建筑类专业等通用专业的供给相对饱和，而技术技能复合型人才及技术高端人才的供给相对不足。原有校企合作学徒制实施中出现行业企业的岗位人才输送技术面断

层，职业技术技能人才输出出现岗位更新不及时带来的人才过剩，矛盾日益突显。如何推动校企互融，动态跟进时代步伐，以新型建设岗位需求把脉人才需求，精准定位，使培养精准，输送人才精准，来平衡企业产业转型升级中的人才结构矛盾，是现代学徒制建设期内的一大突破点，这也对高职教育的内涵建设提出了新的挑战。

2. 学徒制人才培养资源保障环境的不平衡

学徒制人才培养资源保障环境建设包括两大类。一类为硬件资源保障环境，如校企共建教材资源、课程资源库种类、校企教学师资数量和质量、教学组织场景建设、实训基地项目种类建设、实训项目与岗位实践内容的开发等；另一类为软件资源保障环境，主要涵盖了人才培养实施中课程建设的执行制度建设，企业岗位文化环境，实训实践建设信息化程度，校企互通合作频次及深度，互融合作信任度，学徒岗综合素质养成，认岗、定岗实践企业文化氛围塑造等。与以上两大资源环境相配套的是教学组织过程中的教学目标的定位，教学方法的选取，信息化教学手段的覆盖率，教学考评的分类，双主体育人机制的细化合作与融合。由于学徒岗育人的最终目标是校企实现共赢，实现新型岗位人才质量创新，因此，在校企育训和新型学徒岗工作过程中找准找对建设路径，是人才培养改革之前需要明晰的首要任务。而目前就现代学徒制建设中的现状分析，大多数院校混淆了基于教育与培训、教学与生产、学业与职业、学期与工期、作品与商品、考试与考核、学徒生与学徒工、专业知识与职业知识、跟岗实习与在岗学习、教学标准与生产标准、一般性课程和企业特色课程、教学工艺与生产工艺、教学环节与生产环节、教学管理与生产管理、教育目标与生产目标的人才体系的实施路径和方法研究。于是，在教育规律与生产规律高度融合的学徒制内涵目标下的教学制度建设中，出现了较明显的不平衡发展。

3. 以国家现代学徒制模式的人才培养改革的必然性

就探索现状来看，建设行业面临的是如何以典型案例为路径，在新型岗位中逐步完善岗位转型升级下所需的复合型技术技能人才工作实践过程，进而形成此类型大批量人才群体替代传统人才，为企业人才高质量转型升级服务。而在职业院校建设类专业人才培养中，目前需要解决人才输出与企业的高度匹配性，达到与技术技能复合人才高度匹配的企业学徒岗位，以企业新型岗位为纽带，全面推进人才的全过程教学实践，包括企业认知、跟岗、顶岗等一系列高频互融的教学改革进程。最终学校教育与企业培训双主体不断渗透进行完美融合，以校企各自目标实现为最终目标，各取所需，共同育人，实现共赢。

4. 以国家现代学徒制模式的校企深度融合的必需性

在目前各类高职院校的人才培养中，校企合作基本上覆盖了日常教学全过程。分析调研深层教学全过程，大多数校企合作中，企业提供一些岗位任职，但在教学过程中并未真正融入岗位，大多为一般性实习与在岗模拟学习，在工学结合覆盖专业教学实施中，校企深层的渗透和双主体没有真正落实，课程定位认识不清、模块脱节，岗位、教学环境不匹配。最终体现在就业中，企业对人才的需求又出现匹配度矛盾，学校的就业质量也出现问题。诸如此类问题，归根结底是双主体和深度融合未落地。因此在目前建设转型快速发展之时，校企要共同面对未来，以校企深度合作，全面系统设计人才培养方案，改革课程体系的基础上，发挥双主人翁责任感，来推进校企合作共建、共管、共享、共创的教学改革进程，是现代学徒制实施的必然路径。通过工学交替弹性运作，高频互动、共建企业特色课程、创新多元考核、共建双师等路径，以教学组织过程的充分高频合作，提高人才培养效能，积累经验，不断探索和推广，带动专业群现代学徒制模式的全覆盖。

二、新思路——如何组织

1. 学徒制人才培养专业与岗位的选择

就探索现状来看，现代学徒制的培养效果毋庸置疑。但是在人才培养模式的选择中，不是所有专业均按现代学徒制模式培养效果最优，在近年的实践中已经有部分专业可以证明。例如，工学交替已经很成熟的护理专业和校内设施齐全、实施工学交替容易的计算机专业，由于专业技能的相对稳定和师资的相对饱和，教学资源的不断积累可能不一定需要采用现代学徒制模式。作为高等职业教育的人才输送院校，我们需要冷静分析学徒制中目前学校和企业在人才培养路径过程中的资源建设现状，如企业工学场景建设、人才规模、新型岗位能力双主体参与的深度等能否实现，以及专业岗位目标对知识能力综合素养的特定目标的解构能否顺利推进等，这些都需要和具有前瞻性和有代表性的企业深度互融，来使人才培养效能显著提升。校企双方在系统设计的基础上，以学徒岗的高频工学交替来实践，提高培养效能，才有利于校企双方不断改革探索和推广，实现人才培养改革。

与此同时，在校企育训中，校企有相对对等和较强的双师匹配，以共建、共享、双师的机制来推进课程体系构建和教材建设也是开展现代学徒制试点需要系统考量的因素，不是每个企业都有教育能力和较强的培训能力，这与参与企业的影响力、培训力、教育力、文化力、吸纳力、互动力等要素有关。因此，与"国家主流+大型+骨干"企业（产教深度融合型企业）深度开展现代学徒制培养应该成为职业院校的追求方向。

基于此思路，湖北城市建设职业技术学院在第三批现代学徒制试点中，依托校企联盟平台，在建筑行业的大型央企中，与中建东方装饰有限公司合作，以目前装配化内装产业的新型施工端岗位的变化为切入点，校企联合，发挥原有建筑装饰专业区域内较强优势进行深度合作就显得水到渠成，在后续的弹性教学、高频互通中也提供了较强的支撑。

2. 校企合作高频互通机制的执行

在校企合作中，主要解决的是如何落实双主体在人才培养全程教学实施路径中的责任和义务，以立德树人为宗旨，落实落地三全育人的长效机制。在前期实践中，也暴露出学校和企业在进行合作时由于缺乏有效沟通，在强调各自利益时，会忽视各自的责任和目标。缺乏长远目光会使人才培养过程出现短视和教育低效的问题，因为很多企业在和学校的合作过程中没有得到预期的成本方面的补偿，也没有能够获得一定的既定收益。虽然政府财政给到了一定的补贴，但企业和学校运行机制的差异会使企业在和学校合作时表现得并不是非常积极，尤其是课程建设中的校企合作的频次的增加，以及不同教学周期需要提供的软件和硬件环境使得校企合作会出现瓶颈。因此，除了通常的校企互通协议和管理机制执行的"硬机制"，"软机制"的推进尤为重要。这里所说的"软机制"的形成，是指双主体互通中的信任度、诚信度、互惠度等教学行动的养成。在共同招生期、人才培养方案的执行期、课程体系的建设期、认岗学习，顶岗实践的学习期，学校对专业不同阶段目标的各类规划方案的制定要体现软机制的落实方法，细化到专人，以多种形式并存的方式来推进。

3. 校企高频互通教学体系的构建

运用校企高频互通实施目标定位和体系构建，是学徒制在教学进程中要解决的关键性问题。

首先要确定学徒岗位转型升级所需教学内容，依托校企共建共创教学资源；形成教材、师资、课堂教学方法和手段、场景的具体定位。其次要根据具体模块定位，落实教学保障、考核评价、质量监控、持续诊断与改进。实现管理评价制度先行，软制度评价体系后行的 PDCA 循环过程，形成一套高效运行的闭合管理教学系统。

4. 校企深度融合的三全育人评价机制创新

建立立体化的多元、多阶段的评价考核制度（周考核、月考核、中期考核、终期考核多期考核相结合；教师、学生、家长多元考核相结合）等。既重视项目成果，也重视项目实施各个过程中的职业素养、科学性、规范性和创造性，以及团队的协作性和每位学生的个性表现。考核依据各阶段性职业能力标准进行，与此同时，学校学徒岗素养和企业特色综合素养的养成动态评价内容也要一并纳入，这也是现代学徒制人才培养推广的内涵之一。

（1）动态化考评过程管理办法创新。

校企双方采取过程记录、节点考核、结业验收的方式，为每位学徒建立受训档案——"一生一档"；校企双方共同设立考评指标点，融入企业素质内容，由学校与企业共同计分；确立不同工学模块期末考核评价综合指标，覆盖全过程管理，实现三全育人考核机制创新，对装饰工艺的规范性执行、主动学习的能力、劳动素养的养成，以及项目突发应变协调能力等根据岗位权重进行综合测评。

（2）双导师考评制度创新。

科学、客观地甄别各学徒生学习成长情况，以双主体互赢的视角，由校企双方参与，派出企业带教师傅和带教班主任共同对学生的表现和认知水平进行过程评价，落实管理评价规定，定期检查并评价，从而对学生的学习和实习情况进行月度考核和节点考核。跟岗实习结束后，双导师共同书面考核，以多种方式并存的形式对学生的实习和学习情况进行结业验收，共同对学生的成绩进行量化评价，并记录在受训档案和学业绩点中。

虽然，在国家现代学徒制实施进程中，每个专业对应的企业岗位都有其独立性和特色，但最终的实施路径都有其共通性，在适应新时代经济转型下，岗位人才的高素质匹配，实现学校高质量特色人才的高质量输送，进而实现育人的最终目标。

"线下教学"+"线上教学"简析

"线下教学""线上教学"都是培养人才的有效途径或手段，实施集"线下教学"+"线上教学"深度融合于一体的混合式教学，成为一种新的教育生态，发展势头良好。

1. "教学信息化"与"信息化教学"

2018年4月教育部发布《教育信息化2.0行动计划》，信息技术不仅是教学的工具和手段，而且成为与教育共生的融合的整体，要由"教育信息化"向"教育信息化"+"信息化教育"转型，构建全新的教育生态，实现更加开放、更加公平、更加优质的教育。

传统"线下教学"强调在实体教学场所，以实物媒介作为主要手段组织教学，随着信息技术的崛起，开始在实体场所、实物媒介教学中引入信息化手段并推广形成传统教学+信息技术应用，可称之为"教学信息化"。

"线上教学"强调推行虚拟环境场所，以网络媒介作为主要手段组织线上教学，尽管信息技术及人工智能技术高度发展并在教学中应用较为充分，但总存在情感交流等缺憾，需要强化传统教学，形成基于网络信息平台教学+传统教学，可称之为"信息化教学"。

2. "线下教学"与"线上教学"

"线下教学"能较好地面对面观察学生学习，较好地进行情感交流、思想碰撞和集体生活的培养，以及教学过程中实现"实学、师学、书学、研学、网学"一体化方面具有显著优势。同时,"线下教学"具有较强仪式感和场景感,强化教育性。影响"线下教学"的因素主要有实体场所(如实物媒介、实训设施设备等)、教师现场教学组织素养、教学内容特性、教学资源保障,以及传统教学改革力度、突发性公共危机事件等。

"线上教学"能突破时空限制、引导学生探究问题、实现个性化学习,以及在"教、学、评、研、管"一体化方面具有明显优势。同时,文字、音乐、视频、扩展知识链接等都能很轻易地用于制作教学内容,易于"放大"趣味性和形象性,扩大教学信息量。影响"线上教学"的因素主要有新型基础设施条件(如网络、智能终端)、教师专业素质和师生信息化素养、教学内容特性、教学资源,以及信息化教育推进力度、突发性公共危机事件等。

3. "线下教学"与"线上教学"关系

"线下教学"和"线上教学"既不是非此即彼的关系,也不是此消彼长的关系,而是共生并进的关系,线上教学与线下教学各有优劣。"线上教学"解决了供需两侧部分内容的链接,却代替不了教育的全部;改变了某些教学环节的形态,却代替不了教学组织的全部;解决了线上交流,却替代不了交流的全部;提高了课堂教学效果,却替代不了教育效果的全部。由于在线教育的富媒体特性,"线上教学"能更高效传输信息和互动,从自发、倡导、要求到推行,发展势头迅猛,甚至有撼动"线下教学"霸主地位的趋势,但是"线上教学"如果不把住教育的本质,落实立德树人的根本任务,就是呈"野蛮生长"之势。

教育要想很好地实现质的突破,就需要在教育之道的指引下,有选择、有定力、有情怀地用好教育之术,如果课堂上过多、过频、过滥使用现代或超现代多媒体技术,则不但会造成喧宾夺主的后果,更重要的是不利于学生的想象思维、创新思维、深邃思维、洞察能力的培养。无论未来科技如何发展，线上线下有机融合才是永远的教育模式，一方面要创新适应时代的教育教学术，另一方面要传承坚守优秀传统的教育教学法，两者不可偏废。

4."线下教学"+"线上教学"混合式教学

实施混合式教学并不是"线下教学"与"线上教学"的简单混合，而是对两种教学形式中的各种要素进行有机融合，并运用各种教学理论，协调各种要素，充分发挥混合式教学的优势，实现教学最优化。混合式教学过程是"线上教学"和"线下教学"之间的比例博弈，比例大小与学校的新型基础设施条件、教师信息化素养、教学内容特性，以及国家推进信息化教育力度、突发性公共危机事件等因素有关。比例适配，教学效果最大化；比例失衡，教学效果不理想。实践证明，这种失衡的比例导致教学效果不理想，虽然线上传授知识型教学显得比较有效，但对程序型、建构型、技能训练型教学来讲，其有效性不够。

总的来说，做好"线下教学"与"线上教学"相融合的教学，必须根据教学目标和内容、学情和教情及资源，整体化设计形成"线上教学"与"线下教学"互补、互相激活的机制，全面提高教师整体的信息化素养，加强信息资源开发，并依据专业、课程、教学内容、学生特点、教师的自身素质、教学环境条件等科学合理调适"线上教学"与"线下教学"比例关系，提高教学效益。

"最满意课堂"测评数据分析与启示

20 年来,湖北城市建设职业技术学院(以下简称湖北建院)坚持"最满意课堂"测评制度,每学期组织学生对本班级任课教师开展最满意课堂测评和评选,成为促进教师高质量完成教育教学工作的有效举措,对于推动学院教育教学改革,提高教学质量起到了很好的促进作用。现抽样 10 年的数据进行统计和分析。

1. 被评为"最满意课堂"教师的表观比例及启示

"最满意课堂"评比是湖北建院每学期评价教师课堂教学质量的主要方式,由学生对本班级的任课教师进行测评,在本班获得最高分,同时在其他班不是最低分即进入"最满意课堂"教师的候选人,如果没有其他否决事项,即获得"最满意课堂"教师荣誉。

(1)总体比例。

根据历年统计,在不同班级得分排在第一位的教师每学期的数量一般在 60 人左右,被评为"最满意课堂"教师的总体比例为 20%～30%,颇有二八法则或三七规律之味,历年如此。

(2)结构性比例。

被评为"最满意课堂"教师的分类统计为:校内教师占 90.16%,校外兼职兼课教师占 9.84%;校内教师中专任教师占 85.45%,兼课教师占 14.55%;专业课教师占 73.77%,文化平台课教师占 26.23%;40 岁以下教师占 64.9%,40 岁以上教师占 35.1%;副高级职称以上教师占 40.6%,中级职称教师占 26.3%,初级职称教师占 33.1%。

专业课教师被评为"最满意课堂"教师所占比例较高。这反映了专业教师的教学理念、教学设计、教学内容、课堂组织、教学方法、教学手段、教学媒体运用等为学生所接受，教学效果也较好，为学校深入推进专业改革与建设、课程建设与改革奠定了坚实基础。这种成效得益于近年来学校组织教师，特别是专业课教师参与课题项目研究，参与教育质量工程项目的申报与建设，参与企业行、校校行等活动，使得这些教师得到了较多的教育研究、教学改革与企业实践锻炼和提高。

青年教师被评为"最满意课堂"教师所占比例较高。这反映了青年教师从事职业教育的专业素养在提高，得益于学校对青年教师多元化、多渠道、多形式的有效培训，他们经过一段时期的学习与锻炼在逐渐成长。青年教师是教学改革不可忽视的一股巨大的潜力量，需要进一步加强对他们的培训和指导。同时，在加强对青年教师培养的过程中，不能忽视对年龄相对较高的教师的培训，特别是在教学指导、管理理念、现代教学技术方面的培训提高，让他们接受新的职教理念，多多参加教育研究和教学质量工程建设，适应新时代职业教育发展。

兼职教师被评为"最满意课堂"所占比例较低。这是一个长期存在且没有得到根本性改变的问题。因此，必须改变对兼职教师重使用、轻培养的现象，仅有实践知识和能力是不够的，必须具有实践教学能力，加强兼职教师对教育科学知识、教师职业知识和教学法的学习，这是有效提高教学效果的必要途径。在选用兼职兼课教师的过程中，需要完善制度，挑选高素质人员来校任教，不能一味降低门槛。同时，既要合理使用，又要加强培训、指导、管理。另外，统计表明，职称高低对被评为"最满意课堂"教师的影响不显著，说明应该对职称评审的指标和导向做一些优化调整。

2. 被评为"最满意课堂"教师的隐形比例及启示

除了上述统计数据，还对获得"最满意课堂"教师群体比例进行了统计，因涉及具体院系名称，统计比例不便公布，姑且称之为隐形比例。这些隐形比例带给我们一些启示。

第一，坚持抓好每周教研活动的院系被评为"最满意课堂"教师的比例高。在教研活动过程中，主题聚焦、人员到位、内容充实，做到有主题、有研讨过程和结论性意见的院系，教师被评为"最满意课堂"教师的比例高。通过教研活动凝聚智慧、熟悉政策、交流思想、扩大视野、优化理念、探讨方法，往往可以解决现实中的难点和热点问题。建议对兼职教师也要求参加教研室活动，并适当计算课时。

第二，注重教师课程发展方向规划的院系被评为"最满意课堂"教师的比例高。统计表明，所讲授课程内容相对稳定的教师，被评为"最满意课堂"教师的比例相对较高。对教师任教课程要进行规划，做到教师重点关注的领域和课程方向要有相对稳定性，切不可把教师当"万金油"，导致教学资源配比失衡，造成教学资源浪费。

第三，教师专业职业素养对被评为"最满意课堂"教师的影响大。统计表明，凡是上课经常不规范、不严谨、不严格要求自己的教师，不可能被评为"最满意课堂"教师；学术和能力水平高（如解决技术问题、学生思想问题、心理问题的能力及专业咨询等）、教学严谨敬业、实践经验丰富、人文教育渗透较好、知识面宽能满足学生很多方面咨询的教师，往往容易获得"最满意课堂"教师；参加工程实践多的教师，由于教学素材丰富、实践能力强、教学内容鲜活、学生受益较大，因此容易被评为"最满意课堂"教师；实质性参加教学改革质量工程建设任务多的教师，由于对职业教育规律理解较为深刻，教学内容及其组织运用当，课堂效果好，因此容易被评为"最满意课堂"教师。

第四，被评为"最满意课堂"教师也有随机因素的影响。有的班级，经验丰富的任课教师扎堆，必定会有大家比较认可的教师落选，有的班级任课教师整体教学水平并不是很高，但是按规则也要产生一个，所以导致被评为"最满意课堂"教师的水平不一；新班的专业课教师容易被评为"最满意课堂"教师，这是由高职学生的特点所决定的。文化课程比较弱势，在同一起点上学习专业课程，让他们感觉学有所得、学有所获。另外，要严谨组织测评，增加结构化抽样和增加测评的次数，防止某些人为因素干扰"最满意课堂"教师测评。

现代信息技术在教育教学中的不当使用

计算机技术、多媒体技术、通信技术、网络技术和人工智能的发展，把人类推向了一个崭新的信息时代，信息化技术已经渗透到社会的各个方面。当下，"互联网+""人工智能+"颠覆和变革一种业态形态似乎越来越容易，对推动教育教学改革与发展也起到了不可替代的作用。在教育领域中，一场信息化技术的颠覆性变革正以最强的态势发生着，信息化技术赋能教育教学改革的探索和实践如火如荼，学校、教育、课程、教师等正在被重新定义，并带来教学形态、流程、模式上的变化，从而形成新的教和学生态系统，实现更加开放、更加公平、更加均衡、更加优质的教育，实现随时、随地、随需学习，实现大数据的教育教学决策。有效使用现代信息技术可以促进教育教学质量的提高，但不是过多地采用或千篇一律地采用现代信息技术手段就能在教育教学中取得良好效果，在教学组织和教学内容上要谨防现代信息技术的不当使用。

1. 过度使用现代信息技术

借助现代信息技术辅助解析知识、演示技能、展示流程、虚拟实训、互动交流等，可以有效促进教育教学质量的提高，但"信息化技术+教育"改革思维不是万能钥匙。例如，"互联网+"教育模式，解决了供需两侧部分内容的连接，却代替不了教育的全部；改变了某些教学环节的形态，却代替不了教学组织的全部；解决了线上交流，却替代不了交流的全部；提高了课堂教学效果，却替代不了教育效果的全部，即便是"人工智能+"教育也不能很好地实现质量的突破。

教育要很好地实现质的突破，必须在教育之道的指引下，有选择、有定力、有情怀地用好现代信息技术，打造课堂教学的现代化。课堂教学现代化的关键并不是现代信息技术，而是借助现代信息技术将现代知识、能力、职业素质有机融合向学生供给，高质量满足学生的职业成长需要。当下，在职业院校的课堂上，尤其是教师能力比赛中，彰显现代信息技术的应用似乎成为教学组织的重点，由于教学的全部内容和环节都集中于课件上，学生眼花缭乱、目不暇接地穿越在各种媒介中，整个过程似乎"现代化"，但由于淡化或淹没了教育教学的根本任务，整个教学过程的信息技术包装变得有点过度、有点浮躁。凡事要有度，课堂上过多、过频、过滥、过快使用现代信息技术，会造成喧宾夺主，不利于学生的全面发展。

课堂教学是教育教学这个复杂系统的一个子系统，但又是一个核心关键系统，应在有限的课堂教学时间内，大道至简。教学媒介要简单，把看不到摸不着的东西让学生观察到足矣，教学组织中要删繁就简、化难为易、突出特点。

2. 机械使用现代信息技术

遵循教育教学规律，合理采用现代信息技术手段可以有效提高教学效率，但不应千篇一律机械地使用信息技术。通过信息技术进行动画导入、图片展示、视频介绍、虚拟教学、远程教学等，淡化或忽视了情感、思想的交流，以及德育、美育的渗透，教学活动由原来的"人灌"变成了"机灌"，演变成新版本的"填鸭式"教学，这是教学组织的失误。

无论未来科技如何发展，线上线下有机融合是永远的教育模式。一方面要灵活采用现代信息技术，另一方面要坚守优秀的传统教育教学方法，将二者统一并做到创新发展，不可偏废。教学过程不能忘本，教学组织要落实立德树人根本任务，培养融入社会的创新型技术技能人才，要有情感交流、思想碰撞，要留有余地，让学生去感知、思考、联想、探究。

教学媒介要得当，根据职业素质教育、理论教学和实践教学内容的不同特点，选择相匹配的教学方法、手段，灵活地选择教学媒体。例如，传统工种训练项目，采用直接实操，看得见摸得着，真实体验和训练，并辅以职业精神渗透，其效果最佳，而机械地采用信息化技术组织教学未必有好的效果。

未来世界不是一个传统的物理世界，而是一个"信息物理系统"，未来的教育是一个集物理实体和互联网、人工智能于一体共生融合的教育综合体。在教育教学过程中，合理有效地使用现代信息技术，教师的"现代化"是关键。一方面，面对现代信息技术带来的教育形态的革命性变化，教师的教育能力和现代科技手段应用能力要同步提高，掌握基本的多媒体、互联网、人工智能等"硬件"的现代化，否则就会被淘汰。另一方面，教育的本质是育人，没有灵魂的网络与智能机器人是承载不了的，教学代替不了教育，互联网和人工智能代替不了教师，因此，教师应具备教育思想、理念、内涵、素养等"软件"的现代化，保持教育定力，良好地履职尽责。

国家现代学徒制背景下工学交替教学组织的探索
——以建筑装饰工程技术专业为例

现代学徒制是旨在深化产教融合、校企合作，创新技术技能人才培养的一种模式。如何从原有的工学交替教学组织真正落地实现人才高质量提升，来真正落实基于校企深度融合路径下的职业技能人才的培养，完成毕业即实现建设产业转型升级中所需要的提档升级高素质复核型创新型技术技能人才的引领目标，是学徒制最深层的内涵。

根据《教育部办公厅关于做好2018年现代学徒制试点工作的通知》（教职成厅函〔2018〕10号）文件精神，湖北城市建设职业技术学院建筑装饰工程技术专业顺利通过了国家第三批现代学徒制试点申报。在建设初期，积极吸取国家现代学徒制原有第一批和第二批相近专业的经验和研究成果，分析问题，制定专业推进实施方案，并在三年的持续推进过程中以研究分析建筑装饰产业转型新型岗位为切入点，纵向推进产教融合力度，以新背景下行业发展的最新动态、新思路下学徒岗位的人才转型、新体系下的课程改革为契机，改革教学内容，创新一系列教学实施方法，提升学徒岗位能力综合素养。以校企深度融合的国家现代学徒制课程体系的实施，实现建筑行业新业态下高职特色人才向区域建筑企业输送产业高匹配技术技能复合型人才的战略目标，为建筑装饰类专业及建设类专业高质量提升的人才培养提供实践路径案例。

一、学徒岗位人才培养的设计

科学的方法选取专业及岗位，在形成良好的机制前提下，如何提升学徒岗位能力综合技能职业水平途径是首要解决的问题。

1. 打造现代学徒制新型岗位的教学设计

以教学软硬件资源并进的方式实现时间、空间、参与主体的设计教学，创新新型"多层三明治"式多循环的高频育训结合、工学交替教学进程。建立以"知识能力模块教学 + 企业认岗跟岗 + 校内工艺模块实训提升 + 单项能力轮岗 + 企业在岗实践"的工学交替、育训结合的螺旋递进的教学组织多元化叠加递进模式。

2. 推动学徒制与教学改革的互融

以岗带面，实施"1+3"岗课证赛互融的教学改革目标，"学徒岗位能力与素养 + 课程目标与教学内容 + 建设类职业资格证书知识与素质 + 专业技能竞赛能力与技术应用"，实现人才高质量匹配。

3. 构建"一平台，四模块"的课程体系

构建"综合素质教育平台 + 企业专业认知模块 + 建筑装饰类专业单项能力模块 + 应用软件操作模块 + 装饰工艺技能实操模块"为框架的学徒制课程体系，实现校企学徒岗位目标多元并进的教育教学体系。

二、校企高频互通教学体系的构建

以建筑装饰工程技术专业为例，形成能力递进育训模块，落实校企具体要素和责任，形成各类机制和管理文件，再形成实施路径推进。

三、教学组织实施路径重构

1. 校企深度融合的课程体系共建

以建筑装饰工程技术专业学徒新型岗位能力目标定位教学内容，序化课程体系，尤其在企业特有师资和教学环境中如何有针对性的实施，需要校企双主体精心设计教学组织实施路径。在校企融合中，实现专业知识与职业知识，跟岗实习与在岗学习，教学标准与岗位生产标准，普适性课程与企业特色课程之间的融会贯通，使教学环节与生产环节，教学管理与生产管理，教育目标与生产目标达到高度匹配。

2. 校企深度融合的弹性教学设计

以学期弹性、教学过程弹性、教学环境弹性、方法弹性等全方位设计，精心组织教学管理过程，具体构建平台模块，设计弹性教学实施方案。

3. 校企深度融合的特色教学模块共创

在学徒制的深层内涵中，要积极发挥校企双主体育人机制，体现企业特有的文化传承和素养养成。因此在课程体系改革进程中，校企文化的深度融合及如何推进复合技能之外的学徒素质特色教学，也是课程革新的一部分。将主流企业文化融入课程教学，传承"工匠精神"，成立"造艺公社"，把工匠精神与企业文化渗透在企业课堂中，触摸企业文化，使学徒制岗位教学落地企业。以思政素养项目教学为切入点，企业特色训练为载体，互融劳动精神，建设各劳动类型能力不同的层级教学资源和实践活动，再通过第一课堂特色项目模块，辅以第二课堂中多元项目活动，最终支撑学徒岗位综合素养的养成。

4. 校企深度融合的实践实训教学体系共建

以新型人才培养模式和教学改革目标为实施要点，对高频育训互融进程进行了实践教学体系的重新布局和精心组织，从时间、空间、参与主体和对象实现精准对接。

在职业基本能力到职业综合能力养成的过程中，对接装饰产业转型升级为新型职业岗位，与此同时，依托校企资源高效整合，搭建工学交替校内外育训实践实训平台，提升校内实训高效、实用的精准性，建立校企项目实训基地动态台账，分类管理，动态更新改造，提升岗位能力的高匹配性，实现教学环境和场所的可持续发展。

在校企共建共管中，建立训练中心、创培中心、项目中心、展示中心；在教学工厂下设有校内模块工艺实训基地、企业跟岗实训基地、单项能力一体化实训室、施工现场认岗实践基地、证赛实践基地、云学习网络教室等。提升信息化集成专业群引领，以实践实训教学体系中"教""学""训""创""产"的思路来提升企业岗位特色人才的输送质量。

以建筑装饰工程技术专业学徒制为例的建设案例，是从普适性兼专业针对性的视角来规划实施路径，以前瞻性思维来带动人才培养其他专业岗位集群发展，为多维度不同层级的人才培养提供有效方法。

以智能建造为标志的产业转型升级新业态下装饰装配化人才培养的一点探索

当前，我国经济已由高速增长阶段转向高质量发展阶段。实现经济从高速增长到高质量发展转变，必须从"数量追赶"转向"质量追赶"，从"规模扩张"转向"结构升级"，从"要素驱动"转向"创新驱动"。

在此经济转型的重要思路下，建设行业产业正朝着绿色、节能、工业化、集成化、智能化等新业态转型。《国务院办公厅关于大力发展装配式建筑的指导意见》（国办发〔2016〕71号）中，提出了装配式建筑发展是建筑业结构升级的重要驱动，同时又把"高装配化装修水平"作为推进建筑行业全装修的主要内容。

因此，作为促进装饰行业中企业人才孵化的高职院校，其对相关专业人才培养的意识驱动将从全方位展开，推进思维转变，实现人才新业态下的常态化输送，同时与时俱进多方位提升专业内涵建设，带动高水平专业群发展。

一、专业人才培养的重新设定

（一）专业人才培养目标精准定位的意义

1. 政策层面上，装配化装修助力装配化建筑高标准落地

《国务院办公厅关于大力发展装配式建筑的指导意见》（国办发〔2016〕71号）中，提到装配化建筑标准验收条件，装配化装修占比

40%，单项比例第一。如若有效开发适合装配化装修人才培养，实现人才常态化输送，可全面拿到40%，促进装配化建筑高标准落地。

2. 行业及企业层面上，以专业化人才推进工业化生产，引领企业高效发展

以高水平装饰装配化人才推动装配式装修的生产和施工企业的转型，通过集成技术对基础建材和组件等进行工业化手段集成与组合，实现企业良性循环，高效发展。从人才供应上看，建筑装饰工程技术专业通用型人才供给充足，一般性人才多，装配化、复合型人才不足；从人才的需求增量上看，传统专业等通用专业的供给相对饱和，针对性的装配化技能型人才相对不足。通过专业人才培养目标的精准定位，常态化输送精准人才，来平衡产业转型升级中的人才结构矛盾，实现国家战略中从数量到质量的转型。

（二）专业人才培养方案的设计布局

在专业人才设计布局中，秉持三全育人理念，全面实行五育并举，建立人才培养体系大概念，以大格局、大课程、大思政、大劳动、大实践、大保障来一体化设计人才培养方案。

1. 人才培养的设计思路

借用教学改革中5W1H的思路，如图8所示，在人才培养方案制定和实现路径研究中需要确立正确的工作步骤，通过层层递进的方法精心推进，从宏观层面逐步落实到微观层面。

具体专业人才培养方案设计步骤如图9所示。

（1）第一步，Why：为什么制定这样的目标。从政策前沿和建设行业背景及转型升级趋势的研究，了解行业业态发展，以"大视野"角度来进行专业群及专业精准定位。

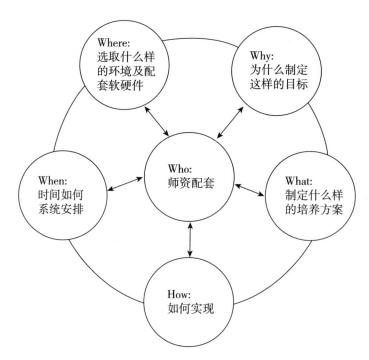

图 8　5W1H 教学思路

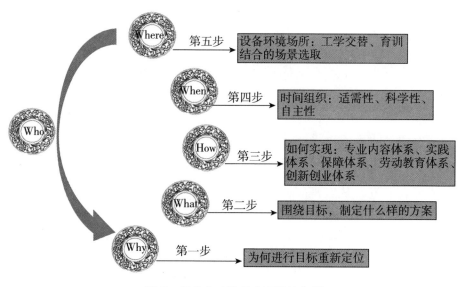

图 9　专业人才培养方案设计步骤

（2）第二步，What：制定什么样的培养方案。以推进实现人才高质量内涵需求，以"大格局"思维来设计布局。

（3）第三步，How：如何实现。通过思路和设计布局转入微观层面的具体举措来精心策划和组织，这里具体分为以下4个关键点。

①"大课程"。如何筛选专业教学内容，构建分类的教育教学平台体系，模块课程构架、专业内容体系要重点体现专业特色引领。

②"大思政、大劳动、大实践"。如何教学设计和组织，其中包括现代化信息教学的选用，工学交替、育训结合的具体化体现，以及人才培养目标中各层次目标的实现路径。

③"大保障"。资源如何配套建设，以保障目标实现，其中包括教学实践实训保障、教学资源库保障和教育教学质量保障、考评保障等。

④考核评价。建立把三全育人落到实处的科学性的和可操作性的全过程评价考核体系，实现体现各专业特色的人才培养高质量提升，避免考评体系的同质化，充分利用信息化手段及各类平台，体现先进性和逻辑性。

（4）第四步，When：时间如何系统安排。在工学交替、育训结合的交替模式中，寻求最适应螺旋递进、深化积累不同专业能力实现的客观规律，确定专业内容体系、实践教学体系等时间节点的排序，合理制定"教""学""做""工""训""考"的教学时间段。

（5）第五步，Where：选取什么样的环境及配套软硬件。选取"教""学""做""工""训""考"的教学场景来实现人才培养体系目标，体现专业特色中的开放性、科学性，以及动态化的交替和校企不同教学场景的融合。

2. 专业人才培养的设计布局

在建设业行业转型升级中，以"四链融合，双N并行"（图10）为推动，系统化设计和布局，精准定位人才培养目标及方向。要以产业链和创业链推进教育链和人才链，齿轮循环，精准咬合，高效推动课程体系构建、科学组织教学、落实落地实施保障。"四链融合，双 N 并行"即：调研产业链，搭建专业内容模块平台；对接产业转型升级新型职业岗位，搭建工学交替育训实践实训平台；依托创业链，搭建产学创新创业平台；依托提质人才链，搭建五育系统平台，实现高标准育人；对接专业核心技能，提升"X"课程精度，搭建"X"技能平台；对接培养过程，科学构建"教学组织"保障体系。

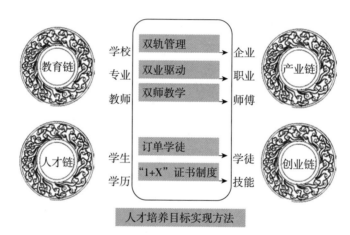

图 10 "四链融合，双 N 并行"结构图

二、人才培养的具体实施策略

（一）人才培养规格和目标的确立（Why）

依托设计布局，在"大视野"角度下，深入了解装饰装配化转型中行业企业岗位的重新洗牌和定位，以及原有传统工法逐渐向智能化、工业化、信息协同化高效转变的事实。近年来，随着装配化装修的迅猛发展，企业在"数量追赶"中的问题逐渐突显，一方面，政策红利下装配化行业朝阳发展，拓展迅速；而另一方面人才供应还停留在"原传统装饰专业人才供给＋零星增设局部课程＋企业短期

性培训"上，各类企业都只针对自身某一岗位能力或某一部品设计进行培训，专业人才培养缺乏针对性，综合技能和系统化能力得不到有效提升。因此，科学有效的装配化装修课程体系亟待开发，与之匹配的人才缺口必须通过"质量追赶"转型实现。

作为发展装配式建筑行业业态下的建筑装饰产业链，应以装配式为主要路径，向上延伸至装饰部品标准化设计，工业化生产；向下落实装配化施工、协同信息化管理工作流程。

经过对装配化装修施工设计及工业化集成生产企业工作进程的细化跟进和分解，精准定位建筑业中装饰装配化转型新业态下各岗位职责，以岗位职责确立行动领域实现目标，进而确立规格、目标及提炼实现目标需具备的目标模块。

在此工作流程中，制定装饰装配化人才培养新目标和规格。通过"三针对"原则，结合学校自身办学模式，选取人才规格，重点是技术技能人才。

在全寿命周期装饰装配化工作流程中，从产业链切入，分析各岗位核心技能和素养，提炼出专业人才培养的细化目标。

（二）专业模块内容体系的构建（What）

依托产业、行业，对比装配化工作流程及对各装饰装配化企业的深入调研，拟定课程模块的初步构架，从产业链的职业岗位切入，确定专业课程体系。

要实现人才培养目标，可从现有装配化全寿命周期工作流程路径中，主要探索四大模块课程体系。

1. 集成设计模块

人工智能概论、设计集成基础、装饰设计原理、装饰部品材料与构造、BIM标准化建模等。

2. 智能制造模块

装配式装修集成地面、墙面、吊顶、设备管线、厨房、卫浴、套装门窗、收纳及家具等。

3. 绿色施工模块

智能测绘、虚拟仿真技术应用、智能家居、智能装修平台应用、装配化施工项目管理等。

4. 智能运维管理模块

施工运维与管理、装配化施工计量与计价、装配化合同管理、装饰法规等。

通过上述4类模块课程的职业岗位的排序和定位，筛选专业内容体系。通过研究思政教学实施体系、实践实训教学体系、劳动教育实施体系四大体系，实现"大课程"+"大思政、大劳动、大实践"的"1"+"3"设计组织。

5. 德育（思政）教学体系

（1）思政课程通识教育目标体系。

（2）专业课程思政内容课程标准，专业课程思政实施方法汇编和管理办法。

（3）日常思政的积点管理实施细则（班主任日常思政的跟踪管理）。

（4）第二课堂社会实践及思政单项各类学习积分，依托讲座、参观、专项教育实现。

（5）建设、利用、管理校园新媒体矩阵，落实落地网络思政平台。

6.劳动教育体系

（1）基本劳动：①实践劳动认知周；②劳动教育理论体系学习提升；③生活劳动（宿舍卫生、教学场景劳动值日等）；④第二课堂家庭劳动、美育劳动。

（2）专业劳动：①集成设计实训周实践；②八大部品施工模块实践实训；③标准化 BIM 建模实践环节；④认岗劳动、跟岗劳动、顶岗劳动；⑤专业奉献，乐于在岗劳动意识的过程培养积点管理。

（3）社会劳动：①行业企业相关联的服务性劳动，如运维管理能力中的回访及基本维护劳动；②公益劳动，采用学分互换和公益劳动积点管理推进劳动教育的核心价值观培养。

7.实践实训教学体系

（1）专项能力实训（集成设计、装配化部品材料认知、BIM 建模、智能测绘）。

（2）核心能力部品实训（八大部品螺旋递进实践训练）。

（3）综合能力实训（信息化运维管理、平台应用、智能家居布置等）；

（4）职业岗位能力顶岗实训。

（三）教育教学平台体系的搭建（How）

依托产业链和创业链，搭建与此对应的四大实施保障平台；对接产业转型升级新型职业岗位，依托创业链，搭建工学交替育训实践实训平台，产学研训创一体化平台；对接学生的个性化发展，构建"成才路径"；提质人才链，搭建五育系统平台，实现高标准育人。

1.教育教学资源平台

装配化行业标准、课标、教材、资源库、装配化企业设计案例、八大部品展示网络视频库、装配化装饰培训等。

2. 产学研训创实践平台

依托产业链，建立训练中心、创培中心、项目中心、体验中心；在教学工厂下设有校内装配化实训基地、集成设计企业跟岗周实训基地、信息化虚拟仿真部品组装实训室、装配化施工现场认岗实践基地、一体化育训教室、职教云学习网络教室等。明确"产""学""研""训""创"的具体定位和实现平台。

3. 五育素质平台

这是思政目标、文化美育目标、工匠意识目标的综合信息实现平台。

（1）文化美育素质平台。美育通识课程学习平台；文化美育第二课堂艺术文化活动平台；第二课堂美育类比赛积分平台：书画、摄影、才艺竞赛等活动平台；实践实训专业课程成果展示活动平台。

（2）现代建筑业劳动、工匠意识素质培养平台。工匠类实践课程培养体系：含专业实践、拓展课实践、专业实践周等。工匠意识培养体系：跟岗和顶岗实习过程评价体系，鲁班现代化思想培养。创新工匠思维培养体系：产学研训创中心成果转换成果积累。

（3）专业技能竞赛平台：竞赛组织方案、技能训练实操、竞赛信息、成果、社会服务等信息化建设平台。

（4）智育平台：专业知识能力目标实现平台（与课程体系融通合并）。

（5）学风建设体系平台：学习方法、学习习惯及考勤过程管理和信息化轨迹管理。

4. 三全育人考核评价机制平台

（1）考评主体建设保障平台：教师、学生、行业企业技术骨干、"X"培训组织机构等。

（2）模块课程全过程考核办法及实施细则平台：云平台考勤轨迹管理、信息化日常考评成绩管理、阶段性考核比例细分、校内实训专项考评细则、部品模块课程考评细则、认岗实践考评指标体系、跟岗实训考评指标体系、蘑菇钉考评管理办法等。

在以上各平台发挥各自功能之外，四大平台又通过智慧校园大平台，实现四大体系和各平台之间的有效融通和资源数据的共享，通过信息化网络手段提升平台高效运转保障。

（四）专业人才培养实施计划的设计（When）

探索全寿命周期专业能力人才培养实施路径，在"职业基础平台课程+装配化装修集成设计课程+装配化装修部品模块课程+绿色施工装配化综合实训课程+装配化装修综合顶岗能力课程"的螺旋递进中，确定"1+0.5+0.5+0.5+0.5"的"多层三明治模块"的"教、学、育"+"教、学、训"+"教、训、工"+"教、做、训"+"训、学、工"的设计步骤。

（五）人才培养设计场景选取（Where）

依托专业四大教育教学体系平台，落实落地"多层三明治模块"设计教学场景的互换和资源选取，各类课程制定详细的场景单元和硬件保障清单。

（六）师资保障体系配备（Who）

在"五步推进法"中，师资是必不可少的内在推动力，从教师改革及能力提升开始，为教师提质赋能是实现高素质人才培养的第一步。从人才培养目标体系的改革中不难发现，在建设行业发展趋势新业态下的人才培养目标体系中，原有传统的三大目标（知识目标、能力目标、基本素质目标）在不断变革，呈现多元化的分布，具体为：基本知识目标、专业能力目标、思政目标、劳动目标、创新创业目标、工匠意识目标、文化美育目标等。教学师资的适应力、信息化能力、可持续发展能力、校企产学研的成果质量的产出等都对教师提出了更高的要求，以高水平教师支撑高质量教育是实现高水平专业人才培养的重要举措。

在"四链融合，双 N 并行"中，教师的双师素质和双向管理的融合尤为重要，依托装配化产业转型升级业态需求，提升教师专业能力及装配化部品和信息管理产研创水平是目前师资保障的实施目标。

在探索以行业转型中智能建造为契机和人才培养的改革进程中，落实落地从宏观到微观的实现路径，依托产业链和创业链来积极推进教育链和人才链，又以人才链的高质量输送来引领产业链的进一步高效转型和研创产出，以此实现高职院校以高水平专业群推进人才培养的社会责任；从微观到宏观，以点带面促进企业良性循环，高效发展，实现国家战略中数量到质量的完美转型。

关于装配化装修工程技术专业建设与改革的若干思考

随着国家大力推进装配化改革,如何以装配化装修行业发展为契机带动专业建设改革,实现高效和可持续的现代装配化装修行业高质量发展。从对接职业岗位,优化课程体系;加强资源建设,保障教学组织;创新人才培养组织模式,深化教学改革等方面进行系统剖析,通过多维度立体化多元通道,实现装配化装修专业建设与改革的最终目标。

近年来,装配化装修不断加大行业改革前期探索。同传统装修相比,装配化装修最大的特点就是有着完善的理论目标体系、灵活的集成技术和专业的研发制造端,是对以设计为核心、打通建筑产业链上下游模式的有益尝试。目前,装配化装修行业仍处于起步阶段,相关管理及专业技术人才匮乏。技术人员缺乏相关装配式技术系统经验,缺少系统化的专业学习,继而制约了装配化装修的推进进程。行业发展需要高瞻远瞩、未雨绸缪。人才储备和科研开发是装配化装修行业发展的驱动力。作为培养专门人才和技能人才的职业学院为适应并引领现代建筑装饰产业化发展趋势,加快培养一批适应行业发展需要的人才,在这场产业升级中尤为重要。我们应该抓住机遇,勇挑重担,承担起培养、引进、培训装配化装修技术管理人才的重任,为装配化装修注入新的活力,以改革专业人才培养方式推进装配化装修产业化进程。

一、调整培养方向，优化课程设置

装配化装修是以标准化设计、工厂化部品和装配化施工为主要特征，彻底改变原有传统装饰作业方法，依次实现工程品质提升和效率提升的新型装修模式。面对新型岗位，实现人才培养目标是研究的最终目的。在方法论细化中，需要从行业和区域调研、专业能力重新定位、提炼能力体系、确定岗位需求、选定课程模块五个方面依次进行。

1. 对接市场需求，调整定位

装配化装修工程从设计、施工到项目交付运营，都发生了很大的变化。传统的工程项目管理人员缺乏工业化的管理思维，对整个装配化建筑设计、生产、施工流程缺乏系统的认识。所以适时跟踪调查装配化装修行业的用人需求，制定装配化装修工程技术高职人才培养规格，积极探索具有行业特色的高素质技术技能人才的培养途径，是装配化装修方向人才培养与课程开发的最大挑战。

2. 专业能力重新定位

通过装配化试点企业原有工作案例及人才岗位的共性调研，通过系统化梳理，确定装配化装修专业四类职业能力内容，包括基本素质能力、外语应用能力、基本软件操作能力、专业综合能力等。其中专业综合能力包括装配化项目识图、绘图能力；装配化装修工程设计能力；装配化装修施工操作能力；装配化装修检测能力；装配化模块部品生产研发制造能力；装配式装修工程施工综合管理能力。

由于传统装修一般是在主体结构建设完成后进行，现场以湿作业加工为主，随意性大，对建筑主体产生了一定的影响，施工时标准化执行难度较高，专业岗位学习时间效率会大打折扣。而装配化装修是采用干式工法，将工厂生产的内装部品，在现场进行组合安装的装修方式。在主体设计阶段就可以通过一体化设计实现部品部件与各专业设计的集成和匹配，标准化集成较高，是装修建造方式的产业升级新常态。

设计上，建筑设计和内装设计需同步进行，开发以标准化设计为基础的一体化设计方案；选材上，在满足人们对居住功能需求的同时，还要考虑居住品质，材料更多地要向精细化、宜居功能化方向发展；施工上，更加注重专业化，实现设计、生产、施工、维保无缝链接。这对我们专业人才培养提出了全新的要求。

3. 实践教学目标重新定位

装配式装修工程技术专业应注重学生的全面素质培养，培养学生全寿命周期装配化装修的标准化组织管理能力、研究创新能力、语言表达能力。在实践教学上，尤其要强调学生的主动学习能力、创新能力的培养。形成精细、严谨、协同的工作作风和可持续、标准化的装配化工作理念。

4. 对接岗位需求，优化课程

对新行业来说，要全面提高行业整体素质，适应装配化产业升级就需要抓好施工管理者、工程技术人员和施工操作人员三个层面上人才的培养。对装配化项目施工管理者，岗位职责要以装配化装修工程的运作规则和全寿命周期程序为主要内容，运用专业管理和项目科学运行流程来实施；对工程技术人员，要提高他们的方案设计能力、标准化图纸的技术实施能力和指导策划能力，如部品深化设计师要具有标准化、模块化构件设计与开发能力和信息化智能化制造工艺技术能力等；对施工操作人员，要以各分项装配式装修系统工程的操作规范、工艺纪律、标准工法、设备集成等为主要需求，提高操作人员的标准化、规范化程度和干式工法的技能技法实践，掌握利用工具化装备、模块化拼装、编码信息、精准构件与工法、管线与结构分离工法和绿色施工技术的一体化安装技术。

（1）装配化课程模块选定。

根据人才需求的分层培养思路，课程模块依次为融合装配化装修标准化专业基础课程，如文化基础通识课、装饰专业通识课、信息技术通识课等。装配化装修核心课程，即把项目过程分解为八个标准装配式装修系统，即集成地板、集成隔墙、集成吊顶、集成厨房、集成卫浴、集成门窗、集成收纳、集成设备。将项目设计与装饰分部集成模块化建筑预制技术、装配式内装技术高效结合，从而可以在保证体系具有高度开放性和通用性的同时，实现高效、高质、低能耗和可持续的现代化装配式装修解决方案。除此之外，根据人才培养的可持续性，设立拓展课程模块，如智能家居、项目全寿命周期管理等特色课程。

（2）选修课程模块筛选。

专业技能实训内容整合，加大对装配化八大部品实施模块的工种技能实训课时、拓展信息技术实践的技能实训课时，力图有针对性地培养业务上能够适应装配式装修用人单位需要的高职应用技能型人才。

装配式装修工程技术专业应加强现代装配式建筑工程技术、集成化装饰施工技术基础的教学，特别是要充分重视现代信息技术和智能化集成技术对传统建筑装饰工程设计与施工的重大作用，以适应现代装配式装饰公司的建设与发展需要。建议在专业选修课程中设置与本专业密切相关的课程，如建筑、结构、给排水、暖通、电气、智能化等能够满足装配式建筑全周期的统筹设计、生产、安装和运维各阶段的需求。

二、加强资源建设，保障教学组织

1. 加强实践教学，努力构建装配化装修特色实训基地

装配化装修模块实践条件更新。充分利用职教集团资源，校企深度融合，在现有实验、实训室设备条件的基础上，着力完善和改建工种实训室、设计绘图实训室、材料实验室等。可依托装配式装修企业建立八大装配式装修系统工艺实验室，从而建立以实践教学为中心，"会（实习）→懂（学理论）→精（提高）"的教学模式，设置八大装配式装修系统施工技术模块化课程，以适应现代装配式装修行业的建设与发展需要。

教学设施、实训基地的建设是专业建设保障的重要措施。为更好地培养适应装配化装修行业新技术、新设备、新工艺的需要，在现有实验、实训室设备条件的基础上，根据装配式装修产业技术发展和职教需求及时更新实习实训设备，新建八大装配式装修系统工艺实验室，一方面满足实训教学研究，另一方面满足装配式装修新产品、新技术研发需求。

2. 做好装配化装修专业教材建设工作

实时掌握装配化装修前沿动态，与企业工程师、技术人员紧密联系，共同编写适合装配工作使用的实用型装配式装修教材，涵盖装配式装修工程技术专业的模块课程。所设专业课教材、实训课教材、教学参考书，以及多媒体课件、电子教案、教学资源库进行配套建设，推广模块活页式教材的应用，力争形成完备的、立体化的教材体系。

3. 培养装配化装修技术创新型教师团队

建立专兼结合的师资队伍，一方面通过参加国培及省培项目、到企业锻炼，承担部品装配化技术研发及参与实训基地建设，加强专任教师实践教学能力和理论教学能力培训提升；另一方面，加强校企融合力度，引进和聘请装配化装修企业技术骨干承担实践性课程教学，同时提升其教学能力。优化教师团队的素质结构、能力结构、知识结构，提升专业教师的课堂与实践教学技能和专业素养，形成具有一支结构合理、素质精良、师德高尚的双师型教师队伍，以满足现代装配化装修产业发展的需求。

三、创新人才培养组织模式，深化教学改革

1. 八大系统模块螺旋递进

把具体的装配化装修工程项目导入教学过程中，重视装配化装修八大系统模块的有机联系，教学内容始终贯穿装配化装修工程模数化、通用化、系列化、成套化的基本需求，参照现有建筑装饰工程技术人才培养模式中课程体系的总构架，融入装配化装修企业部品模块八大核心课程体系；每一个部品模块遵循PDCA循环教学，理论和实践实施后再融入相应拓展课程，依次循环螺旋递进，逐渐提升教学效果，使繁复的部品工序实现简单化教学。并在课程组织实施中，加强对装配化装修新技术、新工艺和新材料可持续发展能力及创新能力、善于沟通协调的社会能力的素质培养，分阶段融入课程体系中，提升人才培养实施效率。

2. 有效推进信息化教学组织

通过现代化信息技术，开发具有装配化模块八大核心课程的课程资源库，融入企业标准化装修案例，以及标准接口和装配化装修工法为特点的一系列教学资源，如文本库（专业介绍、职业标准或规范、教学文件、教材等）、图片库（设备工具图片、内外工作场景图片）、音视频库（教学录像、任务演示、生产工艺流程、职业环境认知等）、动画库（业务流程、业务操作、法规宣传等动画）、案例库、素材库、政策法规库、行业特色资源库、考试培训库、习题库、试题库等。充分利用网络平台，推进智能教学手段，利用信息化实现装配化装修专业的有效教学。

总体来说，未来装配化装修将会有前所未有的发展，人才需求及专业如何高效建设将是各职业院校实施的关键。要通过系统的工作思路，不断推进和创新专业建设，构建适应产业转型的课程体系，创新课程内容与装配化装修行业标准对接，不断加快创新人才培养改革进程。

基于产业链集群背景下实训基地建设的思考
——以建筑装饰工程技术专业群为例

建设齐全先进、虚实结合的校内外实训基地群是职业院校办学的显著特征。科学设计、统筹规划实训基地的功能建设，使其能最大化发挥实践育人的功效，是顺应产业转型升级下的重要手段之一。在高水平专业群建设背景下，分析产业转型升级对产业链的影响，依托产业链集群背景，以适应产业集群建设的必需性为思路，从建筑装饰工程技术专业群集群特点及定位来具体探索实践实训基地建设中的有效路径，是实现高质量人才培养中的重要环节。

2019年1月，《国务院关于印发国家职业教育改革实施方案的通知》（国发〔2019〕4号，即"职教二十条"）明确要求，到2022年，要推动建设300个具有辐射引领作用的高水平专业化产教融合实训基地，打造一批高水平的实训基地。在《湖北省人民政府关于加快推进建筑产业现代化发展的意见》中也明确提出了，加快推进以"标准化设计、工厂化生产、装配化施工、成品化装修、信息化管理、智能化应用"为特征的建筑产业现代化转型，实现工程全寿命周期节能环保，促进产业发展和资源环境相协调，推动湖北省由建筑大省向建筑强省转变的指导思想。因此如何重新整合现有资源，创新实践实训场所与建筑产业转型升级的高匹配性是实现高素质技术技能人才的重要手段之一。

一、高水平专业群背景下建设高质量实践实训基地的必要性

1. 产业转型升级对产业链的影响

随着建筑模型信息的可视化、建筑全生命周期管理的要求越来越高，信息技术和装配式技术正成为行业转型升级的方向。一体化设计和装配式施工从设计、施工到项目交付运营，与传统建筑装饰行业相比都发生了很大的变化。然而，目前建筑装饰行业的从业人员缺乏工业化的思维，对整个信息化和装配化的建筑装饰缺乏系统化的认识，制约了建设行业转型升级的推进。原有传统"单兵作战"的职业教育人才培养方式已无法培养适应行业转型升级的复合型、创新型的人才需求，原有传统单一的实践教学场景已无法适应产业链高端人才的培养。

2. 职业教育发展新趋势的必然性

《国务院关于印发国家职业教育改革实施方案的通知》（国发〔2019〕4号）中强调，职业教育要精准服务区域发展需求，服务建设现代经济体系和实现更高质量、更充分就业需求，对接科技发展趋势和市场需求。职业教育进入新发展期，高素质技术技能人才在社会经济中的地位也不断提升，职业教育已然进入最好的发展机遇期。然而，传统职业教育的人才培养方式、教学组织、教学内容和专业结构等无法满足高素质、复合型人才培养目标的需求，这对高职教育的内涵建设提出了新的挑战。在内涵建设中，实践教学的质量直接决定了高职教育的质量，也间接影响了高职人才的质量；实训基地作为实践教学重要的载体与平台，是高职院校人才培养的推手和重要保障。

3. 适应产业集群建设的必需性

在产业集群推进高水平专业群建设进程中，国家层面的乡村振兴战略和湖北省的"擦亮小城镇"行动计划等实施中亟待解决生态设计、空间布局、工业化生产、智能化运维等问题，这需要大量高层次的建筑装饰技术技能复合型人才，以尽快提高美丽乡村建设的设计、规划、技术和管理的综合治理水平。同时，我国经济转向了高质量发展阶段，产业集群的高速发展效应也越来越明显。高职院校中传统单独设置的专业及实训条件无法匹配产业集群的发展，而现在国内建设类高职教育的专业集群技能人才的培养，需要对接产业不同企业用人需求。因此，需要形成专业集群式实训基地，以联合多岗位、多层次、多功能实践实训的需要，具备集群优势，充分发挥集群式专业实训基地的全方位育人的功能和作用。

二、建筑装饰工程技术专业群集群特点及定位

高职教育是以培养企业生产、服务第一线需要的技能应用人才为根本目的的职业教育，建设齐全先进、虚实结合的校内外实训基地群是职业院校办学的显著特征。在国家"双高计划"的推进中，以高度集群为路径的专业群建设是提升人才培养高质量的前提条件。

结合教育部关于《现代职业教育体系建设规划（2014—2020年）》，确定专业实训基地的定位，结合建筑装饰工程技术专业群集群特点，基于建筑与环境一体化、设计与施工一体化、技术与艺术一体化、供给侧与需求侧一体化、传承与创新一体化的思想，对接美丽乡村建设和城市高质量发展中建筑装饰设计、施工和管理产业链的新型岗位群，实现以建筑装饰工程技术为核心，以"古建筑工程技术传统文化＋建筑设计BIM手段"为双支撑，以园林工程技术

和物联网技术为协同共生共融的"1+2+2"模式集群实训基地。基地融合智慧生态建筑装饰产业链中智慧生态的设计和装配化施工载体，解决空间构造及布局生态化、场景构成及营造个性化、家居组成及控制智能化的问题，拓宽建设渠道，促进产教深度融合，实现资源效益最大化；配套制度建设，优化体制机制；重新整合资源，全面规划布局，使实训基地无缝对接模块化课程体系，以实现中国传统文化元素与现代元素融合、生态景观与智能家居相映的集群目标。

三、高水平专业群实践实训基地建设的功能目标

在以高水平专业群为建设抓手下，高职教育中实践实训的原有功能目标出现了新的诠释。集群产业链推动集群专业构建，专业集群建设又不断推进基地集群功能目标的重构与分类，从人才的基本能力素养养成到复合型高素质技术技能的发展，具体基地建设有如下基本功能需要实现。

1. 人才培养与培训

对原有功能进行归纳整合，实现集群人才培养的基本能力要求，同时校企合作，承接企业培训、社会培训，不断向企业、社会输出优质培训资源，同时依托基地进行培训实训项目的开发延展。

2. 职业认知与体验

在原有只适应于职普融通的专业基础模块中合理分类集群认知任务点，对综合素质人才培养的初学者及社会培训的初始技能的体验提供场景。

3. 技能训练与鉴定

以课赛融通的教学体系建设训练模块，以集群中不同模块的理论实操一体的思路进行建设，同时以承办技能大赛专项目标融合省赛、国赛、世赛标准，促进常态化校企交流合作，通过能力训练与比赛，技能鉴定与考证等来提升实训基地的社会影响力。

4. 技能创意与创新

以"教培结合、多元交流"的指导思想，拓展集群中面向产业高端的技能创意交流，高频互动和创新。

5. 场景模拟与再造

多维度打造虚实一体，运用仿真和实景互通的两种建设类型，以信息化互联网技术协同来实现基地的升级再造。

6. 技术研发与转化

将产业链全方位互融，对新型岗位的"四新"技术在基地的成果转化进行建设，实现技术试验到成果推广。

7. 文化传承与创新

以高素质人才培养中"五育"并举思路为切入点，实现文化育人、鲁班精神等文化创新。

8. 国际交流与合作

服务区域，引领行业发展新趋势，面向国际视野，使基地实现集群内的国际互通和密切合作。

9. 生产劳动与育人

适应国家对多元化劳动素质人才的培养路径，分层分类构建专业劳动、生产劳动、社会劳动等实践场景的重组与搭建。

四、专业群实训基地建设路径探索

1. 深化产教融合，校企合作共同建设

产教融合是一种最具时代特征的工学结合方式，也是当前高职院校与企业合作的具体表现形式。以校企合作共建设，产教融合促发展的指导方针，遵循建筑装饰产业转型升级发展趋势，围绕装饰全寿命周期产业链，对接新型产业岗位群。系统化建设专业（工种）集群实训基地，形成集群效应，实训场景与现场无缝衔接，实现碎片化向集成化、系统化功能的转变。

2. 高频育训有机循环，覆盖全过程育人

深入推进项目模块化教学，以高端岗位模块化项目资源为依托，持续增强集群互融互通。以职业能力为本位，创新能力岗位为目标，实现"教→学→做→评→研→管"全过程"高频育训"有机循环的教学场景科学划分。系统构建"两空间三层次"的实践教学体系，以促进就业为导向，紧扣职业能力培养，通过职业院校"校中厂"和企业"厂中校"交替教学，构建通用技能、专项技能与专创融合"三层递进"的实践教学体系，把职业素养培养和技能培训贯穿融合于实践教学体系全过程。技能实践融入"树德、树人、树信"思政理念，落实落地"精心、精准、精细、精致"的工匠精神，实现从设计到运维全寿命周期、全过程育人的建设目标。

3. 强化职业情景感受，创新智能化环境

运用"新技术+""智能化+"教学手段，以新型模块化课程体系为课堂革命内容。对集群内的教学环境进行全方位改造。实现建筑装饰部品设备、装饰装配化等模块化课程从"碎片→颗粒→系统"的智能化环境的提升。完成创设虚实结合、个性化、线上线下互融互通的全生态课堂教学环境。强化职业情景感受，高质量提升教学效益。

4. 构建多维评价体系，提升集群职业化素养

基于信息化数据平台实现教学评价动态化管理，构建"一生一册"信息化管理体系，形成动静结合的评价机制，进一步精准教学评价实现路径。创建知识、技能、素质为一体的考核指标，形成社会、行业、企业、学校和学生等相结合的多元主体评价机制，构建多维度的评价体系。

5. 对接装饰产业高端，实施"四新+"产学研联动

提供产品及服务的"智慧+""生态+"创新升级，如启用装饰工程全项目BIM应用、干法施工工艺推广、"物联网+"智能家居应用等。融合行业新技术、新工艺、新材料和新规范的"四新+"建设装配化装修产品研发中心和传统古建传承与创新研究中心，开发及推广装配化装修施工工艺，转化成果，实现产学研联动。

6. 服务区域，提供"道德+""科技+""艺术+"职业体验

以基地创新模块为载体，发展功能拓展优势，面向社区教育、老年教育和中小学教育开展常态化职业体验活动，开展植物栽培、瓷砖贴面、精细木工、软件建模、手工制作等职业体验活动，精心设

计强化科技、艺术与职业道德内在融合的职业体验项目，实现劳动育人集群目标。

7. 顺应乡村振兴战略，实现经典文化传承

以乡村振兴为切入点，服务华中区域，依托建筑装饰专业集群的特点，以专业实践为路径，开展古建修缮和古村落保护等精准项目，传承与创新木雕、土家吊脚楼营造技艺、楚式漆器、竹艺等非物质文化遗产，实现项目入村、项目入企。以"合作社引领＋能人带动"的模式与支援项目结合，同时循环促进实践基地的再提档升级。

8. 课证岗赛融合，对接国际标准

以高素质人才培养为目标，精准定位培养"工匠型"和"世赛型"人才，对接世界技能大赛标准，校企共建一批集人才培养、世赛培训、技术研发、协同创新、社会服务、就业创业等功能于一体的区域性高水平产教融合、专业群共享型实训基地。依托世界技能大赛湖北集训基地，引进多元化企业共同创新创业，从产业高端各类目标任务为切入点，对接国际标准，实现装饰新型岗位中"四新＋"的"产研用转"。

五、结语

基于产业链集群背景下高水平专业群实践实训基地建设实践，有利于资源共享、校企双赢，提高实践教学质量，以建筑装饰工程技术专业群实践基地为具体探索路径，也为实现集实践教学、社会培训、企业真实生产和社会技术服务等多功能于一体的"高水平专业群实训基地"提供有效的实践基础。

"电工电子技术"课程思政的探索

在课程教学中,授课教师以严谨的教学态度、孜孜不倦的探索精神培养学生的政治立场、道德素养、法治意识、价值导向、科学精神、工匠精神、家国情怀、思维品质、审美情趣、生活态度、看问题的方法、做人的道理等,引领学生向善、向前、向真、向上、向美,都属于内涵极其丰富的"大思政"。

1. 制度文化引领前行

"电工电子技术"课程内容中,金属导体内有大量的自由电子(载流子)时刻在无序运动,不做功。如果将导体置于电场中,在电场的约束引导下,电子有序定向移动形成电流而做功,且电场越强,电子运动速度越快,电流越大,做功能力也就越大。

一个国家如果没有任何约束,人们就可能会随心所欲行事,那将是一个可怕的、混乱不堪的社会秩序。任何一个国家、一个单位,都需要提高治理能力,制定"法律法规制度"和培育"道德文化"这个"电场"来约束人的行为,规范引导、保障有序,治理能力越强,就越能形成文化管人、流程管事,用"制度"和"道德文化"引导所有人同心、同向、同行,推进事物在不同阶段持续突破而发展,成就事业的繁荣发展。

2. 系统思辨稳步前行

"电工电子技术"课程内容中,国际民用市电电压和频率主要有220V50Hz 和 110V60Hz 两种,随着国际交流越来越广泛,不同标准带来了使用的诸多不方便。从技术层面来说,统一电压和频率标准非常简单,技术上可行;从经济层面来说,各国经过太多年的建设,已形成了庞大的电力系统,如果统一,当事国原来的所有家用电器及部分电力设施、现役工业设备将不能使用,这涉及经济问题,经济上不可行;从社会层面来说,如果强行变换,势必会因多种因素引发社会问题,社会层面上不可行。目前市场上较多电器可以"两用",是国际贸易之需,也是过渡之举。

现实生活和工作中,有些事情需要我们辩证地系统思考问题,走出认识误区形成共识,理性研判事物的发展态势,确定当前状态下的不可为或可为。在推进具体工作的过程中,遵循规律并按规律办事,系统考量影响工作的诸要素及各要素的影响因子,系统思辨,该维持则维持,该慢则慢,该快则快,一定要适切事物发展的实际状态,稳步推进。

3. 因势而新有效前行

"电工电子技术"课程内容中,1+1 的计算结果因语境不同,答案也不一样。在数字电路中,二进制代数运算,1+1=10;三进制到十进制代数运算,1+1=2;逻辑代数运算,1+1=1。

在互联网时代看待问题,既不能教条主义,也不能经验主义,更不能主观臆断,而是强化研究性思维,把问题放在现实事物发展的具体情境中去考量和研判,因势而新,有效推进事物发展,切不可凭感觉或经验判断而造成失误或错误。

4. 有效沟通协作前行

"电工电子技术"课程内容中，电磁感应是指磁通量发生变化时，导体产生感应电势的现象，其产生的机理是导体和磁场之间有相对运动，其表现形式有导体与磁场发生相对运动（导动磁不动、磁动导不动）、自感、互感等现象。

作为一个社会人，在工作和生活中与相关联的人发生矛盾在所难免，电磁感应的表现形式给了我们解决矛盾的方式方法，即两个当事人在自我认识（自感）的基础上有一个主动（相对运动），或两个当事人都主动（互感）去沟通有助于化解矛盾，如果双方都不主动，则矛盾可能越积越深。加强沟通与交流，形成和谐的人际关系，有利于事物发展前行。

5. 树立正念奉献前行

"电工电子技术"课程内容中，纯电感 L 电路中，电源和电感之间存在能量交换。在第一个 0.5 周期内，电源向电感奉献输出能量，电感索取获得能量；在第二个 0.5 周期内，正好相反，一个周期内奉献与索取平衡，平均功率即有功功率为 0。

该现象有助于帮助师生理解马克思主义关于人的价值理论，只有每个人都对社会做出了贡献，并且贡献大于从社会索取，这样人类才能够在维持生存的同时，仍有财富的积累，才能够扩大再生产，社会才能发展，也有利于帮助学生树立正确的"三观"。对于一个社会组织而言，如果每个个体的奉献与索取平衡，就没有富余、没有积累，也就不能扩大发展。只有个体奉献大于索取，这个社会组织才能有积累，并投入研发创新，进而向前发展。社会、国家向前发展也是如此。树立奉献大于索取的价值理念，还可以有效调适个体在学习和工作中碰到不如意、不合理时的心态，从而保证个体无论在什么状态下都能把工作当回事，保障工作质量。

6. 建立模式高效前行

"电工电子技术"课程内容中，面对复杂的科技问题，分析并抓住问题的主要因素、忽略次要因素，建立模型，形成方程，通过数学手段求解，然后进行误差分析，不断校正，提高精确度，经过提炼归纳形成定律、定理、法则、原理、公式等规律。

这种思维方式对创新做好复杂性工作有极强的指导性作用，面对复杂的工作，系统考量各要素，建立模式，形成流程，通过机制手段保障运行，然后进行诊断分析，不断改进，提高运行精细度，经过提炼归纳形成规章、制度、标准、细则、程序、表单等规范，化繁为简，把复杂问题简单化，让工作变得有规可循、工作高效。

7. 电路实验实训之思，严守规则规范前行

"电工电子技术"是一门理论性和实践性双强的专业课程，也是一门在实验实训过程中有高风险的课程。在做电工电子技术实验实训过程中，由于技术技能的复杂性，必须在理论的指导下，按实训法则严谨操作，如果违背规则，凭感觉行事，风险就会很高。有些弱电实训因为接线和参数错误，导致元器件损毁，还可以重来，但有些因违规操作或因一时疏忽，会导致人身触电伤亡的重大事故，改错则要付出很大的代价，甚至可能连改错的机会都没有了。避免错误的办法是将科学法则应用到实践中，并在老师的指导下按规程操作。

在现实生活、学习和工作中，需要加强法规学习，遵章守纪。有时候，有些错误犯了还有多次改正的机会。例如，学生在学校受教育过程中，因时常旷课违纪，常常受到批评，甚至是屡教不改，但还是给了多次改过的机会。但有些错误犯了就可能没有后悔的机会。

例如，与同学或室友发生冲突，以武力手段解决导致的严重后果，几乎是一次性置自己于绝境。做任何事都要加强学习，要增强风险意识，增强法治意识，按科学规律、按规矩行事，规范前行。

8. 半导体导电性能改变之思，改革创新卓越前行

纯净的半导体，也称本征半导体，其导电性、温度稳定性差，在外界自然环境因素的影响下（光、电、温度等），导电性会有些许变化，但如果用专门的技术方法"掺杂"后导电性会发生显著变化。从物理组成看，异质结构半导体比同质结构半导体器件性能优越许多，通过调节半导体各材料层的厚度和能间隙，可以改变电流与电压的响应参数。半导体异质结构对半导体技术具有重大影响，半导体技术成就了当代高科技的广泛应用。应用技术可以山寨，但半导体核心技术不可以山寨，半导体核心技术是国之重器，要不来、买不来、讨不来，打造"强大功能的中国芯"需要大力发展半导体产业。

一个人出生是一个本征自然人，如果仅仅在自然环境中长大，其知识能力素质的增量性变化是不能充分满足其生存和工作的需要的，而且由于自然社会环境的复杂性，其成长风险系数很大。教育的任务是促使学生学会学习、学会做事、学会合作、学会做人及学会生活，换言之，就是通过教书、教课、教学、教育等活动把一个"自然人"培育成"社会人"。如果每一个自然人接收系统而有效的教育，其知识能力素质的增量显著，能比较好地融入社会发展卓越前行。锻造"高素质的社会人"需要大力发展教育，教育是国之大计，托起中华民族的伟大"中国梦"。

9. 电路全响应之思，与时俱进发展前行

线性电路全响应是电路在激励信号作用下零状态响应与零输入响

应的叠加，即在输入信号和初始条件作用下的共同响应。电路在信号的激励下，就会有响应，电路会随信号的变化不断地从一个状态（现态）到另一个状态（次态）。

任何事物的发展态势都取决于其基础及外部"扰动"，在发展环境没有变化的时候应持续内涵建设以传承积累，夯实基础，即零输入响应；在发展环境有变化的时候应主动对接和适应重大变化进行新内涵建设，即零状态响应。任何一个集体或组织要较好地融入社会，需要不断优化治理体系，建立把握市场状态、明确发展目标、集成社会资源、调适战略布局、改善保障条件的机制，确保全响应有效运行，促进事物发展状态不断从现态到次态的螺旋轮回递进，从而持续提高应对"扰动"的能力，与时俱进发展前行。

10. 负反馈电路级联之思，优化配置整体前行

对于单级的负反馈电路，电压负反馈具有稳定输出电压的作用，电流负反馈具有稳定输出电流的作用，而同一个电路中，如果负载是变化的，要想同时实现电压和电流的稳定是不可能的。串联负反馈适用于信号源内阻较小的场合，而并联反馈则适用于信号源内阻较大的场合。要想随心所欲地改变单级负反馈电路特征，是不太可能的事情，但可以通过级联的方式去优化整合成一个含有多级反馈的闭环电路系统，达成我们所需要的电路功能。

在社会生活和工作中，对于共性的基本要求，每个人基本都能做到。但是，由于每个人有自己的特质，各有特长优势和短板劣势，希望每个人整齐划一是不太可能实现的目标。我们可以借鉴负反馈电路的级联办法来思维，既然补齐个人短板并非易事，不如优化整合形成整体优势。实践表明，在工作中学习，对个体能力提高效果是最高的，根据个人特点，组建不同类型的结构性团队，让每个人发挥各自优势，并在工作中学习，既提高工作效能，又提高个体的

素质能力，形成整体优势，从而高效协同落实工作，整体前行。

　　课程思政贵在聚合行动。作为引领人成长的每一名教师，如果能静心修炼自己，遵循教育规律，恪守教育常识，放眼未来，精心教书育人，就能在学生成长中形成教育合力，呈现累加效应，其成效不可限量。

第六章 院校与企业

制定校企战略合作框架协议的实践与思考

没有高质量的产教融合、校企合作,就没有高质量的职业教育,以学校思维来办职业教育,只会日渐脱离于社会。校企战略合作框架协议是校企双方在理念认同的基础上所系统设计的行动实施方案,如果设计合理、推进有力、达成率高,可以不断增强双方的成就感,从而最大限度地提高学校和企业彼此合作的认同度,为形成命运共同体奠定坚实的基础。

1.做好调查研究,适切学校发展状态

围绕推进校企系统化合作,充分发挥市场在资源配置中的决定性作用,广泛开展多元化、多途径、多形式的调研,借鉴国外经验,分析研判校企合作各要素及其融合的"现态",谋划从"现态"到"次态"的技术路线及保障措施,探索建立校企合作立体化体系,促进校企双方人才、技术、文化、资本的全面互动和融合,实现学校和企业的高质量发展。

校企合作深化过程一般是从个体到结合再到合作直至融合的"点、线、面、体"的梯次递进过程,这个过程,表征了校企合作从初级走向高级、从浅层次走向深层次、从内容单一化走向多元化、从碎片化走向系统化。制定校企战略合作框架协议时要适切学校的办学水平、能力及校企合作状态,把握好短期、中期、长期的合作深度、宽度、长度。协议一定是有时限的、有层级的、有个性的，切忌一个协议包揽所有的合作企业，也要防止一个协议管终身。

2. 研读政策精神，阐释合作背景和意义

阐释合作背景，需要学习和领悟国家大政方针，研读推进校企合作的政策，结合时代背景和党的教育方针、政策对校企合作背景进行综述。当下，职业教育已经处于党和国家工作全局的重要位置，成为教育发展的战略重点，是支撑我国深化供给侧结构性改革、加快建设创新型国家、实施乡村振兴战略、实现我国经济由高速增长阶段向高质量发展转型的一支强大力量。根据学校服务面向和办学定位，结合专业群结构分布，阐释专业群对接的产业、行业、企业，以及职业教育大改革、大发展态势。

写好合作意义，需要跳出教育看教育、走进企业思教育、联动校企办教育。依据文件政策精神，遵循教育规律，发挥市场规律、行政规律作用，阐述其意义。发挥结构优势，整合跨界的资源形成异质结构共同体，既能激发学校办学活力，优化专业群结构、提升教师"双师""双岗"能力，提高办学质量和社会声誉，也能激发企业生产活力，促进科技成果转化，解决技术瓶颈与变革难题，降低企业研发成本和培训成本，获取更大经济效益。

3. 明晰战略合作宗旨，把住协议签约要素

制定校企战略合作框架协议，旨在通过双方战略合作关系的建立，全面贯彻党的教育方针，坚持服务需求、产教融合原则，创新人才培养和企业人力资本运作模式，按"校企合作规划、合作治理、合作培养、合作发展"原则，建立校企合作沟通机制，成立校企合作领导小组，成立工作专班，形成双方联席会议制度，畅通并加大信息交流与沟通的频度，以培养人为总基调，挖掘企业育人育才资源，

推进"五育并举""四链协同""三个对接""两轮并举""一个坚持"，提升校企双方服务社会的竞争力，提升校企双方服务经济社会发展和服务人的全面发展能力。

把握协议签约主体要素，即甲乙双方的优势概述及合作基础简要分析。优势概述主要聚焦资质、软硬实力、贡献力、影响力等，合作基础主要聚焦学校专业群结构与企业业务领域结构的重合度、双方合作历程等。这些内容对记载学校发展历史有重要的考证意义，通过概述既记录了学校当时的发展状态，也记录了合作企业当时的发展状态及社会影响力，特别是校企合作水平的发展状态。协议书其他事宜可参照通行协议文本斟酌，对于合作时间，双方可以充分协商，建议时长5年；对于双方就战略协议提及的合作事宜可做进一步研究和协商，具体的实施项目可采取"一事一议一签"的原则，由双方指定部门或单位另行签署具体的合作项目协议，合作项目协议是本协议的有效附件。

4. 围绕学校办学职能，系统设计战略合作领域

立德树人是校企合作的基本底色，校企共同谋划，深度融合，集成创新，按照"三全育人"的理念，整合校企资源，形成高水平的人才培养体系，实现校企双方在人才培养培训、社会服务、技术研发与积累、文化传承与创新、国际交流等方面的同频共振、合作共赢。

共建基层党团组织。坚持社会主义办学方向，校企双方探索基层党团组织的合作，共建联合党支部，充分发挥高校和企业双方的优势，以思政教育为载体，促进双方基层党团组织创新创先争优，使双方基层党团队伍更有战斗力、凝聚力和向心力。

共同探索合作运行机制。为有效开展工作，双方根据实际需要，健全机构，制定制度，探索方法，建设平台，搭建载体，组织活动，形成高效的运行机制，保障合作高质量发展。

共同创新人才培养模式。为推进校企一体化育人模式，开展以现代学徒制为典型代表的工学交替、育训结合的人才培养模式，强化知行合一、德技兼修的教育教学活动，量身打造集"共性化＋个性化"于一体的专业人才。

共同开发课程体系。为提高人才的职业竞争力，动态调整专业群结构，优化课程结构，共构基于行动导向的专业课程体系，联合开发结构化课程、专业课程体系、立体化教材，建设教学资源库。

共建"双师三能型"教师团队。为形成高素质的教师队伍，采取互派互兼、挂职锻炼、项目合作等方式建立结构合理，能驾驭理论教学、实践教学和素质教育"三驾马车"，具备理论教学能力、实践教学能力、素质教育能力的"双师三能型"教师队伍。

共同开展社会服务。为进一步扩大校企双方服务社会领域，积极探索共建项目管理和人力资源公司的新模式，建立校企专家资源库，充分融合双方在职业培训、技术服务、科研咨询、项目管理、行业信息等领域的资源优势，全面对接社会需求，在人才培养的基础上，全面开展社会服务活动。

共建共管实习基地。多形式、多途径、多主体共建实验、实习、实训和培训基地，建设基于专业基本知识学习和创意的实验室，基于职业技能培养和创新的实训基地，基于显性素质教育拓展的实践基地，实现条件设施设备的充足。

共建技术与文化中心（工作室）。为进一步促进技术、文化创新，整合校企资源，打造技术研发、文化传承与创新的团队。甲、乙双方联合开展有关项目申报，共同研发新技术、新工法，进行技术、文化积累，共同传承与创新先进的校企文化。

共享信息与人力资源。为发挥各自的资源优势，有效利用计算机技术和信息技术，建立网络协作平台，双方及时公布各自已有资源和需求资源，有效进行对接，及时补台。

共同探索办学体制。为深化产教融合、校企合作，推进国际交流与合作，不断诊断与改进，探索进阶股份制、混合所有制等办学形式，校企双方共同总结和提炼合作成果，并利用各自资源积极对外输出和宣传，共享办学收益。

对"深化产教融合、校企合作"的再思考

党的十九大报告提出"深化产教融合、校企合作",其内涵丰富。

1. 基于国家层面对产教融合校企合作的理解

关于产教融合、校企合作、工学结合,可分别对应从校企合作的宏观、中观、微观三个层面来理解。从教育领域宏观上看,产教融合可概述为教育与产业供需结构性匹配的战略,需要国家层面持续改善政策环境,产教对接动态发展,促进产与教融合度不断提高;从中观上看,校企合作可概述为学校与企业供需结构性匹配的战略,需要利益相关方建立校企合作机制,促进校与企集聚度不断提高;从微观上看,工学结合可概述为专业群结构与市场需求、课程内容与岗位要求、教学组织与生产组织结构性匹配的方略,需要校企双方不断创新人才培养模式,促进工与学集成度不断提高,实施育训结合、德技并修,促进教育与培训一体化程度不断提高。

我国教育方针遵循的基本原则是教育必须与生产劳动和社会实践相结合,已形成了政府推动、行业指导、校企双主体(学校主导企业引导)、社会参与的职业教育产教融合、校企合作的治理体系和机制。在发展职业教育这一类型教育的过程中,充分发挥市场在资源配置中的决定性作用,推动产教融合的政策频出,旨在不断推进教育与产业的全面对接、学校和企业的全面合作。例如,2005年,《国

务院关于加快发展现代职业教育的决定》（国发〔2014〕19号）强调"大力推行工学结合、校企合作的培养模式""充分依靠企业举办职业教育"，其语境主要在于倡导学校向企业靠拢。2017年，《国务院办公厅关于深化产教融合的若干意见》（国办发〔2017〕95号），2019年，《国务院关于印发国家职业教育改革实施方案的通知》（国发〔2019〕4号）均强调"强化企业重要主体作用"，其语境在于倡导企业与学校互相向对方靠拢。

从国家层面看，产教融合并非以往校企合作实践的延伸，而是重塑校企合作关系，其目的是努力让学校与企业相互靠拢，实现教育与培训的完美融合，推进产教融合、校企合作，以最大限度地激发办学活力，高质量服务于学生全面发展和经济社会发展。

2. 基于学校层面对产教融合校企合作的理解

基于学校执行层面来说，我们可以模糊产教融合、校企合作等词的边界，可以演绎理解为校企合作层面的层级递进。可用结合、合作、融合这三个关键词来概括。

结合。主要是学校基于人才培养的所需资源，企业源于感情机制或主管部门干预，结合学校需要，提供教学资源或参加教育教学的某些环节，一般是碎片化的"点"式合作，其主要内容是人才培养与互动。

合作。在校企结合的基础上，双方源于资源优势互补，错位发展，互相协作推进，企业全程参与教育教学的某些活动，一般是链条化的"线"式或系统化的"面"式合作，合作重点内容是人才培养与互动。同时，在校企合作不断深化的过程中，技术传承与研发、文化传承与创新也进入合作内容，其发展理念是合作办学、合作育人、合作就业、合作发展。

融合。在校企合作的基础上，学校和企业双方源于共同事业目标，结成共同体，统筹治理。校企融合一般是整体化的"体"式合作，合作内容是基于人才培养，推进校企之间人才、技术、文化与资本的高频互动。其发展理念是共同规划、共同治理、共同培养、共同发展。

从学校层面上讲，校企合作是从个体到结合、从结合到合作、从合作到融合，是校企合作的梯次递进，表征了校企合作从初级到高级、从浅层次到深层次、从内容单一化到多元化、从碎片化到系统化的"点、线、面、体"的梯次递进。

基于校企系统化合作的
立体合作体系构建

职业教育是一种教育类型,其特征是育训并举、德技兼修、知行合一。没有高质量的产教融合、校企合作,就没有高质量的职业教育。因此我们要大力学习和研究国家推进校企合作的政策,借鉴国外经验,分析研判校企合作各要素及其融合的"现态",谋划从"现态"到"次态"的技术路线及保障措施,探索建立校企立体合作体系,促进校企双方人才、技术、文化的全面互动和融合,实现校企系统化合作,推进职业院校高质量发展。

1. 形成校企合作的治理体系

《国务院关于印发国家职业教育改革实施方案的通知》(国发〔2019〕4号)中提出,职业教育发展模式要从注重数量向注重质量的方向转变,从政府主办为主向政府统筹、社会多元办学的格局转变,从参照普通教育的模式向产教融合、办学特色更加鲜明的类型教育方向转变。学校要遵循教育规律、行政规律和市场规律,充分发挥市场在资源配置中的决定性作用。一方面,学校积极争取政府政策支持;另一方面,学校作为培养人的教育专业机构,要主导产教融合校企合作。同时,学校要充分发挥企业在人才培养中的引导作用,优化课程体系、课程内容,做到对接社会和企业需求,形成"争取政府支持予以推动——寻求行业指导——学校作为主体全面主导合作——骨干企业作为主体引导合作——社会组织参加"的治理体系，实现教育链、产业链、人才链、创新链的有效协同。

2. 形成校企合作的模式体系

职业院校高举立德树人大旗，深化产教融合、校企合作是办学之道。在产教融合层面上，国家政策环境持续改善，产教对接动态发展，产与教融合度不断提高；在校企合作层面上，融合机制不断优化，学校企业同步规划、同步治理，校与企集成度不断提高；在工学结合层面上，人才培养模式不断创新，人才素质结构适应市场需求，工与学结合度不断提高；在育训结合层面上，实施育中训、训中育，教师与企业技术管理人员"同教同育"，学生与企业员工"同学同训"，课与岗对接，育与训系统度不断提高；在知行合一层面上，推进教学改革，形成教学全过程中，将专业知识、职业能力、职业素养进行有机融合，知与行一体化程度不断提高，形成职业教育从宏观到中观再到微观的"产教融合教育模式——校企合作办学模式——工学结合人才培养模式——育训结合知行合一教学模式——工学交替教学组织模式"的模式体系，系统推进校企系统化合作。

3. 形成校企合作的平台体系

推进校企系统化合作，需要有系列平台作支撑，学校可设立大师工作室、技能名师工作室或技术研发中心、文化研究中心，成立由行业批准的"一校多企"模式的校企合作董事会，成立由教育部门或行业部门批准的"多校多企"模式的职教集团，依托区域性协会或学会成立跨越地域的"多校多企多集团"模式的职教集团联盟，形成不同层面开展校企合作的"工作室或技术协同创新中心——校企合作董事会——地域职教集团——区域性职教集团联盟"垂直平台体系，实现校企合作平台的渐进式扩容、升级，功能多元。

4. 形成校企合作的载体体系

在校企合作过程中，其逻辑起点是基于人才培养，根据校企双方集成度的高低，或结合企业的资源开展碎片化的"点"式合作；或结合学校和企业资源进行链条化的"线"式合作；或整合双方资源，推进系统化的"面"式合作；或校企结成共同体，统筹治理，探索整体化的"体"式合作。形成校企合作内容从点到线到面到体的"安排认知和跟岗实习——组织顶岗实习——开展订单培养（短期阶段性订单培养、长期全过程订单培养）——试点现代学徒制培养——开办双主体企业学院——探索混合所有制办学"的载体体系。

5. 形成校企合作的企业体系

实践经验表明，校企合作的深入推进是有其规律的，需要在持续的合作过程中创新运行机制，校企双方都主动向对方靠拢，在合作中相识，在相识中相知，在相知中相依，循序渐进，形成校企合作融合度不断提高的"结合型企业——顶岗实习型企业——教学型企业——产教融合型企业"企业体系，推进企业的生产运营与学校的教育要素在德、智、体、美、劳上的全面链接和融通。

6. 形成校企合作的课堂体系

为提高学生的职业竞争力，促进职业素质养成，职业院校必须对接企业生产过程，创设类型不同且丰富的教学情景板块，有效组织教育教学，以期学生在未来的工作中有基本的专业知识和职业素质，当相同或相近的情景出现时，能直接胜任。为此，职业教育需要在各类有机构成的环境中教学，形成侧重点不同的"第一课堂（基本知识传授及角色扮演模拟）——第二课堂（实验实训）——第三课堂（游学游历企业）——第四课堂（经历体验完成真实项目）"的课堂体系，实现学生知识、能力、素质协同发展。

7. 形成校企合作培训组织体系

做强职业培训，是新时代职业教育的历史性担当。职业院校以专业群建设与改革为着力点，校企合作统筹规划开发资源配置，既能为促进适龄人群职业认识和初次就业创业提供优质职前教育和培训服务，也能为促进职业转换人群提供优质职后教育和培训服务，为满足个人从学生到社会职业人不断成长与发展的需要，提供全生命周期的教育服务。形成"以职教集团、学校或企业培训部、院系、工作室（中心）等为主要载体——以就业技能培训、岗位技能提升培训和创业创新培训为主要形式——以制度、条件设施、人才、技术、文化资源为保障"的培训实施组织体系，实现职业院校落实培训法定职责，做大做优培训，促进各类群体就业的稳定和扩大。

深化产教融合、校企合作，必须在创新建立机制的过程中形成运行体系，促进校企双方在人才、技术、文化、资金等方面的高频互动，实现校企全要素融合，成为命运共同体，高质量服务人的全面发展和经济社会发展。

推进校企系统化合作的思考
——以湖北城市建设职业技术学院为例

实践证明，职业教育发展的历史，就是产教融合、校企合作理念不断发展的历史，充分发挥市场在资源配置中的决定性作用，对于办人民满意的职业教育有至关重要的意义。

1. 系统思维，探索校企系统化合作规律

系统性思维就是把对象互相联系的各个方面及其结构和功能进行系统认识的一种思维方法。面对复杂的自然科学或工程技术问题，分析并抓住问题的主要要素，建立模型，形成方程，利用数学手段求解，然后进行误差分析，不断校正，提高精确度，经过提炼归纳从而形成规律，即形成定律、定理、法则、原理、公式等。

面对复杂的校企合作工作，建模型、列方程、求结果、校误差、提精度的理工科思维规律，对做好校企合作工作有极强的指导性作用。校企合作是一个多变量的复杂函数，涉及的要素众多，需要系统考量各要素，建立校企合作模式，形成流程，通过机制手段保运行，然后进行诊断分析，不断改进，提高运行精细度，经过提炼归纳从而形成规范，即形成制度、标准、细则、程序、表单等。"建模式、列流程、求效果、施诊改、提效度"是把校企合作化繁为简的过程，也是高度提炼和序化的过程。

2. 化繁为简，探索校企系统化合作模式

建立模型或模式，能把复杂的问题简单化，让复杂的工作变得有规可循、工作高效，化繁为简是一种大格局、大智慧、大能力。教育教学改革是极其复杂的工作，我们需要在诸多领域如校企合作、现代学徒制、育人文化、课程开发、思政教育、工学交替教学组织等进行探索，寻找和揭示规律，建立模式，形成流程、标准，并持续诊改，不断提高质量。

湖北城市建设职业技术学院（以下简称湖北建院）在探索校企系统化合作过程中，本着"合作规划、合作治理、合作育人、合作发展"的"4合作"原则，基于校企合作规律、内涵和技术路线，努力让学校和企业相互靠拢，形成了有自主知识产权的"143"校企合作运行模式，即以深入推进校企双主体办学，将教育与培训完美融合为1条主线；以机制建立和完善、平台建设与利用、载体搭建与活动、诊断改进与输出等4个模块序化和推进系统化合作；以人才互动、技术互动、文化互动等3个纬度为合作导向的校企合作模式。从而有效推进校企合作从初级走向高级、从浅层次走向深层次、从碎片化走向系统化，实现校企系统化合作梯次提高、校企资源集成度梯次提高，促进校企合作"人才流、技术流、文化流、资金流"的高位运行。

3. 有规可循，全面推进校企系统化合作

湖北建院"143"校企合作模式，为有规可循地开展系统化校企合作提供了实践范例，并先后牵头组建"一校多企"模式的校企合作董事会、"多校多企"模式的湖北建设职教集团、"多校多企多集团"模式的中南建设职教集团联盟，不断升级合作平台，不断优化推进校企合作的宏观、中观、微观层面的运行机制和制度。

基于校企合作规范开展，湖北建院开发制订了包含校企合作管理办法、意见、规定、方案、细则、协议等文本；基于探索办学模式，创办特色企业学院"天衡学院""中建三局学院""山河学院"，基于推进产教融合，形成了根植于产业、行业、企业、职业，科学设置专业，系统组织学业，促进创业、就业，培育守业、敬业、精业、乐业的"12业"人才培养逻辑链；基于扩大信息流量，固化了企业院校行、院校企业行、院校校校行的"3行"活动，稳定和扩大知识流、文化流、技术流、学术流等；基于实践现代职教体系，实践中、专、本"3层次"直通车体系化招生和衔接培养，对中学开放实践资源，提供职业认知和体验，探索开展学分互认、转换和积累；基于校企多点合作，实施共同规划、共同招生、共同创新模式、共同开发课程体系、共同建设教学资源库、共同建设团队、共同建设基地、共同组织课程教学、共同举办技能大赛、共同研究课题、共同研发技术、共同制定标准、共同传承文化、共同考核评价、共同开展国际合作、共同分享成果"16共"具体内容。湖北建院校企合作模式已成为全国职教集团化办学的典型案例、湖北省校企合作的典型案例。

基于校企系统化合作的企业学院运行探索
——以湖北城市建设职业技术学院天衡学院为例

职业教育是培养"现代工匠"的主要阵地。目前,千余所高职院校从政治引领、扩大视野、生态发展、改善条件、搭建平台、创新机制、提升能力、高质发展、整体提高等方面全面深化改革,全面推进内部质量保证体系诊断与改进,探索"1+X"证书制度,创建"双高"院校,可谓千帆竞渡、百舸争流、千岩竞秀、万壑争流。

一、实施校企系统化合作的实践

湖北建院始终把推进校企合作作为激发办学活力的抓手。2005年,湖北建院组建了"一校多企"模式的校企合作董事会;2013年,组建了"多校多企"模式的湖北建设职教集团;2016年,以中国建设教育协会高职与成人教育专委会中南分会,联合湖北、河南、广东、广西、湖南建设(建筑)职教集团组建了中南建设职教集团联盟。依托职教集团,湖北建院组建了"湖北城市建设职业技术学院天衡学院"(以下简称"天衡学院"),实施"143"模式推进校企系统化合作,不断提高学生的职业竞争力。

(一)"天衡学院"的发展历程

湖北建院与广东天衡工程建设咨询管理有限公司合作十余年,双方合作先后经历了安排顶岗实习、开办订单性质的"天衡班"、开办现代学徒制班,2015年校企双方作为双主体开办了"天衡学院",探索混合所有制办学,这标志着两家的合作从初级走向高级、从浅层次走向深层次、从碎片化走向系统化,是校企合作走向校企融合的一次蜕变,是供给侧结构性改革背景下激活学校办学活力、适应企业发展的战略举措。

(二)"天衡学院"的运行模式

"天衡学院"在组建过程中遵循合作规划、合作治理、合作培养、合作发展的原则,高度集成校企资源。在运行模式上已经形成了"143"模式,即以实现教育与培训完美融合为主线,以机制建立与优化、平台建设与利用、载体搭建与活动、总结提炼与输出等4个模块为主要内容,以人才、技术、文化等3个指标为导向,系统推进校企深度融合。

1. 机制建立与优化

签订战略框架协议。基于校企共同谋划、深度融合、集成创新,实现校企双方在人才培养、科研(技术研发与积累)、社会服务、文化传承与创新等方面的合作共赢,校企双方签订合作共建"天衡学院"框架协议书,在框架范围内根据实际需要签订若干专项协议。

健全组织机构。在学校党委领导下,"天衡学院"实行理事会管理体制,设置理事长、副理事长、理事,由校企双方代表按照1:1的比例组成。理事会主要对"天衡学院"的发展方向、发展规划、管理决策负责。"天衡学院"实行理事会领导下的"双院长"负责制,全面负责"天衡学院"的招生、人才培养、教学、实训、就业、研发及社会服务等各项日常教学与管理工作。

制定管理制度。双方将"天衡学院"的工作与各自年度计划同步考虑，共同制定了《天衡学院发展规划》《天衡学院管理办法》等制度，编制了《天衡学院工作任务推进表》，系统有序开展工作。

规范管理。主要收益为学生学费收入、天衡公司的专项经费投入，以及开展社会服务的收入，用于人才培养、科学研究（技术创新与传承）、社会服务、文化传承与创新等方面；校企双方在合作过程中所获得的产、学、研成果，署合作双方名称，系双方共同所有；校企双方共同总结和提炼合作成果，并利用各自资源积极对外输出和宣传，共享办学社会收益；"天衡学院"理事会对"天衡学院"的运行进行全面绩效评价，校企双方共享办学收益和产学研成果。

2. 平台建设与利用

校企共建校企工作站、协同创新中心等平台。组织开展院校企业行和企业院校行，通过教师、学生、技术人员的主题互动，从而促进人才、技术、文化互动。

3. 载体搭建与活动

以项目为载体，推进校企系统化合作。

（1）现代学徒制人才培养项目。

双管理。校企各派专职管理员1人，每个班配有辅导员（班主任），同时每个班级都有校企双方的高层领导对接联系指导。学生自愿报考"天衡学院"，校企联合组织考核择优录取。

双教学。遵循教育教学规律和职业成长规律，将职业岗位标准、企业标准纳入教学标准中；学院和企业均设立"天衡学院"专用教室，兼顾教学情境和工作实际情境；由学校教师和企业管理、技术人员共同组织教学，实践性较强的课程、企业特色课程教学由天衡公司承担。学生毕业发放毕业证书和实践经历证书，组织培训考试获取职业资格证书。

双身份。学生既是学校的正式学生，又是天衡公司的准员工，接受双重考核，既考核德育、体育和学业成绩，也考核职业精神和工作业绩。

双奖励。学生除了可以享受国家、学校的助学金和奖学金，还可以享受企业提供的奖学金和助学金，以及获职业证书、荣誉证书、各类获奖、发表论文等项目的奖金，每届综合考核排名前15%的学生，由天衡公司承担其全部学费。

双选择。学生修完学业并经考核合格后，可以在天衡公司就业或推荐到其他企业工作，也可以自主择业或升学。

（2）课程开发项目。

面对建设行业新型城镇化、地下综合管廊、海绵城市建设等新兴市场，建筑工业化、BIM、互联网等新生产方式、新技术推动建设业转型升级。为有效对接行业发展，优化专业结构、课程体系，校企联合开发有针对性的专业课程、教育教学资源库等。

（3）优质教学团队建设项目。

"天衡学院"采取导师制、影子工程、互派互兼、挂职锻炼、项目合作等方式，培养教师具有"23456"特质：2种思维——开放思维、逆向思维；3项知识——专业知识、职业知识、教育教学知识；4项职责——知识、能力、德育（素质）、安全；5种特性——知识性、技术性、艺术性、工程性、创新性；6个能力——教学能力、实践能力、研究能力、信息技术能力、育德能力、社会服务能力。

（4）实训基地升级项目。

实训基地由原国家建筑技术实训基地升级改造，2016年被湖北省人力资源和社会保障厅确定为第44届世界技能大赛建筑类项目湖北省集训基地,并成功承办了多场全国、全省技能大赛,从这里走出了世界技能大赛全国选拔赛获奖选手9名,其中一名进入全国十强。实训基地服务武汉"1+8"城市圈开设土建类专业的本专科院校学生实训,年均1800余人,满足教师、学生的实践和企业在岗人员的继续教育。在天衡公司建设的教学性和生产性并重的实训基地,被湖北省教育厅确定为"湖北省职业教育实训基地"。

(5)技术研发项目。

建立校企专家资源库,充分融合双方在技术服务、科研咨询、项目管理、行业信息等领域的资源优势,全面对接建筑业转型升级和社会需求。2016年校企双方就"东湖绿道"工程联合开展了标准开发、工艺创新、园艺规划、技术攻关等多方面的工作,共发表科技论文15篇,其中SCI/EI论文3篇,专利、软件著作权4项。

(6)文化育人项目。

共建职场文化体验中心,使学生更好地感受企业精神、经营理念与价值观,使学生更加注重自身修养,努力学习、积极实践,有效提高职业竞争力。课程体系中,有10%～15%的内容为企业特色课程,在学生入学教育、专业教育、实习实训课程教学、教学场所布置、奖学金评比、就业等方面都融入企业文化元素。校企双方紧密合作促进企业文化与校园文化的互通互融,发挥校企文化共同育人的功能。

目前,湖北建院以"天衡学院"为平台,在推进校企系统化合作的道路上做了深入探索,为实施混合所有制办学奠定了坚实的基础。随着国家关于职业教育的不断重视,以"天衡学院"为改革试验田,实施校企资源全要素的融合,全面探索混合所有制办学模式,不断诊断与改进,提高教育教学质量,更好地服务区域经济社会发展和学生的全面发展。

基于企业学院的"闪辞"痛点
——再思"企业学院"

"闪辞"是指在职时间短，稳定性差，入职不久就辞职的现象。"闪辞"现象增多，给用人单位造成了困扰和压力，特别是高职院校和企业联合办学的以企业命名的旨在探索校企双主体办学的二级企业学院（以下简称企业学院），培养的学生到企业后"闪辞"现象有扩大之势，给企业和院校均带来一定的伤害，成为企业学院的一大痛点，应引起深刻反思。

1. 机制建设是支点

企业学院作为校企共同体，一定是双方在长期的合作中形成共识而发展的产物，能否持续同频共振，需要互动机制作为支撑。建立基于校企共同体的目标链、标准链，形成一体化链接，校与企供需结构性匹配，推进人才流、技术流、文化流、资金流的"四流"高频流动。校企双方共同系统设计人才培养体系，实施"润无声"育人策略和工学交替教学组织，让课与岗内容匹配，教师与企业技术管理人员"同教""同评"，学生与企业员工"同事""同学"，引导正确的职场文化和价值观。

2. 专业遴选是基点

职业教育是通过聚焦一个专业的系统学习，把学生培养为具有完善的道德，以及具备某一领域专业知识、能力和素质的社会职业人，然后在某个岗位上立足，不断历练自己、拓展自己、迁移自己，形成专业知识、专业能力、专业作风、专业精神相融合的专业素养。办企业学院，应遴选有发展前景、办学基础较好且有实力的专业群，为企业学院的长远发展提供良好的基础。

3. 企业遴选是重点

企业的发展实力直接影响企业学院学生的培养质量和就业稳定率，考量企业的发展力、影响力、培训力、教育力、文化力、吸纳力、互动力等要素，是遴选企业的重要指标，遴选有教育能力的企业是办好企业学院的重要基础性工作。

从校企合作的实际情况来看，民营、劳动密集型、中小型等企业参与职业教育的能力不强，深度、广度不够，但合作过程中局部效果明显；国有、技术密集型、大型、典型等企业参与能力较强，系统化合作基础好，但合作过程中整体效果较弱。建立企业参与职教的激励机制，出台产教融合型企业标准并引导企业由偏好成本向偏好技术技能发展，有效提高效果，除需要职业院校的自身努力外，还需要政府的推动。

4. 职业规划是难点

职业成长规律告诉我们，职业成长是需要在一定周期内进行积累的，一般会经历感觉期、理解期、超越期等阶段。跳槽并非不可，但频频跳槽可能会破坏这种周期性的积累，难以完整历练自己而更好地成长。

加强学生职业生涯规划设计教育，帮助其形成理性的职业观，摒弃浮躁心态，坚持专注，把更多的精力投入一件事情当中，产生职业生涯"滚雪球"式的复利效应，避免情绪化和一味功利化的"闪辞"，更要避免成长的"闪退"，应是企业学院的重要优势。但系统地设计和实施学生职业生涯规划教育体系是一项有难度的"跨界"工作，需要有高度的智慧。

5. 诚信招生是起点

麦可思数据显示，2018届大学毕业生求职视点排序为："个人发展空间"（76.6%）、"薪资"（68.6%）、"福利待遇"（56.3%）。当前，诸多高职院校的招生面临着"僧多粥少"的尴尬局面，为招揽生源，部分院校借企业学院之名，往往夸大其词，过度承诺，导致就业后反差较大，就会出现大面积的"闪辞"，甚至带来一些社会不稳定因素。企业学院在招生招工过程中，应保持教育定力，不做虚假宣传，以诚信文化培育诚信，严守承诺。在致力于提高教育质量的同时，企业积极改善工作环境，尽可能做到岗位安排上专业对口，帮助学生逐步向预期值迈进，是有效减少企业学院学生"闪辞"的有效措施。

基于"市场在资源配置中起决定性作用"论断下推进产教融合、校企合作的理念创新

职业教育是跨界的教育，世界各国的职业教育实践证明了以学校思维来办职业教育，只会日渐脱离于社会。因此，应跳出学校看教育、走进企业思教育、联动校企办教育、引入他方诊教育，建立机制，整合不同性质的资源形成异质结构共同体，发挥结构优势，激发办学活力，方能办好高质量的职业教育。深化产教融合、校企合作是扎根中国大地办高质量职业教育的必经之路，我国推进职业教育发展的历史，就是产教融合、校企合作理念不断发展的历史，充分发挥市场工具的作用，对于办人民满意的职业教育有至关重要的意义。

1. "市场在资源配置中起决定性作用"论断的提出

党的十九大指出，使市场在资源配置中起决定性作用，更好发挥政府作用，把市场自发调节和政府宏观调控的优势都充分发挥出来，形成市场作用和政府作用有机协调、相互促进的格局，彰显中国发展模式。

2. "市场在资源配置中起决定性作用"论断下发展职业教育的理念创新

基于"使市场在资源配置中起决定性作用，更好发挥政府作用"这一重大论断，我国职业教育坚持党对教育工作的全面领导，充分

发挥市场作用推进新时代职业教育大改革、大发展，开启了理念的大创新和卓有成效的大探索。

2014年，国务院印发《国务院关于加快发展现代职业教育的决定》（国发〔2014〕19号），2019年，国务院印发《国务院关于印发国家职业教育改革实施方案的通知》（国发〔2019〕4号），对发展现代职业教育进行了国家层面上理念的重大创新，明确提出，要研究制定有关法规和政策，鼓励行业和企业举办或参与举办职业教育，发挥企业重要办学主体作用，探索发展股份制、混合所有制职业院校，鼓励院校、行业、企业、科研机构、社会组织等多元主体组建职业教育集团……职业教育产教融合、校企合作发展的理念在不同层级上不断创新与发展。

国家层面上，政府逐步退出职业教育办学的微观层面的具体管理，专注于制度建设和环境建设，学校遵循教育规律并充分发挥市场主体作用，增强办学活力。在这一总体思想指导下，职业教育从"政府主导"向"政府推动、市场引导"转变，从"政府主办为主"向"政府统筹社会多元办学的格局"转变，从"以服务为宗旨"向"以服务发展为宗旨"转变，从"以就业为导向"向"以促进就业为导向"转变，从"参照普通教育的模式"向"向产教融合办学特色更加鲜明的类型教育方向"转变，从"组织动员行业企业和社会力量参与办学"向"引导支持社会力量兴办职业教育"转变，从"企业重要力量"向"重要办学主体"转变，从"关门办学"向"开放办学"转变，从"以学历教育为主"向"学历教育与培训并举"转变，从"教育信息化"向"信息化教育"转变。

人才培养体系建设层面上，从"碎片化专业建设"向"专业集群建设"转变，从"分散式的教学系统"向"集成化的教学体系"转变，从"关注教材建设"向"关注教学资源建设"转变，从教学"刚性管理"向"弹性管理"转变，从重视"育才体系构建"向"育德育才体系构建"转变。

课程教学层面上,从"面向考场的顺向思维"向"面向职场的逆向思维"转变,从将"知识、能力、素质"割裂化培养向全过程中始终将"知识、能力、素质"融为一体转变,从"发挥单一主体资源"向"发挥校企双主体资源参与"的方式转变,从"传统的教学场所"向"信息化教育和情景化教学"转变,从"规模化"的教学向"个性化"学习丰富教学形态转变,从"单一主体、结论性评价"向"多元主体、结果性评价和形成性评价并重"转变。

教师层面上,从"教学人"向"教学人和德育人合一"转变,从"教育人"向"教育人和社会人合一"转变,从"学校人"向"学校人和系统人合一"转变,从"教师"向"教师和培训师合一"转变,从"教育信息化"向"教育信息化和信息化教育合一"转变。

校企合作层面上,把企业从"一般性作用"向"主体性作用"转变,把企业对学生从"一般性培训"向"在岗培训"转变,把校企从"各自为战"向"共同育人"转变,把校企从"一般性合作"向"系统化合作"转变,把院校从"一般性招生"向"校企联合招生招工"转变,把学生从"一个身份"向"两个身份"转变,把学生从"一般性实习"向"在岗学习"转变,把学生从"一般性实训"向"生产实训"转变,最终把"一般性工学结合"升级为"育训结合",把"一般性课程"升级为"特色课程",把"一般性考核"升级为"多元考核"。

3. 职业教育既要充分面向市场更要坚守教育定力

职业教育作为一种教育类型,与社会经济联系最为紧密,必须面向市场,适应并服务于市场经济,职业院校既要正视市场、适应市场,又要剖析市场、超越市场。根植于产业、行业、企业、职业,科学设置专业,系统组织学业,促进创业、就业,培育守业、敬业、精业、乐业意识,致力于"适应"社会需求,促进社会经济发展。

办高质量的职业教育必须面向市场，但不能因此片面地用经济规律、市场规律来取代教育规律，不能把高职教育市场化。职业院校必须不忘教育初心，牢记教育使命，守住底线，把住定力，致力于"适应"社会需求和"引领"社会进步的统一，为国育才，彰显高职院校社会责任的应有之义，促进人的全面发展。

第七章 诊改

关于强化内部质量保证体系诊断与改进相关工作的若干思考

近年来,各职业院校对内部质量保证体系诊断与改进工作(以下简称诊改)的认识不断提高,把诊改摆在了各职业院校工作全局的重要位置,并作为提高治理水平和能力的基础性工作来抓。高质量推进诊改工作需要强化党建引领、理论研究、有效运行、方法适切、诊改到位等。

1. 党务 + 业务

诊改重点是关注"人"的发展,而不是"物","人"的参与度决定诊改的成效。在推进诊改过程中,一方面要发挥党建思政的优势,加强思想政治工作,提高师生站位,增强认同感;弘扬优秀文化,将"工匠精神"渗透到工作过程中,精益求精,追求卓越,激发"人"的内生动力和对高质量人才培养的向往,推进质量发展。另一方面要将党建工作与业务工作统一起来,使党建工作和业务工作同频共振、协调并进。稳抓党的教育方针促立德树人落地生根,稳抓党风廉政建设促师德师风建设,稳抓党员先锋作用促教师争先创优,稳抓实施"双培工程"和"双带头人制度"促教师能力提高,稳抓党建文化建设促师生幸福感提升等。

2. 研究 + 实践

要想得心应手地开展诊改工作,仅靠实践或模仿是不够的,诊改工作也需要理论支撑，而不能凭经验或感觉来推进。通过抽样调查，职业院校课题研究和发表关于诊改主题的论文少之又少，对诊改认识不深，存在畏难情绪，工作呈现被动局面，需要重视和加大诊改主题的研究力度，通过研究和实践将诊改机制及实现方式方法进行一定的加工，使之系统化、理论化。有了理论支撑和指导，在推进诊改工作过程中，能系统考量各要素，充分研判，提高诊改实施过程中的丰富度、吻合度、信息化程度、梯度、创新度和效度等，在持续研究探索中结合学校实际，逐步建立诊改模式，形成诊改机制和流程、规范、表单，优化手段和方法，提高运行精细度，让诊改工作变得有规可循、高效运转，不断提高诊改水平和效度。

3. 建设＋运行

推进诊改工作，仅重视顶层设计、体系架构、"两链"建设是不够的。部分学校存在重内部质量保证体系建设，轻运行的现象，久而久之，就会弱化和轻视诊改制度。为保证内部质量保证体系有效运行，一是需要建立诊改运行机制，持续培育诊改文化，逐步形成文化引领、制度管人、流程管事、规范引导、数据说话、周期固化、动态调适的自我诊改的内部治理模式，早期可以将诊改工作纳入专项考核中强力推进，形成常态后，需要将诊改与日常工作融合，同步推进；二是需要加强学习和培训，提高教职工诊改能力，匹配质量发展的内在要求；三是需要重视全寿期管理中信息技术的应用，盘活数据资产，以业务过程信息化为关键、以数据中心建设为核心，实现数据集中共享与开放应用，达成教学质量的预测、预警、改进，形成事前设计建设标准、事中实时监控、事后诊断改进的"8字形"质量改进螺旋。

4. 制度＋方法

要想有效推进诊改落地，仅重视意识培育、制度建设是不够的，还需要通过适切的方法才能有效达成。一是要形成团队，诊改既是个人行为，也是集体行为，需要组建各层级团队，"我的诊改我做主，但要集体来修补"；二是要把住诊改点的关联关系，厘清上下与左右、现态与次态、问题与措施、直接责任主体与管理责任主体的链接关系，并尽可能延伸和拓展，把住诊改的系统性、完整性、科学性；三是要基于"8字形"质量改进螺旋，综合应用个人经验法、头脑风暴法、专题会议法、数据分析法、征集意见法，合理确定问题、目标、标准、主体、对象、方式等，明晰存在的问题，提出预期的目标，采取匹配的对策，优化配套的资源，动静结合持续改进。

5. 课内 + 课外

推进课程诊改，提高育人效益，仅重视课内课程诊改是不够的。课程是育人的核心载体、是质量生成的关键环节，学校的一切活动载体都能让学生接受教育，课外课程的育人效果有时比课内课程的育人效果更好。我们在推进诊改的过程中，可以进一步延展课程诊改的覆盖面，将课外课程也纳入诊改对象，明晰这些课程的目标和标准，制订实施方案，形成学校课内课程高聚焦强刺激与课外课程全覆盖、润无声的育人闭环，提高立德树人成效。

6. 普适 + 拔尖

在推进诊改过程中，仅重视普适性的常规诊改是不够的，学校应在普适性诊改的基础上，根据不同发展阶段的实际，兼顾质量发展的平衡性、充分性和前瞻性，协同考量有侧重，确定年度重点诊改点，提高诊改目标和标准，强化高标准的拔尖性诊改，实现成效增量的最大化，打造标志性诊改成果。强化高标准的拔尖性诊改，实则是着力进行教师队伍的拔尖性建设，锻造出一批创新型团队，并产生一批高质量的教学改革成果，实现学校的高质量发展。打造标志性成果建设，表面上是标志性的，实际上是打造范例，产生示范效应，形成可辐射和推广的典型经验和做法，实现普适性诊改与拔尖性诊改并举，面上诊改、点上出彩。

"三力"叠加成力系,协同迭代保质量

为持续推动高等职业教育质量发展,我国针对高等职业教育发展不同时期的特点开展了侧重点不同的质量保证建设行动,形成了来自管理方的督导评估、他方的效果评估、职业院校的自我诊改的三股力量协同联动、迭代发展保证质量的格局。三股力量不是代替关系,而是有机衔接、协同作用形成"力系",系统驱动,从而推进职业院校高质量发展。

1. 自上而下的督导评估,牵引质量发展

在高职教育发展的不同时期,国家先后开展了人才培养工作水平评估、人才培养工作评估、社会需求能力评估,评估的侧重点各有不同,引导职业院校的内涵式发展。这种自上而下的督导评估,成为职业院校发展质量的牵引力。

人才培养工作水平评估。面对高等职业教育快速扩张,职业院校办学存在浮躁化倾向,2003年,我国确立了高职教学评估策略,以评促建、以评促改、以评促管,每五年实行一轮。2004年教育部办公厅印发《教育部办公厅关于全面开展高职高专院校人才培养工作水平评估的通知》(教高厅〔2004〕16号)(已废止),正式启动高职高专院校人才培养工作水平评估,当时评估的主要依据是2000年教育部发布的《教育部关于加强高职高专教育人才培养工作的意见》(教高〔2000〕2号)(已废止),评估内容侧重规范管理,一统化考量,关注自评材料和佐证材料。

人才培养工作评估。面对高等职业教育开始走内涵式发展道路，2008年，教育部正式出台《教育部关于印发〈高等职业院校人才培养工作评估方案〉的通知》（教高〔2008〕5号），评估的主要依据是2006年教育部发布的《教育部关于全面提高高等职业教育教学质量的若干意见》（教高〔2006〕16号），评估内容侧重内涵建设，差异化考量，关注自评材料和状态数据采集平台。评估不分等级。

社会需求能力评估。面对职业教育的供给侧结构性改革，适应社会需求，2016年，《国务院教育督导委员会办公室关于印发〈高等职业院校适应社会需求能力评估的暂行办法〉的通知》（国教督办〔2016〕3号），评估主要依据是《教育督导条例》，评估内容突出需求能力的适应性，还强调信息技术在评估中的应用。按照学校自评、省级主评、国家总评的程序组织开展，并将评估报告向全社会发布，接受社会监督。其中，国家总评是由国务院教育督导委员会委托社会第三方独立机构开展评估。

当下，我国高职教育聚焦办学基础能力、"双师"队伍建设、专业人才培养、学生发展和社会服务能力等方面开展督导评估。未来，评估政策中将会强化与专业认证的结合，将专业认证结果作为评估标准之一。

2. 自外而内的他方效果评估，推进质量发展

职业教育提升质量也需要社会监督。职业教育质量社会监督的第三方评估，是指由独立于政府和职业院校之外的具有教育评估资质的社会组织或机构对职业院校所开展的评估。第三方机构如麦可思教育数据公司、21世纪教育研究院、北京中思远信息科学研究院等，通过定期对职业院校运行情况、教育质量、教学质量、人才培养质量、就业追踪等内容进行综合评估，并将评估结果统一向社会公布，履行社会监督责任，促进职业院校的内涵式发展，成为职业院校自外而内的"推力"。

第三方评估以其特有的独立性、专业性与客观性实现"管办评"分离，发挥着独特的价值和功能，推进了职业院校办学质量的提升。同时，第三方评估在职业教育教学质量建设、专业认证、教育年报、现代学徒制试点等具体改革中也发挥了重要作用，为这些制度改革提供了大量客观的、公正的、中立的数据与文本，以推进职业教育的改革与发展。

3. 自内而外的自我诊改，内驱质量发展

高职院校经过二十余年的探索，已经发展到一个新的阶段。2015年，教育部办公厅印发《教育部办公厅关于建立职业院校教学工作诊断与改进制度的通知》（教职成厅〔2015〕2号），教育部职业教育与成人教育司发布《关于印发〈高等职业院校内部质量保证体系诊断与改进指导方案（试行）〉启动相关工作的通知》（教职成司函〔2015〕168号），启动内部质量保证体系建设诊断与改进，旨在实现职业院校高质量发展的自我革命。这种自内而外的自我调适，成为职业院校质量发展的内生动力。

开展内保体系诊改这一以学校为主体的质量提升行动工程，按照决策指挥、质量生成、资源建设、支持服务、监督控制五个系统，从学校、专业、课程、教师、学生五个层面，以校本数据平台为依托，建设完整且相对独立的自我质量保证机制，逐步形成全要素网络化的"五纵五横一平台"内部质量保证体系。

4. 结语

政府评估、第三方评估、自我诊改模式在实践中均有各自的局限性，但这三股力量形成合力，联动互补，迭代运行，则可以有效地系统推进质量发展。这三股力量中，自我诊改模式相对较为薄弱，急需培植壮大。围绕内部质量保证体系诊改，各高职院校要培育打造目标链、标准链，完善制度体系、优化方案，树立数据也是生产力的理念，推进智能化校园建设，发挥数据资产作用，加强质量监控和决策，做到自我学习、理性思考、系统谋划、探索线路、有效实践、总结规律，为推进诊改工作奠定坚实的理论基础，进而促进诊改的理念、思维渐入人心，诊改的方法、手段渐趋成熟，诊改的成效、绩效日趋增加。

基于电路理论的学校内部质量保证体系建设与运行

质量建设是发展现代职业教育的永恒课题，职业院校开展内部质量保证体系（以下简称内保体系）建设旨在树立质量强校意识，不断提升发展。内保体系是一种系统的技术和管理手段，在建设和运行的过程中可以借鉴电路理论的一些基本概念和定理。

1. 电路设计内容与内保体系建设内容

电子电路是为完成预期功能而系统设计的完备电网络，其主要内容是分析电路要实现的预期功能，并进行归类整合，明确输入变量、输出变量和中间变量；提出电路的功能要求，明确各功能块的功能及其相互间的连接关系，并做框图设计；确定或者设计各单元电路，确定其中的主要器件，整合各单元电路，确定全部元器件清单，做好级联设计，绘制详尽电路全图；根据调试与测试，优化电路设计；写出设计说明书或者设计报告。

职业院校内保体系建设是为充分发展教育质量而构建完备的"五纵五横一平台"体系，其主要内容是分析学校预期发展目标，明确形成宏观、中观、微观层面上的目标链；提出发展标准，形成标准链；设计实施方案，形成执行链、保障链；建立"8字形"质量改进螺旋，形成反馈链；依托信息平台，开展诊断与改进，形成信息状态链、对策链，优化治理内保体系；写出诊改报告，总结诊改工作及下一步持续推进诊改的打算。

2. 电路系统的动态响应和内保体系建设的动态优化

一个电路系统，在信号的激励下，电路中就有信号响应，电路就会从一个状态过渡到另一个状态，只要电路结构合理、元器件参数合理、输入信号合理，就可以有效实现电路达到预期的状态。开展内保体系建设，必须放眼世界，全面贯彻党的教育方针，落实立德树人根本任务，有效打造"两链一平台"，深化内涵式发展，就可以有效提高质量。

电路系统的响应的速度取决于电路的时间常数，而时间常数取决于电路结构和元器件参数。以内保体系建设应对外部环境变化和自身内涵建设的进程快慢，取决于学校的组织结构和参数的配置。一方面，需要加强组织资源建设，建立纵横协调、信息畅达、运转有序的组织结构体系；另一方面，需要加强配置资源建设，建立人岗相适、响应及时、有机衔接的参数体系。

电路全响应是零输入响应和零状态响应叠加的结果。对职业院校而言，在外部发展环境没有变化的时候应持续常规内涵建设，即零输入响应；在外部发展环境有变化的时候应主动对接和适应重大变化进行新内涵建设，即零状态响应；学校"常规内涵建设"+"新内涵建设"即构成学校全响应。要强化开放思维、优化治理体系、把握市场状态、明确培养目标、集成社会资源、调适专业布局、开发对接课程、改善保障条件、加强教学诊改、确保学校全响应运行，有效促进教育教学状态不断从现态到次态的螺旋轮回递进，从而持续提高办学能力和办学水平，不断发展质量。

3. 电路的"反馈"与内保体系建设的"8字形"质量改进螺旋

按电子电路理论，当电路网络引入"反馈"电路，即电路形成闭环。形成闭环的电路系统就能稳定运行，并可以设计不同的电路结构、选用不同参数的元器件，达到反馈的类型、功能、数量的不同，从而实现有针对性的显著改善。

在内保体系建设中，要保证工作质量的稳定和提高，需要系统设计和建立能自我调适的反馈环节，从而形成闭环系统。集成相关办学要素，合理设置组织机构，健全制度体系，优化事务流程，明晰工作规范，建立基于信息化手段的制度管人、流程管事、规范引导、数据说话、自我诊改的内部闭环治理模式（"8字形"质量改进螺旋），确保大小系统高效优质运行，实现教学质量的预测、预警、改进，使学校教学质量螺旋上升。

4. 电路匹配定理和内保体系建设绩效

按电路最大功率传输定理（匹配定理），电路输入和输出侧阻抗相等时，电路传输能量的效益最高。开展内保体系建设需系统有机协同融合，使供给侧和需求侧各要素配置相匹配，以求运行效率最高。

开展内保体系建设，要基于电路系统化设计理念进行系统化顶层设计，打造"两链一平台"，建立基于电路反馈原理的"8字形"质量改进螺旋，考量基于匹配原理的办学诸内外要素之间衔接匹配，从而实现系统动态运行的即时全响应。

把住"8字",有效推进内部质量保证体系诊断与改进工作

高职院校开展内部质量保证体系(以下简称内保体系)诊断与改进工作,具有鲜明的时代特征和历史意义。把住"8字",即把住诊改行动之"根"、行动之"源"、行动之"纲"、行动之"要"、行动之"基"、行动之"本"、行动之"术"、行动之"验",对充分发挥内部质量保证体系诊断与改进的功效,推进院校高质量发展具有积极的促进作用。

1.诊改理念是内保体系建设行动之"根"

根正,才能枝壮;根深,才能叶茂。开展内保体系建设必须扎根于教育思想,充分学习教育法规政策、教育理论,全面贯彻党的教育方针,遵循教育教学规律和人才成长规律,创新教育理念,举立德树人、服务发展之旗,走产教融合、特色发展之路,谋深化改革、创新发展之策,行两轮驱动、生态发展之术,达为国育才、质量发展之效。

职业教育以服务发展为宗旨,以促进就业为导向,服务人的全面发展,适应技术进步和生产方式变革及社会公共服务的需要,高职院校要以"服务发展,满足需求"为着力点推进内保体系诊改,不断发展质量。诊改要凸显以人为本,通过培育质量文化,树立人人都是质量发展的主体,持续激发对人才培养高质量的向往和内生动

力,持续提升人才培养质量,满足师生、用人单位和社会各方需求过程中的获得感和满意度。通过持续规范的自我约束、自我评价、自我改进、自我发展,建立并运行全要素网络化的内部质量保证体系,有效推进学校、专业、课程、教师、学生等层面的全面质量管理,这是诊改工作的根本出发点和归宿。

2. 诊改研究是内保体系建设行动之"源"

制约诊改水平的最主要因素是对诊改的学习和研究不够。职业院校在推行诊改的过程中,常常走在理论和实践的断层之间,理论有但不能上升到应有的高度,不能得心应手地指导诊改工作。实践每天都在发生,但有时候仅凭不适切的经验或感觉进行操作,没有理性地思考,也没有上升到理论,就会降低诊改的水平。

做任何事情,都需要加强理论研究,把握规律,理性思考,有效实践。为推进诊改工作的创新和高效运行,应加强诊改理论和方法研究,做到自我学习、理性思考、系统谋划、探索线路、有效实践、总结规律,达成有诊改理念更有诊改思想、有诊改知识更有诊改智慧、有诊改技术更有诊改艺术的高度,为推进诊改工作奠定坚实的理论基础,供给源动力。

3. 诊改规划是内保体系建设行动之"纲"

就目前而言,有的院校对诊改工作的顶层设计还停留在诊改方案层面,不足以体现学校长远规划部署内保体系的诊改工作。因此,各院校应重视诊改专项规划的系统设计,明确方向、目标、指标、计划、保障等内容,形成在未来一个时期开展诊改工作的纲领性文件和行动指南。制定内部质量保证体系规划的意义不在于开发一个"美丽"的文本束之高阁,而在于能实际指导各发展阶段的工作。因此,需要与时推移编制内保体系诊改建设与运行实施方案,对年度诊改工作目标要求、工作内容、方式方法、资源配置及工作步骤等做出全面、具体而又明确的计划。

4.诊改机制是内保体系建设行动之"要"

按照"需求导向、自我保证，多元诊断、重在改进"的十六字方针，按照基于质量的发展，抓住数据分析关键环节，确定诊改的目标，制定诊改的标准，谋划诊改的路径，组织诊改的实施，加强诊改的监控，反馈诊改的绩效，响应诊改的反馈，实现诊改的持续的建设思路，抓住诊改机制建设关键要素，引入反馈技术，系统设计和建立能自我调适的大小闭环系统，促进质量的稳定发展。

以发展质量为主线，聚焦教师和学生两个方向，推进链条体系、质量文化体系、运营数据管理系统三个建设，建立事前设计建标、事中实时监控、事后诊断改进的"8字形"质量改进螺旋的"1233"运行模式。合理设置质量保证组织结构，健全制度和保障体系，优化事务流程，明晰工作规范，建立大数据库，形成制度管人、流程管事、规范引导、数据说话、功能对应、数量充足的反馈系统。发挥信息技术优势，实现各工作区块的监测、预警并同步诊改，确保大小系统高效优质运行，形成教学质量的预测、预警和自我调适的内控机制。

5.诊改平台是内保体系建设行动之"基"

任何一所学校在运行过程中，无时无刻不在产生数据，日积月累就会产生海量的数据。建设智能信息化平台，盘活数据资产，系统考量科学研判，才能高效推进诊改工作。

数据是学校的重要资产，也是生产力。内保体系诊断与改进必须以信息化平台为基础，基本思路为以顶层设计为引领、业务过程信息化为关键、数据中心建设为核心，持续推进数据集中共享与开放应用。利用数据状态平台监测学校整体情况，利用教师发展中心监测团队教师培养情况，利用课程发展中心监测课程总体建设情况，利用科研创新平台监测教学研究情况，利用智能课堂监测课堂教学情况，利用教学管理信息系统监测课程运行情况，利用学生管理信息系统监测学生发展情况，全面实现质量管理监测、预警、实时改进。

6. 诊改文化是内保体系建设行动之"本"

对"诊改"的理解至关重要。可以把"诊改"理解为一种制度，也可以理解为一种手段，还可以理解为一种工具。无论怎么理解，"诊改"的重要价值都在于不断培育现代质量文化，并成为一种提高质量的自觉行为，且运转顺畅、高效。

人人都是质量保证主体。以专业为例，专业是培养学生的载体，涉及学校党委、职能部门和院系负责人、研究院所负责人、教研室主任、专业带头人、骨干教师、任课教师、辅导员、实训员、教学管理人员、学生管理人员、后勤管理人员、学生、合作企业人员等，任何一个环节的人员忽视质量问题都会产生负面效应，伤害到我们的专业建设与教学工作。加强思想政治工作提高诊改认识，加强学习和培训提高诊改能力，实施三全育人，将"质量文化"渗透我们的工作过程中，通过精神文化建设涵化质量意识，通过制度文化建设塑造质量意识，通过物质文化建设传导质量意识，通过行为文化建设彰显质量意识，不断激发全体师生的内在动力，持续推进诊改的力度、广度、深度、系统度、完美度，把内涵建设做到极致，在人才积累、学术积累、文化积累上不断创新而培养卓越人才。

7. 诊改方法是内保体系建设行动之"术"

诊改方法是推进内部质量保证体系运行状态变化采用的战术，需要把握诊改规律，强化系统思维、一体化思维、对比思维、逆向思维，通过对比分析、类比分析，把握诊改的关联关系，厘清诊改点上下与左右的链接关系、现态与次态的链接关系、措施办法与存在问题的链接关系、直接责任主体与管理责任主体的链接关系，并尽可能延伸和拓展，把住诊改的系统性、完整性、科学性，把宏观、中观、微观层面的目标链、标准链有机贯通，把运行过程中的信息链、反馈链、资源链、执行链、责任链进行有机衔接，从而将目标落地、落实、落细。

诊改既是个人行为，也是集体行为。具体实施过程中，根据诊改内容的难易和复杂程度，通过个人经验法、头脑风暴法、专题会议法、数据分析法、公开征集法等的综合应用，谋划诊改计划；从诊改逻辑起点出发，合理确定诊改工作的目标和标准、主体、对象、方式等；基于主客观因素，系统梳理诊改点过去、现在和未来发展数据，以及学校占位的横向数据，明晰存在的问题，采取匹配的对策，优化配套的资源，提出预期的目标。引入反馈技术原理，充分利用信息技术手段，实时监测、预警，关注目标的达成度、与标准的符合度、与流程的吻合度，保证诊改的科学性，实现预期的目标。

8.诊改复核是内保体系建设行动之"验"

诊改复核是上级教育主管部门对学校自主诊改工作有效程度的检验，诊改复核由教育行政部门委托专家组通过网上初评，以及现场听取汇报、查阅资料、访谈、座谈、问卷调查、实地考察等方式，采用抽样统计、对比分析、系统思维等方法，关注学校质量发展主题的目标链与标准链的啮合度，保障链与目标链的匹配度，执行链与标准链的衔接度，监控链与反馈链的互动度，以及诊改实施过程中的文化培育、运行机制建立、平台建设、诊改方法、目标达成等，考察分析学校、专业、课程、教师、学生五个层面上的各类结构性发展的全面性、整体性、持续性、周期性、动态性，以及利用动静螺旋原理自我调适的机制和能力，考量研判诊改的有效性。通过接受复核检验，可以获得较为系统的指导，助推职业院校高质量推进诊改工作。

教学工作中诊改问题的查摆与诊改目标确定的把控

开展教学工作诊断与改进是新时代推进职业院校高质量发展的重要抓手。从践行教学工作诊断与改进的实践来看，为数不少的诊改报告中，存在概念不清、逻辑不顺、主体不明、描述不细等现象，反映出对诊改要义的理解、诊改特质的认知、诊改要领的把握还不充分。本文就教学工作中诊改问题的查摆与诊改目标确定的把控作一些探寻。

推进教学工作诊改，分析查摆学校、专业、课程、教师和学生等层面问题，确定诊改目标和标准尤为关键。查摆问题的逻辑思路是对标对表目标链和标准链；查摆问题的方法是依据运行过程中的信息链按主题收集数据信息，从纵向和横向两个维度剖析执行链与保障链的硬件软件要素现状，找出差距和不足，以适时改进，推进质量发展；查摆问题的具体路径是根据学校事业发展规划、专项发展规划和子规划、单体发展规划和当年年度任务与以前年度任务表及其标准，并结合发展现状及当下改革与发展背景，采用适切方法，逐一查摆问题，并提出诊改目标及其标准、措施和预期成效。需特别注意的是，不要将建设发展目标与过程性诊改目标、建设发展标准与过程性诊改标准混为一谈，要处理好远期目标与近期目标、整体目标与局部目标、静态目标与动态目标的关系。

诊断问题时，应依据诊断主体的质量发展阶段目标和任务来确定问题，问题不是越多越好，也不是越少越好。例如，五年事业发展的总体规划、专项规划、子规划和单体规划制订，可视为周期性的大螺旋诊改，应全面系统化梳理问题与不足、经验与成效、机遇与挑战等，确定整体发展目标及标准，切忌颗粒化；阶段性诊改如专业、课程的三年诊改可视为周期性的大螺旋诊改，应按当年年度建设目标及标准，并结合三年来的总体建设和发展状况，系统化梳理问题与不足、经验与成效、机遇与挑战等，确定诊改目标及标准；年度诊改可视为周期性大螺旋诊改，应按年度目标及标准碎片化梳理问题与不足，确定年度诊改目标及标准，有序稳步推进，切忌大而全；动态诊改为小螺旋诊改，依据质量监控数据，对存在的颗粒化问题即诊即改。

事物总是发展的，学校发展目标、定位也应与时俱进，在确定诊改目标时，应适时调整优化。无论是大螺旋还是小螺旋诊改，诊改目标及其标准都应因事而化、因势而新，与时推移。例如，近年来，为推进职业教育现代化，国家提出了增强职业教育适应性、推进职普融通、探索中国特色学徒制、大力发展本科职业教育、建设技能型社会等要求；为提高学生素质结构质量，国家出台了关于加强德育、劳育、体育、美育评价改革等系列指导性意见，作为学校应全面响应和落实，推进诊改除了按原目标及标准实然，还须响应国家要求，优化和完善建设目标和标准，一般来说阶段性的诊改目标及内容不应低于原阶段性建设目标及内容。

解决问题很多时候需要各诊改主体的联动作用。因此，问题与不足的描述应层次化和具体化，如果描述过于抽象、模糊或泛化，容易造成一个环节的诊改主体包办一切，形成各诊改主体责任不清的状况，不利于问题的解决。各诊改主体要切合自己的主体责任来阐明问题和对策，主体间的表述要有逻辑关联性。作为具体责任主体的专业带头人和课程负责人，解决问题的措施和办法是形成可行性研究报告和解决方案,并按程序提交学校决策;职能部门或教学部门应组织论证;学校党委要根据可行性报告及论证情况做出决策,使问题得以解决,这既反映诊改责任主体行为,又反映决策主体行为,从而形成联动闭环。

关于课程诊改的若干思考

高等职业教育改革的落脚点在微观领域，微观领域改革越到位，教学质量就越能取得突破性进展。教学是人才培养的基石，课程是教学的核心载体，课堂是教学的主阵地，教师是教学的第一资源。在推进教育教学质量发展过程中，课程建设和教师队伍建设起决定性作用。

一、课程是教学质量生成的关键层面

课程是微观领域改革的核心载体。职业院校教育教学的一切载体可以归于广义课程，包含各类育人活动项目。课程链接着学校的培养目标与国家要求，链接着学校的专业培养目标与行业企业需求，链接着学校的课程教学目标与教师职业化追求，链接着学校的课堂教学目标与学生职业化成长需要。

课堂是微观领域改革的主阵地。职业院校教育教学的一切阵地可以归于广义课堂，包含各类育人活动场所。课堂链接着教师教课与学生学习，链接着教师职业成长与学生成长，链接着教师结构性素质培养与学生结构性素质培养。

把握住课程的关联关系，有利于把握住课程诊改的系统性、完整性、科学性，有利于把宏观、中观、微观层面的目标有机链接起来，更有利于目标的落地落细，课程是教学质量生成的关键层面，课堂是质量生成的关键环节。

二、教师是课程诊改的第一资源

教师是课程改革和课堂革命的主体，是撑起课程诊改这片天空的中坚力量。无论教育理念多么先进、制度安排多么合理、课程设置多么科学、资源保障多么到位，离开了教师，一切都是空谈。一名教师，只有把握好教学规律，上好每一节课、每一门课程，才能落实微观目标，从而集成为课程群教学目标；一名专业带头人，只有把握好专业建设规律，才能落实中观目标，从而集成为专业群培养目标；一名管理者，只有把握好教育规律，才能落实宏观目标，从而集成为学校教育发展目标。唯有教师在行动能力上匹配质量发展要求，才能最大程度地推动教育质量的发展。营造利于教师成长与发展的环境，应成为各学校治理的基础性工程、希望工程。

三、诊改是对课程的一种系统考量

要始终坚持以学习者为中心，为不同层次、不同类型的受教育者提供个性化、多样化、高质量的教育服务，促进学习者主动学习、释放潜能、全面发展。这是课程层面教学诊改的基本准则。基于这个基本准则，形成内外衔接的课程教学体系，以高水平的课程支撑教学高质量发展。在课程设置上，基于知识应用和未来发展方向的前瞻性构建课程体系；在教学内容上，基于学生全面发展和工作过程导向开发课程内容；在教学设计上，基于职场而非考场的逆向思维谋划教学方案设计；在教学模式上，基于校企深度融合实施工学交替高频运转、教育与培训的有效结合；在教学组织上，基于全过程、全环节供给"营养餐"，做到理论教学、实践教学、素质教育"三驾马车"并驾齐驱；在教学手段上，基于有效学习推行信息化教育和情景化教学；在教学方式上，基于个性化学习丰富教学形态；在资源建设上，基于职业岗位任职要求的适用性和先进性建设立体化教材体系；在教学评价上，基于养成教育做到结果性评价和形成性评价并重，建立多元化的评价机制。

四、课程诊改方略

课程诊改分为课程建设和课程教学两个方面。课程建设与课程教学内涵丰富，其中课程建设包含课程建设理念、课程建设规划、课程建设标准、课程建设实施方案等，课程教学包含课程体系、课程标准、课程设计、课程资源、课程评价、教材建设、课程思政、课堂教学、课程保障等。

（1）厘清课程诊改技术路线。基于课程的质量发展，要调研分析现状，制订计划，确定目标，制定标准，谋划方案，明晰路径，组织实施，反馈绩效，响应反馈，实现质量持续发展。

（2）厘清课程建设诊改"两链"。课程建设目标链涉及国家级、省部级的相关规划、方案，以及学校"十四五"事业发展规划、专业建设规划、课程建设规划、年度课程建设方案；课程建设标准链涉及国家级、省部级的相关规定、意见、要求，以及学校专业建设管理办法、课程建设管理办法、信息化建设管理规定等，具体包含课程标准、师资标准、资源建设标准、微课制作标准、试题库建设标准、新型态一体化教材标准、课程质量标准、课堂教学制度、课程诊改制度、实施运行监控制度、运行效果评估制度、职业岗位及规范标准等。

（3）厘清课程教学诊改"两链"。课程教学目标链涉及国家、省部级的相关规划、意见、方案，以及学校专业培养目标、课程教学目标、课堂教学目标，课程学期授课计划进度、整体设计与课堂单元教学方案等；课程教学标准链涉及国家、省部级的相关规定、意见、要求和行业国家标准、国家职业标准、X证书标准，以及学校专业教学标准、课程建设管理办法、专业课程标准、专业课程考核大纲、专业技能标准、专业技能考核大纲等。

（4）厘清课程现行状态。基于广泛调研，主要从课程定位、课程地位、发展历程、课程资源、课程团队、实验实训条件、学情与教情等方面分析优势和劣势，寻求对策。

（5）厘清课程诊改运行机制。课程建设和运行诊改的监测、预警、实时改进，必须建立在信息化平台上，利用教师发展中心监测团队教师培养情况，利用课程发展中心监测课程总体建设情况，利用科研创新平台监测教学研究情况，利用智能课堂监测课堂教学情况，利用教学管理信息系统监测课程运行情况，并分析改进。

（6）厘清课程诊改成效。课程建设诊改可以从"两链"打造，以及课程研究、课程地位、教材级别、教师技能比赛成绩、社会服务、课程资源、课程团队等方面的标志性成果，描述课程建设诊改成效；课程教学诊改可以从混合式教学、课堂活力、创意创新意识、课程思政渗透、课程成绩、学生与教师距离、学生技能比赛成绩等方面，描述课程教学诊改成效。

当今社会的发展日新月异，课程诊改永远在路上。我们要加强课程研究，理性思考，有效实践，落实立德树人根本任务，优化诊改绩效；动态对接职业标准、岗位标准与行业规范，优化课程内容；助力课堂教学，加大资源开发力度，丰富和优化数字资源；依托现代信息技术，丰富教学形态，优化教学方法和手段。

"四个"放大：深入推进教学工作诊断与改进散思

开展教学工作诊断与改进是国家促进职业院校高质量发展的一种制度设计。不少学者认为诊改为新时代职业院校提质培优提供了一种系统的思维导图和方法，是职业院校提高整体质量的一个法宝，是职业院校改善结构性质量的一种重要武器，是职业院校提高教学质量的一种手段，是推进职业院校持续发展的一股强大力量，坚信只要提高站位并持之以恒地推进诊改，其带来的质量效应将不可限量。深入推进诊改工作需要在脉络梳理、逻辑追寻、经验借鉴基础上系统探讨落实落细机制，从责任分配、目标设定、过程管控、考核反馈、条件保障等方面有效推进落实诊改的相关难题和困惑。本文以职业院校在推进诊改过程中存在的部分现象和问题入手，对"放大"微观层面诊改机制的建设、诊改目标及其任务的调适、聚焦关键变量的寻找、数据资产作用的发挥四个方面进行浅析。

一、微观层面诊改机制的建设要进一步"放大"

各职业院校基本建立了内部质量保证体系，能从宏观、中观、微观层面进行了体系化链接，但总体来说微观层面的机制性文件比例偏低。例如，办事流程、规范、表单少了一些，导致精细化程度不够，如果再丰富一些，既能规范工作，也能为将来把工作信息化进行二次开发奠定基础。再如，育人最前沿的核心载体是课堂，从学校诊改的制度来看，关于课程诊改的指导意见还需要具化，如果对课堂教学诊改做出细化的系统设计，强化课堂教学教案、课程单元设计与整体设计中目标、标准的精细化链接，将课程诊改范围延展到课外的"广义课程"，就一定能推进课堂革命的落地落细。"放大"微观层面的机制建设，其功效不可限量。

二、诊改目标及其任务的调适要进一步"放大"

各职业院校打造了"两链"，但由于事物的发展性，在推进诊改过程中确定诊改目标和任务，还需要与时俱进。诊改目标和任务的确定除依据目标链和标准链外，还要用发展的思维来刷新目标，丰富其任务，提高阶段性或局部性诊改目标及其任务要求，以保证先进性。例如，2020年以来，国家对教育提出了较多的新主张，颁发了关于加强美育、劳育、体育、教育评价改革、培训、科技创新等文件，提出了增强职业教育适应性、优化类型特色、建设技能型社会、强化职普融通、探索中国特色学徒制等主张，目的是补职业教育的短板，再加上新冠肺炎疫情对教育的影响，诊改的目标和内容要有所调整。在部分院校的专业和课程诊改报告中这些内容有缺失和或弱化现象，如果能将这些新变化嵌入，就能很好地传导国家意志和应变突发事件，增强专业和课程诊改的适应性。与时推移"放大"诊改目标及其任务的调适，其功效不可限量。

三、聚焦关键变量的寻找要进一步"放大"

诊改重点是关注"人"的发展。在推进诊改的过程中，找问题、定措施、话成效，需要牢牢抓住教师和学生的关键因素去找出问题、解决问题。例如，部分院校的课程诊改报告中，提出了课堂出勤率不高的现象，在问题分析、诊改措施和预期成效等内容中，聚焦"人"的因素的内容相对偏少，没抓住核心变量，大多是从客观因素中找寻原因，办法单一，拉低了诊改的效能。出勤率不高是现象，其本质是学生的学习态度，与学校（如课程设置科学性及考勤管理、成绩评定等制度）、教师（如教师人格魅力及课堂教学力、课程思政力、职业规划引导力等专业能力）和学生（如纪律意识、职业生涯规划意识等）三个主体因素有关。具体措施中，学校建立共处共生的环境，教师除通过加大考勤管理力度、加大平时成绩比重等常规手段外，更应在课堂教学艺术、课程思政、职业规划引导等"关键变量"上下功夫，从而端正学生学习态度，以获得提高出勤率的"最大增量"。诊改过程中，要聚焦人的主观能动性来思考并提出解决方案，其功效不可限量。

四、数据的资产作用的发挥要进一步"放大"

数据是学校的重要资产。没有数字信息技术和数据的应用，就很难有精细化和全寿命周期的管理，也很难有高质量的工作，因此，盘活数据资产能释放生产力。职业院校都建设了多领域的业务信息系统，也发挥了数据在诊改中的作用，但由于数据普遍存在离散状态的孤岛现象，给大数据应用造成障碍，难以支撑教学工作质量的诊改，不能很好地为科学决策提供可靠的数据来源，最终导致教学质量难以很好地实时监测和预警。如果将数据看作学校的重要资产，以编制"十四五"规划为契机而系统地进行顶层设计，以业务过程信息化为关键、以数据中心建设为核心，实现数据集中共享与开放应用，就能盘活数据资产，从而有效支撑诊改，其功效不可限量。

"五把"：深入推进教学工作诊断与改进的思考

教学工作的诊断与改进，已成为职业院校发展和提升办学质量的重要基础性工作，摆在了学校工作全局的重要位置。各院校在推进教学工作诊改过程中，由于诊改主体诊断的不充分，而致问题及其解决措施过于抽象和泛化。其表现为主体不明，方法针对性不强，落地落细的有效性不够，使得问题难以得到实质性的解决，甚至可能使得有些诊改点似乎成为死结。例如，某院校在三年的诊改过程中，对某一个专业诊断的问题都一样（涉及校企合作、教学团队、实验实训、考核评价四个方面），每年提出的诊改措施也都一样。也就是说诊断出来的问题始终没有得到解决，原因极有可能是诊断精细度不够。精细化推进诊改工作，需要把握整体、把定主体、把控结构、把守匠心、把好研究（简称"五把"）。

1. 把握整体，用系统思维精细诊断

以上述事例中的"实验实训"诊改为例来探讨精细化诊改，该专业带头人及其团队对实验实训诊断的问题是"实验实训不能满足教学要求"，应对措施是"完善实训室建设"，由于对问题和措施的阐述过于抽象，没有切实可行的详细方案，决策层不清楚具体意旨而难以决策，所以年年诊改只停留在纸面上。

导致实验实训不能满足教学要求的因素很多，从整体来看，专业发展态势、师资团队、学生规模、场地大小、设备的台套数、设备的损坏、新技术带来的设备或软件系统的应用升级、实训标准的科学性、实训运行管理机制等都将影响实验实训教学的质量。原因不一样，解决问题的方法也不一样，需要系统对症分析，而且还有可能提出的问题是"伪问题"。那些与质量发展没有直接关联的因素，例如，年龄偏大和工作任务重等问题不是影响质量的直接原因，还有用资金能即刻解决的问题等，都可归于"伪问题"，至少不属于影响质量发展的决定性问题。

2.把定主体，保持诊改主体不变来立论

本事例中，针对"实验实训不能满足教学要求"的问题，专业带头人及其团队提出措施是"完善实训室建设"，很明显，表述存在主体责任不清。实训室的建设和完善涉及多个环节和主体，各诊改主体要切合自己的主体责任阐明问题和对策，主体间的表述要有逻辑关联性。例如，专业带头人作为专业建设的具体责任主体，要对完善实训室建设提出具化的方案；院系负责人作为专业建设的管理责任主体，要对专业带头人提出的实训室建设方案进行论证。因此，作为具体责任主体的专业带头人可以将"完善实训室建设"表述为"调研形成可行性研究报告和方案（包括预算），并按程序提交给学校决策"，这种表述既反映了诊改责任主体行为，又反映了决策主体行为，形成联动闭环。

3.把控结构，关注微观层面的结构质量诊改

很多时候，描述问题和措施过于抽象和空洞，是由于关注微观层面的结构质量不够。人才培养目标的实现，关键在课堂这个微观层面，课堂教学活动是一个多因素动态调适、优化匹配的过程，需要把控教学活动中内容、资源模块与比例结构，有效提高教学质量。

例如，在实训教学过程中，线下与线上教学内容模块的结构和时间比例直接影响混合式教学质量、工作与学习内容模块的结构和时间比例直接影响工学交替教学质量、思政渗透与知识能力内容模块的结构和时间比例直接影响课堂教学质量、技术技能实践与劳动教育内容模块的结构与时间比例直接影响劳动教育的质量、教育与训练内容模块的结构与时间比例直接影响一体化课程教学及"1+X"改革试点质量、课内课程与课外课程内容模块的结构与时间比例直接影响三全育人的质量、就业与升学内容模块的结构与时间比例直接影响服务学生发展的质量。这些微观层面质量与结构的把控和调适有很大的关联，把控和厘清教学活动中内容模块与比例结构，有利于细化问题和措施的描述。

4.把守匠心，推进诊改工作落细落地

诊改过程中存在分析问题不深入，提出的诊改措施不具体的情况，需要在诊改工作中强化工匠精神。在诊改过程中强化党建思政的融入，推行"诊改＋党建"一体化，将党建工作与教学诊改工作统一起来，激发"人"对人才培养高质量的向往和内生动力，做追求卓越的"能工巧匠"，用匠心把工作做到极致，推进工作落细落实，提高诊改效果。抓党员先锋作用，促教师争先创优，落实双培工程和双带头人制度，促进师生提高认同感、获得感，在诊改实践中发展质量，增强使命感、幸福感。

5.把好研究，促进诊改理论和方法创新

诊断问题细度不够，措施针对性不强，出现了凭经验、感觉、逻辑推理和模仿来进行诊改的现象，可能源于研究不够，没有理论支撑。研究重在运行机制，即"制度＋方法"。在诊改脉络梳理、逻辑追寻、经验借鉴基础上系统探讨诊改落实机制，从目标设定、责任传导、过程管控、考核反馈、条件保障等方面回应诊改有效落实的相关难题和实践困惑，并尽可能延伸和拓展，把好诊改的系统性、层次性，达成诊改理念精微、设计精心、目标精确、内容精当、组织精细、方法精致、手段精准，得心应手地开展教学工作诊断与改进。

当下，我国职业教育进入高位爬坡、高阶提升、高维发展期，改革到深处，需要由"怎么看"转变成"怎么干"，将理念转化成行动，改革到哪儿，诊改就应到哪儿。推进教学工作诊断与改进，精准研判，精细问题和改进措施，最大化提高诊改效益，赋能提质，以质图强。

浅析学校文化的诊断和改进

学校文化具有非常丰富的内涵,可以见之于物质层次方面,包括校园环境、制度层次的各种管理规章、行为层次的公序良俗,也可以见之于无形的精神层次方面,包括学校的办学理念、办学定位、办学思想、传统精神、校训、校风、教风、学风等,推动学校发展的内在力量正是这些精神文化。优秀的学校文化,既是办好学校的重要资源、无形的资产,也是推进学校发展的生产力。

1. 学校文化的诊断

学校文化生成以后,需要在调查研究的基础上对学校文化的状况、特征、模式和类型等进行分析,找出学校文化所处的环境和影响力、优势和劣势、存在的阻力和障碍及其形成原因等,并进行有效调适,使其臻于成熟。

学校文化诊断的内容十分丰富,重点在其制度和方法。判断学校文化优劣的标准,在于其是否代表先进文化的发展方向,是否有利于调动学校教职工的积极性、智慧和创造力,是否有利于增强学校的凝聚力和师生的同心力,是否有利于提高教育生产力。简言之,判断学校文化优劣的标准,在于其是否推动学校整体高质量发展。

学校文化诊断可以通过设计和制定实施方案、整理和分析资料、评价和撰写报告等步骤来进行,实施过程中要善于透过表层的具体现象,找准切入点。例如,可从教师课前、课中、课后,以及对待评课、绩效考核的态度等常规工作现象入手,采用调查法、个人经验法、头脑风暴法、专题会议法、数据分析法、公开征集法等方法，来探究学校精神和价值观念等深层原因，分清是非，辨别轻重缓急，找准差距和不足，并提出改进意见，以促其完善和发展。

2. 学校文化的改进

学校文化和内外部环境要相互协调，当学校的内外部环境发生变化时，学校文化必然随之变化。

学校文化要与外部政策环境相协调。学校发展与国家的政策相关，国家政策发展，必然对学校文化有巨大的影响。如2018年，全国教育大会将我国教育方针中结构目标由"德智体美全面发展"调整为"德智体美劳全面发展"，契合了新时代崇尚工匠精神、崇尚劳动、崇尚技能的发展环境，各级各类学校应该自觉地根据这一变化，适当且及时地调整学校文化，将劳动文化培养纳入教育教学全过程，发挥树德、增智、强体、育美的综合育人价值。

学校文化要与外部经济环境相协调。社会经济活动是人类最基本的活动，经济基础决定上层建筑。作为"上层建筑"的教育，以及由教育决定的学校文化，应该与时俱进，与外部经济环境相协调，如学校探索股份制、混合所有制办学，教师也介入了经济活动，企业也参与了办学，必须发挥市场在资源配置中的决定性作用。学校文化必须对接产业文化、行业文化、企业文化、职业文化，办有文化的专业。这种变化就会引起学校文化的调整或整合，否则无法适应市场需求。

学校文化要与外部文化环境相协调。学校文化是一种微观文化，它必然受到社会宏观文化的影响和制约。因此，应不断优化，以便与外部文化环境相协调。曾经，学生信息来源单一，学校教育与社会教育方向基本相同，内容一致，因此学生的思想相对单纯；当下，学生信息来源多元化，学校的课程、活动、老师的谈心，都只是学生信息流中的一小部分，不足以覆盖学生通过别的路径获得的信息。社会生活的多元化，信息来源的多元化，必然使学生的思想观念多元化和价值观多元化。学校应强力塑造向上、向真、向美、向善、向前的学校文化，引领学生健康成长。

学校文化要与内部环境相协调。内部环境的变化，也必然导致学校文化的调整。学校内部体制、运行机制的变化必然引起师生的价值观、行为方式的变化；学校发展战略、奋斗目标的调整必然带动学校文化的整合；学校领导集体的变化必然对学校工作和学校文化产生影响；教职工队伍的变化，学生队伍的变化也必然引起学校文化的变化。学校应主动根据内外环境的变化，对学校文化进行及时整合，从而保证学校文化建设进入良性循环。

3. 学校文化的诊改策略

学校文化是学校内外环境交互作用的产物，应该随着内外环境的变化而发展。优秀的学校文化发展途径表现为文化的完善、充实、改良和重塑。发展学校文化的目的是提高师生的综合素质、提升学校的核心竞争力、更好地实现学校的价值。

审时度势，调适和优化学校文化。学校文化既需要传承，也需要根据内外部环境变化而更新。一是学校的外部环境方针政策、社会需求等发生了变化，学校文化必须适应环境的变化，否则，就会在日趋激烈的竞争中败下阵来；二是外部环境没有大的变化，但学校内部的条件发生了重大变化，例如，学校领导班子换届，学校工作发生大的失误，学校文化出现问题等，这些情况往往也是学校文化更新的契机。

发动群众，发展和更新学校文化。学校文化的变化，是群体中人员互动的过程，离开全校师生员工的共同参与和实践，学校文化的更新只能是一句空话。面对这种变化，学校应根据学校的办学方略、目标、办学模式、培养规格等发动师生开展讨论，形成新的共识，重塑学校文化。

积极实践，培育和塑造优秀学校文化。人们对客观世界的认识，总是经过实践、认识、再实践、再认识循环反复的过程，学校师生员工对本校校情的认识，对外部环境的认识，都不会是一次完成的，因此对学校文化必须在传承中进行反思、修改和完善。

时代在进步，教育在发展，在当今信息化的社会里，学校与社会的联系越来越密切，学校文化也具有鲜明的时代特点，学校要善于发掘出符合时代精神的崭新内容，发展和更新学校文化。

职业院校诊改信息化平台建设之思

数据也是生产力,是职业院校的重要资产。任何一所职业院校在运行过程中,无时无刻不在产生数据,日积月累就会产生"天量"的数据,动态科学地使用这些数据资产,有利于不断完善内部质量保证体系诊断与改进工作(以下简称诊改),提高教育教学质量。

1. 建设诊改信息化平台旨在提高诊改水平

早期,不少职业院校在推进教育信息化的过程中,因统一规划与设计不够,也没有规范信息标准,陆陆续续建设了诸多的来自于不同开发平台的局部性信息系统。后期,系统化的信息建设没有跟上,使得这些离散的数据无法实现互联、互通及共享,难以支撑教学工作质量的诊断与改进。

建设智能信息化校园,一般情况下不会把历史沉淀下来的信息化建设成果推倒重来,这就必须以顶层设计为引领、以业务过程信息化为关键、以数据中心建设为核心,实现数据集中共享与开放应用。在此背景下,建设对接学校信息化系统的诊改信息化平台能将离散数据按主题进行收集、整合、清理,并加以整理、分析、挖掘,辅助决策,对有效促进学校治理能力的提高和治理水平的提升,盘活数据资产,系统考量科学研判,有效推进诊改工作,保障学校高质量发展,具有十分重要的现实意义。

2. 建设诊改信息化平台不能独善其身

从自身建设来看,诊改信息化平台必须要解决以下问题:依托平台系统的系统性，可以有效克服碎片化做诊改，提高学校诊改工作的整体性；依托平台系统的大数据分析，可以有效克服凭感觉做诊改，提高学校诊改工作的科学性；依托平台系统的预测功能，可以有效克服被动做诊改，提高学校诊改工作前瞻性；依托平台系统的记录功能，可以有效克服依赖人脑记忆做诊改，提高学校诊改工作的持续性；依托平台系统的预警功能，可以有效克服事后做诊改，提高学校诊改工作的及时性；依托平台系统的动态数据，可以有效克服盲目做诊改，提高学校诊改工作的指向性；依托平台系统的扩展功能，可以克服封闭做诊改，提高学校诊改工作的开放性。

从关联建设来看，诊改信息化平台必须与学校已有的信息化系统和内涵建设需要新增模块相联通，这些关联平台大致可归纳为：利用数据状态平台监测学校整体情况，利用职教集团数据平台监测产教融合、校企合作情况，利用教师发展中心监测团队教师培养和成长情况，利用课程发展中心监测课程总体建设情况，利用科研创新平台监测教学研究、科技应用和转化情况，利用智能课堂监测课堂教学情况，利用教学管理信息系统监测课程运行情况，利用学生管理信息系统监测学生发展情况，利用绩效考核系统评价工作情况等，全面实现质量管理监测、预警、实时改进。

3. 建设诊改信息化平台要遵从教育规律

在学校内部质量保证体系建设中，诊改信息化是一种质量监控技术或手段，必须扎根于教育，遵从教育教学规律，遵从教育质量发展规律。目前，市场上开发诊改平台的科技公司较多，但令人满意的产品却较为稀缺，大多是将国家文件中的观测指标进行生硬"搬运"，要么是将观测指标机械分解，要么是将观测指标片面分解等。而诊改重点是关注"人"的发展，而不是"物"，通过培育质量文化、育人文化，树立人人都是质量发展的主体，持续激发"人"对高质量的向往和内生动力,使老师和学生自我激励不断思考、反思和改进工作,形成一种"自我感应"状态,这是诊改工作的根本出发点和归宿,也是平台构架的逻辑本源。

4. 建设诊改信息化平台需注意的问题

目前,市场上诊改信息平台比较多,但要开发出有生命长度、有内容宽度、有内涵厚度,并逐渐形成产品的品质、公司的品位、市场的品牌,需要注意几个问题。

(1) 诊改信息化平台的融合度要高。诊改信息化平台建设过程中,要以校企双方作为双主体,遵循国家文件精神,集聚科技公司和学校的人力、技术和文化资源,由懂教育教学规律的人员引导,懂信息平台建设技术的人员主导,校企融合培育有生命力的品牌。

(2) 诊改信息化平台附加值要高。教育教学是一个复杂函数,如果一个平台系统开发能充分揭示和反映教育教学过程中各环节因变量和自变量之间的约束关系及其丰富内涵,就能起到系统化的引导作用,即具备高附加值。

(3) 诊改信息化平台的前瞻性要好。既要能适应和满足学校现实的新型基础设施设备和管理水平,还要能前瞻性引领职业院校未来的发展,留下诸多接口。

(4) 诊改信息化平台的针对性要强。每所职业院校的发展水平不同,都有自己的实际情况,平台开发单位要充分对接院校信息化运行状态,紧密合作,开发有个性化的信息平台。

(5) 诊改信息化平台的响应性要快。随着职业院校的不断发展,需要随时拓展或优化功能,以保证匹配院校转型升级的时效性。

第八章 政策制度

职业高校"双高"建设计划的政策意旨

党的十八大提出"推动高等教育内涵式发展",十九大提出"实现高等教育的内涵式发展",从柔性"推进"到刚性"实现",对高等教育发展提出了新的要求。进入新时代以来,为加快建设高等教育强国,在以学科或专业为载体的高等教育区块,正在实施普通高等院校"双一流"建设、"双万"建设和职业高等院校"双高"建设等"拔尖性"建设工程,全面覆盖普通高等院校和职业高等院校。

2015年,针对国内重点普通高等院校,国家开启世界一流大学和一流学科建设(简称"双一流"建设计划)。"双一流"建设计划目标面向世界一流,打造高等教育强国,首批"双一流"大学建设共计137所,其中,世界一流大学建设高校42所,世界一流学科建设高校95所。

2019年,针对国内所有普通高等院校,国家开启1万个国家级一流本科专业点和1万个省级一流本科专业点建设(简称"双万"建设计划)。"双万"建设计划面向国内一流,聚焦本科专业点建设,在特色专业领域做精做强,打造一流本科专业,培养一流人才。针对国内所有职业高等学校,国家启动第一轮建设,开启50所高水平职业高校和150个高水平专业群(简称"双高"建设计划)。"双高"建设计划打造技术技能人才培养高地和技术技能创新服务平台,支撑国家重点产业、区域支柱产业发展,引领新时代职业教育实现高质量发展。

"双高"建设计划的提出,强化了职业高等教育的高等性、类别性、基础性,职业高等院校从"示范院校""骨干院校""优质院校"到"双高院校"是对职业高等教育认识上的进一步提升、理念上的进一步突破、地位上的进一步提高、政策上的进一步支撑。"双高"建设和"双万"建设、"双一流"建设一脉相承，是高等教育普及化时代，转变传统的"工程"和"计划"思维，职业高等教育和普通高等教育都是建设高等教育强国的基础。

"双高"建设计划按"两步走"目标，根植产业发展、推进产教融合、服务国家战略，着力内涵发展、提质赋能图强、为党为国育才，扎根中国大地、突显中国特色、形成"中国方案"，办出中国特色，跻身世界高水平，探索出一条中国特色的职业教育高质量发展道路。"双高"建设包括但不限于入选的学校和专业群，每所学校都应遵循高水平目标引领，找准自身发展定位，哲学思辨党务与业务、政府推动与市场调节、育德与育才、教育与培训、制度与方法、普适性建设与拔尖性建设、水平与特色、适应与引领、功利性与公益性、服务经济社会发展与服务人的发展、国际输入与输出、传统教育与现代教育、狭义课程与广义课程、显性教育与隐形教育、"1"与"X"技能证书等之间的关系，持续深化改革，强化内涵建设，聚焦"1个加强""4个打造""5个提升"（加强党的建设，打造技术技能人才培养高地、技术技能创新服务平台、高水平专业群、高水平双师队伍，提升校企合作水平、服务发展水平、学校治理水平、信息化水平、国际化水平）。

到2022年，形成一批有效支撑职业教育高质量发展的政策、制度、标准，列入计划的职业高校和专业群的办学水平、服务能力、国际影响显著提升，为职业教育改革发展和培养千万计的高素质技术技能人才发挥示范引领作用；到2035年，职业教育高质量发展的政策、制度、标准体系更加成熟完善，形成中国特色职业教育发展模式，一批职业高校和专业群达到国际先进水平，引领职业教育，迈入职业教育强国行列。

对标"三个规划",一孔之见话职教

2020年,是我国职业教育发展的重要节点,更是新时代职业教育承上启下的关键节点,是对标落实《国家中长期教育改革和发展规划纲要(2010—2020年)》《国家教育事业发展"十三五"规划》《现代职业教育体系建设规划(2014—2020年)》(以下简称"三个规划")收官之年,也是对标落实《中国教育现代化2035》《加快推进教育现代化实施方案(2018—2022年)》《国家职业教育改革实施方案》关键之年。

1."三个规划"执行情况

自2010年以来,我国职业教育全面贯彻党的教育方针,以坚持服务发展为宗旨,以促进就业为导向,以立德树人为根本任务,深化产教融合、校企合作,走内涵式发展道路,职业教育的发展不断从现态到次态螺旋递进,发展质量持续提高。

(1)"三个规划"执行调整情况。

对比"三个规划"和《中国教育现代化2035》《加快推进教育现代化实施方案(2018—2022年)》《国家职业教育改革实施方案》等文件,原规划提出的"到2020年,基本实现教育现代化""建设高等教育强国"调整为"加快推进教育现代化、建设教育强国""2020年教育现代化取得重要进展""2035年总体实现教育现代化、迈入教育强国行列"。

职业教育现代化是教育现代化的重要组成部分,建设职业教育强国是建设教育强国的重要组成部分,上述规划的调整同样适用并包含职业教育。

（2）"三个规划"执行概况。

对标"三个规划"关于职业教育的总体规划目标，自党的十八大以来，我国现代职教体系已基本成型，顶层设计日臻完善，供给侧结构性改革逐步推进，职业教育已步入健康发展的轨道。职业院校学生规模居世界之最，职业院校的办学条件大为改善，办学能力大幅提升，育人和就业质量不断提高，职业教育整体的社会形象、国内外影响和声誉等都有了显著改善。

第一，职业教育发展环境得到不断改善。进入新时代以来，为推进职业教育高质量发展，《中华人民共和国职业教育法》修订案基本落地，随后国家密集出台了一系列决定、意见、规定、办法、方案、准则、计划、通知，形成了推进职业教育大改革、大发展的组合拳，职业教育治理机制和体系基本形成。

第二，职业教育规模可以如期实现。规划提出，到2020年，中等职业教育在校生达到2350万人，专科层次职业教育在校生达到1480万人，接受本科层次职业教育的学生达到一定规模。以职业高等教育规模为例，2018年，专科层次在校生1133.70万人，通过进一步实施1∶1调控，以及2019年启动的高职扩招，达到专科层次的在校生1480万人的目标已经实现。其中，2019年高职计划扩招100万人，实际扩招116万人。近年来，开展了专本衔接试点、本科职业教育试点，本科层次职业教育的学生已经达到一定规模。

第三，职业教育结构趋向合理，院校布局和专业设置与经济社会发展相契合。我国高职院校基本覆盖我国全地市州、中职院校覆盖全县区，形成了与区域发展相适应，且数量结构与区域功能定位相匹配的办学格局；全国职业院校共开设近千个专业和近10万个专业点，基本覆盖国民经济各行业门类，专业结构分布与产业结构相衔接，专业与产业转型升级协调同步，为我国经济向高质量发展提供技术技能人才支撑。

第四，职业院校办学能力、服务力和贡献力显著提升。职业教育成为经济发展的"助推器"。职业院校以提高服务人的全面发展和区域经济发展能力为宗旨，契合国家和区域发展战略，动态优化专业群建设与改革，培养了一批适应社会经济发展新旧动能转换的技术技能人才；搭建服务平台，开展技术研发和推广、文化传承和创新，服务行业企业发展。正在成为当地离不开、社会认可度高，推进区域经济发展或行业发展的一支重要力量。

职业教育成为促进教育公平的"润滑剂"。职业教育网络体系日趋完善，实现了"人人有学上""家门口上学"；资助政策覆盖面更加广泛，让有意愿参加职业教育和培训的学生都能"上好学"，实现了"就业一人，脱贫一家"；职教集团化办学水平进一步提高，集团内院校协同发展，为学生提供更多的优质教育资源；共享性资源建设进一步扩大，一批共享性实训基地和专业教学资源库，为学生随时、随地、随需学习提供了多样化的共享性优质教育资源。

职业教育成为稳定和扩大就业的"造血器"。面向适龄学生招生培养，新增的技术技能人才有近70%来源于职业院校，中高职毕业生平均就业率、雇主满意度均在90%以上；面向企业员工、新型职业农民、退转军人、社区居民等人员提供线上线下教育和培训，助推学习型社会形成；在"精准扶贫"领域开展"扶贫、扶智、扶志"，提高就业能力。

第五，现代职业教育体系基本成型。我国已形成产教深度融合、校企协同育人、职普相互沟通、学段衔接贯通、教育和培训并举的职业教育发展的局面。具体表现在：推动全国新建地方本科院校转型，纵向上贯通中专本硕博的职业教育"直通车"，横向上融通职业教育与基础教育、普通高等教育灵活转换的"立交桥"，扩大进出职业教育机构"旋转门"的培训流量，激发教育链、产业链、人才链、创新链协同联动活力。

第六，职业教育现代化、国际化取得重要进展。教育的现代化既是管理、设施、手段、教师素质等要素的现代化，更是教育观念的现代化。近年来，职业教育以推进内部质量保证体系诊断与改进工作为抓手，提高职业院校治理水平，加大职业教育投入，加强新型基础设施建设，职业院校现代实验实训设施设备有较大改善，职业院校信息化水平不断提高。职业教育的理念不断更新，我国职业教育坚持以服务发展为宗旨，以促进就业为导向，以立德树人为根本任务，坚持"普适性"建设和"拔尖性"建设并举，强化供给侧结构性改革，对接国际职业教育发展，承办世界职教大会，参与世界技能大赛，开办鲁班工坊等，引进国际标准和输出中国方案。在学习研究国外发展职业教育经验的基础上，根据我国发展环境及自身条件变化进行创新，特色鲜明的职业教育集团化办学，成为世界职业教育发展的中国实践。大道至简的"1+X"证书制度改革，正在成为世界职业教育发展的中国智慧，成为走向世界的一张"中国名片"。

2. 加快发展现代职业教育的思考

职业教育现代化是教育现代化的重要组成部分。要在2035年总体实现教育现代化、迈入教育强国行列，到2050年建成教育强国的目标，必须加快推进职业教育现代化进程，提升职业教育的治理能力、服务能力、国际影响力，为建设职业教育强国奠定坚实基础。

第一，当前的职业教育治理的体系和机制基本形成，但加快职业教育以法制为基础的体制更加成熟定型、机制更加灵活顺畅的现代职教体系建设，还需要深度完善。

第二，当前的职业教育进入大改革、大发展的轨道，加快职业教育新旧动能转换实现高质量发展，还需要破解师资瓶颈和高位爬坡过坎。

第三，当前的职业教育规模已占据半壁江山，结构性优化也在不断推进中，但加快职业教育结构性转型升级，更加匹配未来科技发展趋势和市场需求，还需要全新诠释并行动。

第四，当前的职业教育促进了经济社会发展，但加快提升职业教育的服务力、贡献力、引领力，更加彰显社会价值，还需要高端赋能。

第五，当前的职业教育正朝着现代化迈进，从"做量、做大"转换到"做精、做强"，需要进一步深化教育教学改革，加强国际交流合作，提升职业教育国际化水平，使我国成为世界职业教育有重要影响力的国家，还需要高阶创新前行。

高职院校有效调控专业之思

当前，部分高职院校专业发展不平衡，存在一个专业"老大哥"、其他专业"小不点"的"一枝独大"现象。面对学校的生存和发展，需有效调适专业结构，形成多点支撑、各具特色、竞相发展的专业格局。

1. 持续优化专业调适机制

"适应"是高职院校保持长青的前提，先进性和前瞻性是高职院校保持活力的源泉。高职院校以促进服务发展为宗旨，基于教育链、人才链、产业链、创新链协同联动，形成与产业同步发展的专业群体系，服务经济社会发展、服务行业企业发展、服务人的全面发展。在国际视野下，根据国家发展战略导向，发挥市场状态引导作用，链接学生及家长、校友、企业、行业、地方政府、社区、同类院校、相关学术机构、第三方评价机构等因素并进行分析，建立能上能下的专业调适机制，实行专业动态调整和转型升级，不断优化专业结构和布局，主动适应和前瞻对接未来科技发展趋势和市场需求，增强专业对接能力，有利于专业的竞相发展。

2. 不断深化专业改革与建设

结合学校办学定位、办学条件等实际，开展产业研究，跟踪技术进步，对接就业岗位，进行能力分析，进一步明确专业培养目标。依托行业背景，突显办学特色，加强师资队伍建设、课程建设、团队建设、教材建设、资源建设、教学条件建设。走内涵式发展道路，不断发展专业质量，形成品质，增强专业服务产业能力，有利于提高专业影响力。

3. 进一步强化专业群建设

构建对接产业链的专业集群，建设链接行业、企业的系列专业群，可改变专业碎片化、教学资源割裂的现象，是学校主动适应当今社会转型升级的需要，是推进学校优化专业结构、发挥品牌效应、促进资源整合、形成育人特色的有效举措。按专业群招生，学生经过1年的基础培养，再根据双向选择原则在专业导师的引导下进行专业分流，有效拓宽学生的岗位适应性，提高学生职业竞争力，有利于专业的协调发展。

4. 稳步推进合作培养平台建设

职业教育以促进就业为导向，与有影响力的骨干企业组建双主体企业学院，按订单式、现代学徒制等模式招生、招工和培养，既能有效为企业发展储备人力资源，又能有效提高教育教学质量，有利于增强专业的吸引力。

5. 有序组织招生宣传

基于专业的特点、条件、师资、特色，对接市场需求，建立和完善专业建设常态数据库，在一定范围内公布专业建设成果、在校生人数、师资队伍设施条件、当年专业招生人数和第一志愿报考率、毕业生初次就业率、创业率、升学率、国际合作办学等相关数据，做到差异化宣传，有利于吸引学生报考和形成专业的多点支撑。

6. 充分利用国家招生政策

随着高职院校招生考试办法的改革完善，充分利用国家多元化的招生方式（如技能高考、单招政策），可以有效引导考生特别是非适龄考生报考国家需要的专业，还有"3+2"形式的中高职衔接和专本衔接，可稳定一些专业的规模。

7. 守望责任服务国家发展战略

高职教育与社会经济联系最为紧密，需要面向市场，但也不能把高职教育市场化。高职院校既要适应市场，又要超越市场，牢记使命，守住底线，彰显高职院校社会责任的应有之义。对接国家未来发展战略，主动适应经济社会发展需求和产业转型升级需要，适度超前部署战略性新兴产业和改善民生急需的相关专业，是高职院校的社会责任，更是一种担当，即使学生报考人数少，也要执着坚守，努力实现人才培养与人才需求间的结构性平衡。

浅谈专业课教学改革

职业院校以专业和课程为载体，组织教育教学，如何把握理论性和实践性双强的专业核心课程教学，夯实学生的职业素养，是每一位专业老师应深思的问题。

1. 专业课的特点

专业课程，除了基本理论，更强调它的实践与操作，主要具有以下特点。

（1）新概念多。专业课如"机电产品学"课程章节多，且各章节基本上是一个独立的专题，前后章节联系并不紧密。各章节中都出现了许多新的名词、概念，而这些名词、概念在前面所学的课程中大多数未涉及，没有预先或事后经过感性认识的深化，往往难以深入理解。

（2）综合性强。专业课往往综合了文化基础课和专业基础课的理论，既有专业知识、职业知识的特点，又涉及基础理论的综合应用。如"机电产品学"既涉及力、热、电、磁、光及其相互关系，又涉及经营和储运知识。

（3）实践性强。专业课的实践性强、涉及的内容多，靠死记硬背难以奏效。俗话说"百闻不如一见"，若能在工厂、流通部门现场让学生亲身感受，增加感性认识，不仅长见识，而且难以忘却。

（4）内容更新快。各行各业技术更新快已成为时代特征，由于新技术的不断进步，新产品、新材料层出不穷，而课本从编写到出版往往要经过一两年的时间，这就导致课本内容总是滞后于时代的步伐。

2. 对专业课老师的要求

由专业课程的上述特征，决定了对该类课程的任课教师有较高的要求。任课教师既要掌握基本的技术理论和方法，又要有基本的理论教学能力；既具备操作和处理问题的实际经历，又具备基本的实践教学能力。最终成为一名名副其实的"双师型"教师。

具备实践能力。专业课教师必须具备一定的实际经验，到企业一线实际工作中锻炼2年以上或2个生产周期。目前绝大部分在校教师是从就读学校到就职学校，虽然具备了一定的基础理论和基本方法，但对实际遇到的问题，自己还处于一知半解状态。现实中有些老师授课时，学生反映是照本宣科，究其原因就是教师本人亲临现场少，授课时不能结合实际，死背讲稿而致。学校可以组织专业教师参加专业技能培训、到企业第一线实际工作、参与企业应用技术研究、参与校内实践教学设施建设或提升技术水平的设计安装工作等手段来提高其实战能力。

重视教学与生产对接。教学与生产是相辅相成、相互促进、相互补充的，只有将教学与生产实际相结合，才能使我们的教学切实对接生产实践。在职业院校，教学与生产实际脱节现象是较严重的，"两张皮"现象还普遍存在，这就违背了职业教育的发展规律，未能体现职业教育的根本特征，影响职业教育的质量发展。

实现两个转变。其一，必须由传授知识向全面培养职业素养转变；其二，教学必须由经验型向科研型转变，经验只是适用于特定时期、特定环境。面对新时期的学生的特点，要围绕生源素质结构不平衡、不充分的现实，给我们的教学观念、施教手段、课程设置、教材内容的增减、培养目标等诸多问题加以探索和研究，以达到切实提高教学质量和教学效益的目的，使我们的教学经验得到升华。

加强两方面学习。第一，专业教师必须加强教学法学习，特别是现代科技应用学习，能熟练地掌握信息化技术和使用现代化教学工具。充分利用现代化的教学手段，是解决实验实训设施不足，短时间内提高教学效益的有效手段。第二，专业教师必须经常地、广泛地阅读国内外资料，收集情报信息并整理，将新技术、新产品、新材料、新标准等渗透到教学过程中去，既开拓学生的知识面，又弥补教材滞后的现象，还能提高学生的学习兴趣。

3. 专业课教学探索

专业课的教学组织，既要遵循教育教学规律，也要发挥市场规律作用，以适切的教学组织推进教学改革。

抓住基本方法。基本方法是经过千锤百炼、无数次实践证明是可靠的方法，教师应重视学生学习基本功的培育，多途径夯实基本知识和基本方法的训练。当然，事物是不断发展和前进的，基本知识和基本方法的内涵也需要与时俱进。例如，在知识内容上，适度介绍新技术、新工艺、新材料、新产品及发展方向，引导学生拓宽视野；在方法训练上，引入先进的科技手段，引导学生开拓思路，培养创新意识，激发学生的兴趣。

加强实践教学。做好实践性教学对提高学生的感性认识和动手能力可以起到较好的效果。作为专业课老师应统筹安排教学与实习内容，例如，"机电产品学"的基本理论和基本方法应在课堂上或讲授或研讨，产品结构可通过电化教学、解剖实物或参观生产工艺过程等教学手段解决，商品的验收、堆垛、保管保养等可结合现场讲授；产品的使用可安排实操解决。教学环境的变化、教学手段的丰富非常符合学生好动好奇的心理特征，所以往往能起到好的效果。一般来讲，参观实习以教学过程中有选择地拟定与专业密切相关内容，参观生产工艺过程、仓库、展览会等时宜请相关人员讲课、做报告效果好，时间上可依进度、依外界条件进行；相关的单一技能的训练应安排在各章节中进行；安排以项目或真实任务为载体的生产实践，时间依据生产周期特点进行生产实训，或依据生产的要素创设情景组织生产性实训。

多用图表教学。有些专业课，教师授课时感到枯燥无味，学生听课缺乏耐心。实践证明，适当采用图表形式讲授有关内容对提升学生学习兴趣行之有效。

图，就是挂图、示范图或框图，如电动机的结构与原理本是很枯燥的、死板的，但若按图11的电动机转动动力示意图来讲解，就能调动学生学习的积极性，并有启发性。

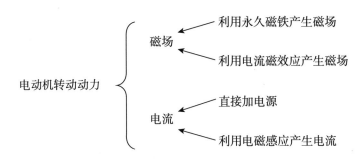

图 11　电动机转动动力示意图

围绕上述示意图进行组合，结合实物既能讲清所有电机结构、原理，同时还顺便给出了电机的设计思路和革新方向，实乃一举多得。

表，就是讲课中，对某些产品材料的特点和主要作用，综合地采用列表类比、对比的方式，让学生从对比中找出特征，从而有效地防止知识负向迁移，提高识别产品的能力，强化记忆，让学生从类比中借助于较熟悉、较形象的知识去理解新的知识，促进知识的正向迁移，帮助学生梳理教材内容，抓住规律，使教材由"厚"变"薄"。

注重案例分析。在社会实践中遇到的问题多种多样，对这些问题进行分析，就是案例分析。通过案例分析教学有利于学生从被动接受到主动学习，有助于学生消化理解理论知识，提高理论联系实际的能力，从而培养学生的应变能力、动手能力、解决问题的能力，使学生更加深刻体会到实践过程就是基本方法的综合应用，进而调动他们学习理论知识的积极性、主动性、自觉性。

改革教学手段。以计算机为手段来组织教学可以使整个教学过程运用文字、图形、图像、动画、音频及交互网络方式，呈现教学内容，形成图文并茂、动静结合的教学环境，增加学生获取知识的来源，加强学生记忆的持久性，充分发挥学生认知主体的作用。如在"机电产品学"变压器的教学过程中，运用CAI技术教学，既形象生动，又能互动，看得见、摸得着，还能分析变压器在运行过程中可能出现的各种故障，更有利于理论联系实际。

重视德育渗透。德育渗透是将思想、观点、精神、情操等有意识地扩散、影响、迁移、传递给被教育的对象，使之在潜移默化中接收、融通。在教材中为思想品德教育提供了丰富的素材，涉及思维方法、科学精神、思想等内容，辩证法、美学性等因素蕴含在具体内容之中。应从整体上把握知识和能力结构，理出思想教育的脉络，形成思政教育体系，既从宏观上保证德育的基本内容，又从微观上有计划、有目的地通过知识和技能教学，使智育、德育两者巧妙结合，融为一体，教书育人做到相得益彰、事半功倍。

发挥考评杠杆作用。实施考评主体多元化、考评路径多元化、考评内容多元化。例如，在考试中加大面试或现场考试成绩，引导学生自觉加强实际动手能力的训练；加大平时成绩比例，引导学生注重平时的学习；加强学习态度的考核，促进学生良好行为习惯的形成；加强德育考核，引导学生成才更成人；丰富考试或成绩认定形式，引导学生多途径成才，考试形式除了笔试，还可以组织面试或实操，或对取得社会认可的各类职业技能等级和水平考试证书、国家自学考试、各级专业技能竞赛获奖、公开发表相关文章（论文）、发明创造等实行免试。

高等职业院校实行学分制的分析与思考

实行学分制与弹性学制是职业教育教学组织和管理的重大改革，是全面推进素质教育，深化职业教育教学改革的必然趋势，也是职业教育适应社会发展的客观要求。学分制是一种有别于学年制的管理制度，实行学分制利大于弊，在实行学分制的过程中出现问题，也大都是管理不到位引起的，各院校实施真正意义上的学分制管理还需要深入探索和推进。

1. 学年制与学分制的比较

（1）学年制特点。

学年制规定了学习年限和统一的必修课数，强调对教学过程和目标的集中统一的管理。学年制的教学计划非常细致。从课程设置、上课、实验（训）等时间的分配、课内外比例、周学时数、总学时数及其他各个教学环节等都有详尽的规定和要求；每一学期或学年对学生的学业情况进行统计，及时处理升留级等学籍问题；每学期必须通过每门课程的重重关卡。学年制是一种刚性的教学管理制。

（2）学分制特点。

学分制以学分作为学习量的计算单位，在教学过程中允许学生自主选修课程，以取得所选课程的总学分作为毕业的标准。学分制采用较为灵活的过程管理方式，是一种更适合学生个体差异的弹性教学制度，使得学生能根据自己的兴趣、爱好、能力及其他因素，自主地选择专业、课程、任课教师、授课时间、修课门数。这样学生既可以适当调整学习内容、速度和方法，又可以优化自己的知识和能力结构。另外，学制的弹性化也是学分制的一个特点，是学分制适应学生个体差异这一本质特征的具体体现。例如，学习能力强的学生可以提前毕业；学习能力差的学生则可根据自身需要放慢学习进度，延期毕业；经济境况欠佳的学生可以离校打工，挣足学费后再继续学习。学分制是一种柔性的管理制度。

2. 实行学分制的利弊分析

（1）实行学分制的意义。

第一，通过学分制可以促进教育观念的转化，进而引起教育思想、办学体制、管理体制及课程内容、模式等一系列的深层次变革。

第二，学分制体系有利于实现弹性选课，较易实现教学计划的调整；有利于优化课程结构、变专向性的单一工种、单一职业的课程结构或大而全的课程结构为多向性的"活模块"课程结构，更加灵活设置专业课程；有利于专业改造和专业建设，也是培养复合型人才的重要途径。

第三，实行学分制，学生可以根据自己的兴趣、爱好、能力及其他因素，自主地选择专业、课程、任课教师、授课时间、修课门数，使教学促进学生的个性发展，有侧重地构建自己的知识、技能和能力结构，适应学生继续深造和就业的需要，为学生充分发挥自己的才干提供条件和空间。如针对基础差异较大的学生，在学习一些难度较大的理论课程时，采用A、B两个层次的教学，教学效果更好。这是因材施教、因人施教、分层教育等的一种充分体现，也符合学校的教育要面向全体学生的原则，在不同的层面上教育学生使我们育有所获、育有所成。

第四，随着学校生源的多元化，岗位就业、自主创业、稳定就业、入学深造已成为职业学校学生毕业后的多种选择，在学什么和怎么学方面希望有更大的选择权和自主权，通过学分制可较好满足。

第五，学分制给学生更多的学习自主权，有利于学生批评性思维、逆向性思维和发散性思维的发展，有利于学生创新精神的培养，这些思维对学生创新精神的培养是十分有利的，也是知识经济对人才培养的要求。

第六，"教大于学"是传统的教育方式，实行学分制更有利于激发学生学习的主动性和积极性，是教育改革的发展方向，有利于"教大于学"向"学大于教"的转变。

第七，实行学分制有利于促进教师努力钻研业务，教学效果好的教师，听课的学生多，这可以激发教师的工作热情和敬业精神。为保持好的教学效果，教师会不断改进、改善教学方法，进一步提高教学效果，做到教学相长。

第八，实行学分制有利于促进办学条件的进一步完善，有利于推进师资力量的进一步提高，有利于促进管理水平的进一步提升，有利于充分挖掘教育资源，有利于发展新兴学科和边缘学科。

（2）实行学分制可能出现的问题。

第一，教务工作的难度和工作量增大。实行学分制，必修课和选修课之间的合理比例较难精确确定，课程的安排和计划的制定处在经常的调整之中，从而带来教师、教室、学生之间的协调难度大；学生成绩注册归档、考试的组织等工作由阶段性工作变为经常性工作，对教务管理人员的素质和敬业意识提出了新的和更高的要求。

第二，学生管理难度增大。学年制的教育是各班学生固定在一个班学习，而选课制的实行使学生的流动性大，给以班级为基础的学生管理带来较大的难度。

第三，教育资源不平衡。实行学分制后在分选课和任选课中可能出现某个模块或某些课的修读人数较少，导致教育资源不平衡。

第四，学生知识结构的系统性、完整性、连续性可能有所减弱。

一些学生可能片面地追求学分而不顾专业知识的系统性和完整性；一些学生还会在选课时出现盲目性和摇摆性；一些学生在离校一段时间后再返校学习，学习知识时会出现不连续性。

综上所述，从一方面来讲，即使在实行学分制的过程中出现问题，也大多是管理不到位引起的。从另一方面来讲，只有办学条件好、师资力量强、管理水平高的学校，才能较完善地运行学分制平台。如果达不到运行学分制平台的条件，那么在实行学分制的过程中必然会出现一些问题。

3. 实施学分制的思考

（1）改善办学条件。

加大对教学和新型基础设施的投入，不断提高信息化管理水平，加大师资的培训力度，有计划、有系统地培训教师，这本身是教育发展的需要，也是"为了学生一切，一切为了学生"办学理念的具体体现。

（2）制定新的培养方案。

编制人才培养方案是一项系统工程，也是实行学分制的关键。根据职业院校的培养目标，应设计好必修课和选修课（含分选课和任选课）。综合国内外经验，初期探索时，必修课、分选课和任选课之间的比例在学分上为 5∶3∶2，在课程数量上为 4∶4∶2。这样培养出来的人才有可能将知识轴线和技能轴线贯穿在每一类课程中。对必修课，要注重"精"；对分选课，要注重"实"；对任选课，要注重"活"。

（3）制定配套的制度。

提高管理水平，除了执行国家教育部门的政策，还应制定《学分制成绩考核办法》《学生选课细则》《学生学籍管理实施细则》等制度。以《学分计算方法》为例，学分是衡量学生学习分量和学习成效的单位，学分的种类要充分体现立德树人的根本任务，至少要设置课程类学分、技能类学分、获奖类学分、品行类学分、活动实践类学分、劳动类学分、创新类学分、校外实习学分等。

（4）成立选课指导小组。

选修课并不是由学生盲目挑选，而是在教师的指导下进行的。学校于每学期的第14周张榜公布选修课的名称及其内容、任课教师及其基本情况，学生或家长于第14—第17周到指导小组咨询，确定课程名称及任课教师，由学生、家长及指导教师签字后在选课指导小组报名登记。报名登记后，原则上不得变更。这样可以避免学生选课时的盲目性、摇摆性和任意性。

（5）取消补考、清考制度。

以往尽管对补考、清考有严格规定，但在具体执行的过程中会有意或无意地降低要求。取消补考、清考制度，实行重修制度，有利于提高文凭的含金量。

（6）循序渐进、有效推进。

学分制有完全学分制和学年学分制之分。完全学分制是一种更加开放、更加灵活的教学管理制度，是学分制的最终发展方向。但对整体办学水平还需要提高的高等职业院校来说，学分制的步子不能迈得太大。在高等职业院校实行学分制是我国教育发展的必然趋势。毫无疑问，学分制是对传统教育观念的挑战和革命。然而，观念的转变是一个渐进的过程，加之各个院校的基础参差不齐，所以探索实行学分制，要加强学习与研究并系统化提高管理水平，方能有效发挥学分制管理优势，提高人才培养质量。

刍议弹性学制的实施

所谓弹性学制,狭义的定义是指学习内容有一定选择性、学习年限有一定伸缩性的学校教育教学模式。弹性学制是学分制的演进,也是学分制的另类发展和表现。固化的模式、手段、方法、方式等,有效提高教育教学效果起到了很好的促进作用,但由于生源多元化导致的生源素质结构上的参差不齐且差异较大,既需要学制的弹性化,更需要研判学情和教情,基于培养目标和标准不降的前提,在传承好的做法基础上,创新突破,盘活资源,因材施策,灵活采取多样化的、适切的教育教学模式、手段、方法、方式,做到刚性与弹性的有机融合,有效提高质量。

1. 实行弹性学制需要建构制度体系

认真研读相关文件精神,把文件中的新提法、新模式、新理念、新要求、新措施等转换成适切实际的新理念、新思路,完善《学分制管理办法》,制定《学分认定积累与转换办法》,编写《编制弹性学制的人才培养方案的指导意见》等,对实行弹性学制做出顶层设计和系统化规定。

2. 实行弹性学制需要做到四个聚焦

一是聚焦标准"严监督"。建设信息化管理平台,开展全过程全方位实时动态的数据采集、分析和监测,形成事前设计建标、事中实时监控、事后诊断改进的"8字形"质量改进螺旋,达成弹性学制高效优质运行，落实"标准不降、模式多元、学制灵活"的原则，确保课程不少、学时不减、标准不降、质量不低。

二是聚焦管理"激活力"。弹性学制是一种更加适合学生个体差异的教学制度，也是一种较为灵活的过程管理方式，也是职业教育适应社会发展的客观要求。实行弹性学制必须研判学情、教情、校情，聚焦高水平管理，建立机制，完善绩效考核，激发活力。

三是聚焦发展"强能力"。推进教师教育理念、教学观念、教学内容、教学方法及教学考核评价等方面的变革，构建教师岗前培训、在岗培训、转岗培训、专项培训体系，分类分层培训，提升教师教学能力，并将因材施教能力纳入教师发展的重要指标。

四是聚焦教材"建资源"。建立广义教材概念，除传统纸版教材外，还要将实体教材、网络教材、新鲜生动典型的生产案例等纳入教材范畴一并开发并管理，推进信息化教育形态，形成个性化的、活页式、工作手册式、模块化的立体化教材体系，适应多样化的学生职业生涯目标。

3. 实行弹性学制需要做到教学组织模式灵活

加大校企融合力度，由学校教师和企业管理人员、技术人员联合教学，灵活采用岗位学习与课堂学习、线上学习与线下学习、集中学习与分散学习、授课辅导与自主学习相结合等方式，来组织教学。

组织教学既需要在传统的教学环境中传授知识，也需要在真实的工作环境中真题实做；既需要在虚拟的工作环境中模拟实训，也需要在实训场所中实操训练。作为教师要善于根据不同的教学内容和学生实际情况选择匹配的教学，灵活采用实学、师学、书学、网学、研学的组织形式，灵活地选择地点和媒体。例如，工种训练项目，采用直接实操，其效果最佳；未来新技术项目、复杂项目、生产周期长的项目、受外界较多因素影响的项目，采用仿真模拟训练再辅以真实场景实训,就能产生很好的效果;有些课程内容如理论知识的学习,通过老师面授或主导的集体探讨效果较好;有些课程内容如概述性或拓展性的知识,通过自学写读书笔记或心得效果较好;有些课程内容如综合化项目课程,可通过研读、研讨学习的效果较好。

4. 实行弹性学制需要做到因材施教方式灵活

因材施教是职业教育办学的基本遵循,从学生的实际情况、个别差异出发,有的放矢进行有差别的教学,建立"目标多样,路径多条,自主选择,因材施教、因材施训"模式,适应多样化的学生基础水平和职业生涯目标。坚持因材施教、因材施训,以逆向推广项目教学、情境教学、工作过程导向教学、线上线下混合教学等教学方式,促进自主个性化学习。在实施分层分类教学组织的过程中,在做好调研分析的基础上,把学生分成两个或三个层次组班教学。但对于学生数量过少、规模过小的专业,可以灵活变通实施方式,根据学生素质结构的差异,组建由老师、企业人员和基础较好的学生组成的团队,对不同基础的学生开展有针对性的指导。例如,由品学兼优的学生带没有基础或基础较差的学生,由老师或技术人员带基础较好的学生,促进每个学生获得各自最佳的发展。

5. 实行弹性学制需要做到考核评价方式灵活

对标人才培养目标和标准,一方面,综合运用考试、综合评价、技能测试等多种方式,分类对学生的学习成果进行考核评价,将过程学习态度和质量、实验实训、集体研讨、创意创新、取得技能等级证书、获奖奖项、正能量事项等纳入考核;另一方面,建立较为完备的学分体系以适应生源多样化带来的多样性特点。对取得社会认可的各类职业技能等级和水平考试证书、国家自学考试、学校的跨专业考试、各级专业技能竞赛和文体比赛获奖、公开发表相关文章（论文）、获得各级技术能手或技能名师称号、获得各类荣誉、参加公益活动（好人好事）、发明创造（如专利、工法）等可转换获得相应学分。

职业院校推行"1+X"证书制度改革的再思考

《国务院关于印发国家职业教育改革实施方案的通知》(国发〔2019〕4号)提出,在职业院校、应用型本科高校启动"学历证书+职业技能等级证书"(即"1+X"证书)制度试点工作,鼓励学生在获得学历证书的同时,积极取得多类职业技能等级证书。

1. 对"1+X"证书制度改革内涵的再理解

现代职业教育本征发展是实现教育和培训的完美融合,"1"突显的是教育功能,即培养德、智、体、美、劳全面发展的社会主义建设者和接班人;"X"突显的是职业功能,即培养高素质的劳动者和技术技能人才。"1"和"X"二者之间不是简单的并列关系,而是育训融合、互相渗透,是一项全新的制度设计。在"1+X"证书制度中,"X"证书被赋予学分,配套建立国家职业教育学分银行、学分与学历相融、证书与文凭相通、技能等级与国家资格相对接等,所有这些新内涵都是"双证书"制度所没有的。理解推行"1+X"证书制度,有利于引导职业院校围绕"三个对接"全面推进教育教学改革,全面推行德技兼修、育训结合、知行合一。

2. 对"1+X"证书制度改革意义的再认识

施行"1+X"证书制度改革是推进职业教育大改革、大发展的治理行动，可以有效提高职业教育的整体质量。施行"1+X"证书制度改革是贯彻《中华人民共和国教育法》和党的教育方针，培养德、智、体、美、劳全面发展的社会主义建设者和接班人的体现；是贯彻党的十九大精神，完善现代职业教育和培训体系，深化产教融合、校企合作的体现；是职业教育培养身心和谐、德才兼备、知行合一的创新型、复合型技术技能人才的体现；是构建现代职教体系"纵向直通车+横向立交桥+培训旋转门+环境生态圈"的体现；是职业教育产教融合发展模式下教育对接产业的体现；是院校校企合作办学模式下院校对接行业企业的体现；是院校工学结合人才培养模式下学习对接工作的体现；是工学交替教学组织模式下学业对接职业的体现；是一体化教学模式下理论对接实践的体现；是课程教学内容对接岗位的体现；是课堂教学过程中课堂对接车间的体现；是职业院校教师必须具备执教能力和执业能力的双师双能型教师要求的体现；是办学主体多元化（院校是主体、企业是重要主体）的体现；是职业教育专业教学标准体系和技能证书标准体系并举的体现；是专业教学标准从校级到国家级层次化的体现；是人才培养终身化，证书可以纳入学分银行，促进学分积累与转换的体现；是人才培养国际化（"X"技能证书对接国际职业标准，对接外企和外向型企业）的体现。

3. 对"1+X"证书制度改革行动的再思索

《国家职业教育改革实施方案》提出，职业院校职业技能等级证书的实施由教育部负责，技工院校职业技能等级证书的实施由人社部负责。这对于教育系统院校推进"1+X"证书制度改革是不可多得的政策支持。

2019年2月，教育部提出，学生自主选择参加职业技能等级证书培训与考核，不作为学生毕业的限制条件。获学历证书是"规定动作"，获技能等级证书是"自选动作"，职业院校推行要有策略。教育部还提出一个新概念——新型证书，学历证书＋多个职业技能等级证书即"1+X"证书。鼓励学生"积极取得多类职业技能等级证书"，有利于培养复合型技术技能人才，但过于强化有可能从一个极端走向另一个极端，即由"重教育轻培训"变为"重培训轻教育"，出现片面"考证热"，把职业教育"庸俗化"。推行"1+X"证书制度，一定要谨言慎行，积极、稳步、有质量地实施，把握住"含金量"，不可搞"运动式"的推进，适切学校、适切学生。

高质量的教育能管未来，高质量的培训能管当下，高质量的教育和高质量的培训融合并举，既管未来又管当下。高职教育深化内涵建设与改革，实施"1+X"证书制度改革，必须在培养学生的全过程中始终将"知识、能力、素质"作为"每日三餐"的有机营养成分一以贯之。在实际教育、教学过程中处理好理论教学的基础性、实践教学的应用性、素质教育的渗透性，形成职业院校教学的"三驾马车"。在教育教学过程中，教师能做到"三驾马车"并驾齐驱，将碎片化的知识、能力、素质有机融为一体，始终贯穿教育、教学全过程，就能有效落实德技兼修、育训结合、知行合一，促进学生的全面发展。

警惕实施"1+X"证书制度的偏移

现代职业教育本征发展是实现教育和职业的完美融合，达成德技兼修、育训结合、知行合一。推行"1+X"证书制度改革试点，对充分彰显职业教育类型特征、赋能职业教育的意义重大。这是新时代职业院校改革发展普适性行动的新出发点，有利于整体提高职业院校的教学质量；是职业院校深化产教融合、校企合作的新助推剂，增强学校和企业的合作黏性，有利于校企融合的立体化掘进；是职业院校强推教师站稳"两个讲台"（学校和企业）、胜任"两个岗位"（教育和培训）、驾驭"两个情境"（课堂和车间）的新着力点，有利于促进教师的专业素质结构性发展；是职业院校实现育训结合、工学交替教学组织模式重要的新引擎，有利于提高课程教学质量。

在职业院校全面开展"1+X"证书制度试点，其内涵简约而不简单。"1"突显的是教育功能，即培养德、智、体、美、劳全面发展的社会主义建设者和可靠接班人；"X"突显的是职业功能，即培养高素质的劳动者和技术技能人才。就实际推进"1+X"证书试点现态而言，有人将"1+X"理解为学历证书和多个技能等级证书教育要并重或兼顾；有人将"1+X"理解为在保住"1"的基础上强化"X"；有人将"1+X"理解为二者之间要互相融合、渗透，二者不可割裂、不可厚此薄彼。对"1+X"的理解不一样，其实施行为状态就会有一些差异。

"1+X"证书制度改革量大面广，覆盖所有职业院校和专业，其实践活动如火如荼。在实施过程中，有些地区或领域似乎已偏离初衷，出现了一些新问题。例如，有些社会组织为争夺"X"技能等级证书话语权，存在贿赂行为，干扰教育秩序；有些相关培训评价组织有"绑架"职业院校之嫌，借机开展高收费、低质量的培训和销售设施设备；有的职业院校的"X"技能等级证书考证培训"绑架"正常教学，影响学生的全面发展；有的职业院校将"X"技能等级证书纳入毕业资格的限制性条件，不符合国家政策意旨；生产性实训基地建设以满足技能等级证书考试为出发点来设计技术参数，脱离生产实际，建成的基地绩效不佳；有的专业人培方案中植入过多的技能等级证书，大有考证至上之势；等等。这些问题的存在，虽然不是主流，但反映了在实施"1+X"证书试点改革过程中有被市场牵着鼻子走，教育主导地位被过度削弱的现象。在学制、总学时不变的情况下，如果过度强化"X"技能等级证书的获得，就可能使得"1"被过度弱化，甚至被颠覆，导致从一个极端走向另一个极端，即由"重教育性轻职业"变为"重职业性轻教育"。警惕职业教育出现片面的"考证热"，把握"1"和"X"的结构质量，防止职业教育出现"庸俗化""功利化""市场化""产业化"的负偏移现象。

促进和稳定高水平就业、服务高质量发展是现代职业教育改革与发展的重要价值取向。职业教育实施"1+X"证书制度改革试点，必须把住实质，如果职业院校由"双证"或"多证"变为"单证"，或许是一种回归，表征职业教育就真正办出了特色，办成了"类型教育"，实施"1+X"的要义即在于此。推行"1+X"证书制度，务必要把住"1+X"制度试点政策意蕴，遵循教育规律，发挥市场规律和行政规律的作用，把握教育本质，避免浮躁，谨言慎行，慎思之，明辨之，笃行之，积极稳步实施，同时把住"含金量"，适切社会、适切学校、适切学生，不可搞"运动式"的冒进推行，避免负偏移，把"金证书"变为"水证书"。

第三篇 新时代高等职业教育思考与辨析

第九章

辯思

推进职业院校大改革大发展的若干思考

我国现代职业教育已进入大改革大发展的新阶段，必须从各个层面全面推进，不断更新理念，深化职业教育产教融合发展模式、完善校企合作办学模式、创新工学结合人才培养模式，推行知行合一教学模式、优化工学交替教学组织模式，建设高水平的人才培养体系，办高质量的职业教育。

1. 实施职业院校大改革大发展的基本理念

近年来，国家出台一系列政策，使得职业教育的办学内涵更加丰富，办学方向更加明确，职业教育要以立德树人为根本任务，服务经济社会发展和人的全面发展。

2019年3月全国两会《政府工作报告》首次将就业优先政策置于宏观政策层面，将职业教育纳入"多管齐下稳定和扩大就业"中阐述，提出"加快发展现代职业教育，既有利于缓解当前就业压力，也是解决高技能人才短缺的战略之举"，"让更多青年凭借一技之长实现人生价值，让三百六十行人才荟萃、繁星璀璨"。

当今社会日新月异，产业结构调整和转型升级步伐不断加快，职业院校应更加突显把学校办成对接社会或前瞻性引领社会进步的多功能"充电"中心，满足个人从学生到社会职业人不断成长与发展的需要，既能为促进适龄人群职业认识和初次就业、创业提供优质职前教育和培训服务，也能为促进职业转换人群提供优质职后教育和培训服务。应致力于服务人的全面发展、服务经济社会发展，促进全社会稳定和扩大就业。

新时代，职业院校应深刻领悟职业教育办学方针内涵，对接市场发展，基于职业教育"以服务发展为宗旨、以促进就业为导向"的职业教育办学方针，形成"现代职业教育服务全生命周期发展，促进就业稳定和扩大"的职教理念，更能真正彰显现代职业教育的全部内涵。

2. 职业院校实施大改革大发展的基本方略

职业院校要始终坚持党对学校工作的全面领导，坚持社会主义办学方向，落实立德树人根本任务，落实教育和培训并举的法定职责，服务人的全面发展，服务经济社会发展，实施教师、教材、教法改革，实施全员、全程、全方位改革，推行政校行企联动，推进教育链、产业链、人才链、创新链协同，将决策指挥、质量生成、资源建设、支持服务和监督控制融入学院、专业、课程、教师、学生层面，将德、智、体、美、劳融入人才培养、技术研发、社会服务、文化传承、国际合作过程中，培养全面发展的社会主义建设者和接班人，培养高素质的劳动者和技术技能人才。

3. 职业院校实施大改革大发展的基本线路

以党的教育方针为统领，深化教育教学改革；以教育和培训为法定职责，服务人的全面发展和经济社会发展；以为党育人、为国育才为使命，培育先进的育人文化；以双师型教师队伍建设为基础，提升教育改革能力；以普适性和拔尖性建设并举为原则，发展整体质量；以合作规划、合作治理为基础，推进校企融合；以深化产教融合、校企合作，探索混合所有制办学模式；以培训载体和资源保障为依托，建立培训实施组织体系；以现代学徒制试点为契机，创新升级培养模式；以知行合一为导向，推进教学模式改革；以育训结合为着力点,深化教学组织模式改革;以专业群建设为龙头,建设高水平人才培养体系;以课程思政为重点,落实立德树人根本任务;以双创教育为突破口,培养创意、创新、创业能力;以课程建设与改革为关键,前瞻性对接企业转型升级;以教学资源建设为切入点,建设立体化教材体系;以职业技能大赛为载体,强化学生技能;以"1+X"证书改革为抓手,分层递进、分类贯通培养复合型技术技能人才;以公益活动为纽带,培育学生社会责任感;以社团活动为路径,助力学生全面发展;以学分制深度改革为推手,推行学分互认替代积累和转换;以因材施教为核心理念,实施个性化培养;以多元评价为监测,建立内外结合的绩效考核机制;以集成形成大数据为目的,消除信息孤岛;以国际合作与交流为途径,扩大国际视野;以教学工作诊改为手段,推进全面治理,促进整体质量持续发展。

4.职业院校实施大改革大发展的基本行动

(1)院校发展策略层面上,实现"六个转变"。

基于职业教育是一种教育类型,职业院校发展策略应实现"六个转变":①从"以就业为导向"转变为"以促进就业为导向",贯彻党的教育方针,德技兼修,促进人的全面发展,立德树人是职业院校的根本任务;②从"以服务为宗旨"转变为"以服务发展为宗旨",促进经济社会发展,前瞻引领是职业院校的社会使命;③从"单打独斗"转变为"协同发展",办人民满意的职业教育,既要充分发展职业院校个体质量,又要通过多种形式加大院校之间、区域之间的交流与合作力度,协同发展是职业院校的共同追求;④从"学校办学"转变为"校企双主体办学",激发办学活力,校企融合是办高质量职业教育的前提;⑤从"关门办学"转变为"开放办学",加大合作与交流,服务"一带一路"倡议,引进和输出人才、技术、标准、方案、优秀文化等，促进职源共享是发展趋势；⑥从"教育信息化"转变为"信息化教育"，促进优质资源共享，是实现更加公平的职业教育的有效途径。

（2）校企合作层面上，实现"十个转变"。

基于产教融合，校企合作是职业教育办学之道，校企合作必须实现"十个转变"：①把企业"一般性作用"转变为"主体性作用"；②把企业对学生"一般性培训"转变为"在岗培训"；③把校企"一般性合作"转变为"系统化合作"；④把"一般性招生"转变为"校企联合招生招工"；⑤把学生从"一个身份"转变为"两个身份"；⑥把学生从"一般性实习"转变为"在岗学习"；⑦把学生从"一般性实训"转变为"生产性实训"；⑧把学生从"一般性工学结合"转变为"育训结合"；⑨把"一般性课程"转变为"多元特色课程"；⑩把"一般性考核"转变为"多元考核"。

（3）人才培养体系建设层面上，实现"五个转变"。

基于教育链、人才链、产业链、创新链协同联动，高水平人才培养体系建设要实现"五个转变"：①从"碎片化的专业建设"转变为"专业集群建设"，加大专业群建设力度，把专业群建在产业链上，形成与产业同步发展的专业群体系，以高水平专业群建设支撑高质量专业人才培养；②从"分散式的教学系统"转变为"集成化的教学体系"，加大对接产业结构调整和转型升级力度，优化课程体系、教学组织、条件保障，补齐体美劳教育短板，形成内外衔接的教学体系，以高水平的教学体系教育支撑学生的高质量全面发展；③从"关注教材"转变为"关注教学资源"，生产课程标准、资源库、教材等，形成完备的教材体系，以高水平的教材建设支撑高质量的有效育人；④从"刚性管理"转变为"弹性管理"，加大教学管理改革力度，全面推行完全学分制，形成具有开放性、反馈性的教学管理体系，以高水平的治理能力支撑高质量的人才培养；⑤从"重视育才体系构建"转变为"育德育才体系构建",加大思政教育改革力度,按"大思政"教育格局,形成系统的思政教育体系,落实立德树人根本任务,以高水平的思政教育支撑高质量的为国育才、为党育人。

(4)课程教学层面上,实现"七个转变"。

基于课程教学是高职院校工作的基石,是落实立德树人根本任务的主要阵地,必须实现"七个转变":①在课程标准体例上,由"只面向指导教师教学用"向"同时面向指导师生学习用"转变;②在教学设计上,由"面向考场的顺向思维"向"面向职场的逆向思维"转变;③在教学内容上,由"将'知识、能力、素质'割裂化培养"向"全过程中始终将'知识、能力、素质'融为一体培养"转变;④在教学组织上,由"发挥单一主体资源"向"发挥校企双主体资源"的方式转变;⑤在教学手段上,由"传统的变更场所"向"信息化教育和情景化教学"转变;⑥在教学方式上,由"模式化的教学形态"向"个性化的、丰富的教学形态"转变;⑦在教学评价上,由"单一主体、结论性评价"向"多元主体、结果性评价和形成性评价并重"转变。

(5)教师发展层面上,实现"六个转变"。

基于教师是发展职业教育质量的关键主体,必须实现"六个转变"。①由"教学人"向"教学人和德育人合一"转变,是教育促进人的全面发展使然;②由"教育人"向"教育人和社会人合一"转变,是教育促进经济社会发展使然;③由"学校人"向"学校人和系统人合一"转变,是促进教育平衡充分发展使然;④由"消费者"向"消费者和生产者合一"转变,是教育前瞻引领社会发展使然;⑤由"教师"向"教师和培训师合一"转变,是完善现代职业教育和培训体系使然;⑥由"教育信息化"向"教育信息化和信息化教育合一"转变,是开启教育新时代使然。

"1+X"·大数据·大变革

1. "1+X"的数学演绎

"1+X"证书制度旨在实现教育和培训的完美融合,"1"突显的是教育功能,"X"突显的是职业功能,"1"和"X"二者之间不是简单的并列关系,而是育训融合,互相渗透。"1+X"不是数学关系,但如果看作数学关系,其演绎结果对我们理解"1+X"内涵还是有启发的。

第一,若把"1"和"X"当作两个数学变量来演绎,"1"代表的是由教育促发展各要素集成的综合变量,"X"代表的是由职业促发展各要素集成的综合变量。若 X 趋于 0,职业高等教育则被普教化;若 X 趋于无穷大,职业高等教育则被功利化;若 X 远大于 1,职业高等教育则被庸俗化;若 X 趋于 1,职业教育则呈育训并举、德技兼修、工学交替、知行合一状态。把握好 X 的合理占比就能彰显职业教育类型特征。

第二,若把"1"和"X"位置交换不一定成立,由此可以演绎新的内涵。若把 X 放在 1 之后,即"1+X",则可理解为基于教育性强化职业性,适用于传统常规招生的适龄学生;若把 X 放在 1 之前,即"X+1",则可理解为基于职业性强化教育性,适用于扩招的非适龄学生。所以"1+X"不等于"X+1",要使"1+X"="X+1",则 X 必须趋于 1,即可达成生态平衡,这是职业教育发展的理想愿景。打上中国烙印的"1+X"证书制度有望成为继德国的"双元制"、新加坡的"教学工厂"等典型模式之后，成为国际上有影响力的又一典型模式，向世界贡献职业教育又快又好发展的中国智慧。

2.没有大数据支撑，很难有全寿命周期的精细管理

以往科技不发达的年代，获得的数据往往是碎片化的，凭感觉、凭经验决策和实施。当今，引入信息技术后，可以实现对工作全寿命周期产生的"天量"的离散数据按主题进行收集、整合、清理，并加以整理、分析、挖掘，辅助决策，最大限度地挖掘盘活数据资产的价值，为系统考量、理性研判、精准施策，优化资源配置提供强力支撑，从而开发新的思路、渠道、模式，产生倍增效应，工作高效。

3.职业院校大变革正当时

我国职业教育进入大改革大发展时代，职业院校进入推进学校供给侧结构性改革，促进就业的稳定和扩大的深水区。然而，职业院校在办学过程中，彰显职业教育类型的特征不充分，需要开启大革新一个新的时代；落地、落实德育、劳育的举措不系统，需要开启"全面育人、育人全面"一个新的时代；校企全要素融合度不高，需要开启"校企共同体"育人一个新的时代；精准对接市场变化的响应度不快，需要开启"服务全寿命周期发展"一个新的时代；因材施策促进学生各自获得最佳发展办法不多，需要开启"多把尺子"丈量不同来源学生的一个新的时代；教师从事职业教育的专业素养提高不显著，需要开启创新人力资源开发一个新的时代；推进教育教学形态革命的进程不快，需要开启"信息化教育"一个新的时代；重资产的思维主导建设教育设施设备条件的思维习惯改变不多，需要开启发挥市场决定性作用一个新的时代。

职业院校面临的最大问题：适应变化

现代职业教育是工业化的产物，一个社会的工业化程度越高，对职业教育的要求就越高。

一、职业教育的发展必须同步于社会变化

过去，社会科技不发达，劳动密集型企业多，对劳动者的技能水平依赖程度高，而且由于产业结构调整和转型升级步伐较慢，靠传统职业教育或传统学徒制能管用。当今，社会科技越来越发达，知识密集型企业越来越多，工业机器人替代人工，对劳动者技能水平的依赖大大降低，但对劳动者的技术技能创新的依赖却越来越高，单靠传统的职业教育与学徒制已不能满足和适应。需要加快现代职业教育发展，加快推进现代学徒制和企业新型学徒制制度实施，动态刷新理念引导发展、供给政策改善环境、创新治理体系形成机制、优化专业群结构布局对接产业发展战略、集约资源推进校企共同体"主体"育人、加大人财物投入保障发展，同步适应于工业化4.0时代的新变化，彰显职业教育的生命力。

二、职业院校教育教学改革必须适应市场变化

随着国家发展战略的进一步实施，产业水平正在不断升级，产业结构调整和转型升级正向高端发展，带来产品结构和就业结构不断

变化，需要劳动力素质结构同步提升。在此背景下，以高质量的职业教育为支撑，培养把"图纸"变"产品"的技术技能人才的职业院校，要以服务"两个发展"为宗旨，换挡提速，动态刷新办学理念、创新办学模式、加大专业集群建设力度、推进课程开发、整合集成校企资源、加大人财物保障力度、常态化运行内部质量保证体系诊断与改进，前瞻性对接和主动社会发展，彰显职业院校的活力。

三、职业院校主动适应变化的方略

面临国家教育方针的新主张、国家战略布局的新变化、未来科技发展的新趋势、行业和企业的新要求、生源主体结构的新特点、教育教学生态的新建设，职业教育必须全面深化产教融合、校企合作、育训结合，实施"三全育人"，推进"三教"改革，落实立德树人根本任务，优质供给跟随行业、企业发展的"现代工匠"，做到职业院校供给和市场需求两侧同频共振，助推经济社会高质量发展。

第一，适应促进学生全面发展要求，强力落实立德树人根本任务。职业教育是培养德、智、体、美、劳全面发展的社会主义接班人和社会主义建设的技术技能人才，要抓实政治教育、思想教育、职业道德教育、工匠精神教育，让正念、正能量占据学生大脑。传授科学知识，训练技能，发展能力，让知识和技能武装学生。促进学生养成体育锻炼习惯，锻造良好意志品质，增强适应自然环境能力。培养学生感受美、鉴赏美、表现美、创造美的能力，提高审美情趣。组织学生技能练习、工艺制作、创意设计、技术试验、职业体验、顶岗实习等劳动实践，让创意、创新、创造充盈大脑。

第二，适应职业院校发展新定位，刷新理念。教育与培训是职业教育的法定职责，职业院校在做强教育的同时，必须做强培训。当今社会日新月异，新时代职业院校应顺势而为，更加突显把学校办成对接社会或前瞻性引领社会进步的多功能的"充电"中心,满足个人从学生到社会职业人不断成长与发展的需要,提供全生命周期的教育和培训,促进各类群体就业的稳定和扩大,开启职业教育"服务全生命周期发展"一个新的时代。

第三,适应产教融合,推进校企系统化合作。没有高质量的校企合作,就没有高质量的职业教育。推进校企系统化合作,必须制定政策形成制度链,建立机构搭建平台(载体)形成组织链,建设物理环境及网络技术支持系统形成保障链,加大培训、改变理念、提高能力形成执行链,加强数据采集与分析形成反馈链,促进人才流、技术流、文化流、资本流高频高位运行,促进学生知识技能素质协调发展,培养创新型、复合型技术技能人才,开启职业教育"校企共同体"育人一个新的时代。

第四,适应生源主体多样化,因材施教。随着职业院校的生源主体更加多元化,学生的素质结构、年龄结构、来源结构不平衡且差异较大,必须践行有教无类的教育理念,建立"目标多样、路径多条、自主选择、因材施教、因材施训"模式,适应多样化的学生基础水平和职业生涯目标,促进学生获得各自最佳发展。将学情分析纳入学校发展的管理层面,将因材施教能力纳入教师发展的重要指标,开启职业教育"多把尺子"丈量不同来源学生的一个新的时代。

第五,适应教育信息化转型升级,建立新型教学形态。加快职业教育教育信息化转型升级进程,构建面向全社会的新型教育生态,形成更加灵活开放、更加公平、更加优质的教育资源和终身教育体系,学习者可借助远程通信、人工智能等技术,随时、随地、随需学习,为稳定和扩大就业提供保障,契合时代发展,开启职业教育"信息化教育"的一个新的时代。

职业院校发展面临的最大问题在于适应变化,面对市场"扰动",职业院校必须发挥市场机制的作用,因事而化、因时而进、因势而新，既要正视市场、适应市场，又要解剖市场、超越市场，不忘初心、牢记使命，守住底线，致力于"适应"社会需求和"引领"社会进步的统一，促进人的全面发展，为国育才、为党育人，彰显高职院校落实立德树人根本任务的定力。

把牢"四个"向度，推进职业院校提质培优行动计划

职业院校需要以党建为统领，凝聚各方力量，把牢提质、培优、增值、赋能"四个"向度，深化改革，不断创新，以质图强，推进职业教育高质量发展。

1. 提质：聚焦"三全育人"，提高学校整体发展质量

从提质向度看，职业院校在提质培优推进学校质量发展过程中，需要最大限度促进整体质量的提高，提高学校的社会认可度和公信度。

学校需要实施"三全育人"，推进思想政治教育做实和创新。建构"思想政治理论课+狭义课程思政+广义课程思政"三位一体的思政教学体系，推进思政教育全员参与、全程贯穿、全面协同，深入开展理想信念教育和社会主义核心价值观教育，植信念、播信仰、触灵魂、修德行。编制"三全育人"规划、出台实施指导意见、制订工作方案、精细工作职责和要求、分解任务清单、明确实施路线图等，构建"三全育人"链路闭环系统。遵循教育教学规律、思想政治工作规律、教师和学生成长规律，发挥行政规律、市场规律作用，建立机制、夯实基础、建设平台、搭建载体、拓展空间、优化环境、提升能力，形成环环相扣的立体化工作体系。理顺"三全育人"运行机制，切实发挥学校质量保证主体作用，做到人人育人、时时育人、

事事育人、处处育人，落实立德树人根本任务。强化学校所有工作人员的责任感和使命感、质量意识和担当意识，让每个员工在各自领域的各自岗位上的每个环节，有能力按标准从形式到内容都做到高质量地育人，推进学校整体质量发展，实现"面"上提质。

2. 培优：聚焦"三教"改革，打造具有示范引领作用的品牌

从培优向度看，职业院校在提质培优推进全面深化改革的同时，需要最大限度打造高品质的教育教学品牌，提高学校的社会辨识度和美誉度。

实践证明，今天的高职院校改革不仅需要实现高水平的发展，更需要把微观领域的内涵建设质量做到极致，在人才积累、学术积累、文化积累的基础上打造个性化品牌。教师是课程改革和课堂革命的关键主体，教材是教学质量生成的关键层面，是提高培养质量的核心载体，教法是教学质量生成的关键环节。教师、教材、教法改革是职业院校发展质量、培育品牌落在深处、落于实处的具体体现。深化"三教"改革，要健全教师发展机制，建立师资培养体系，培养德才兼备的"双师三能型"教学创新团队，实施教师培优行动，培育在全国、全省有影响的专家、技能大师、教学名师等领军人才；建设立体化教材体系，开发课程标准、资源库、新型教材等，打造优秀教材，以及精品在线开放课程、虚拟仿真实验教学课程、线下课程、线上线下混合式课程、社会实践课程等"金课"；深度、广度探索中国特色学徒制，全面实施"1+X"证书制度试点，推进现代信息技术与教育教学深度融合，实施理论教学＋实践教学＋素质教育一体化的课堂革命，激发社团组织活力，形成典型案例，成为具有示范或引领作用的品牌，推进学校微观层面高品质发展，达成人才培养的高质量，实现"点"上出彩。

3. 增值：聚焦"三个"发展，实现学校和师生同步成长

从增值向度看，职业院校在提质培优推进学校发展的同时，需要最大限度促进教师和学生发展，提高学校的社会认同度和吸引度。

提升内部治理水平，加强治理能力和水平建设，完善以章程为核心的内控制度体系，营造良好的文化环境，使得教职工个体心灵的需求得到满足、发展潜能得到发挥、行动力量得以增长、劳动价值得到认可，从而迸发出强大的动能，助推学校高质量发展；提档升级信息技术系统，建设院校综合服务与决策支持平台，盘活数据资产，实行数据说话，辅助科学决策，进行科学绩效考核，实现信息化增值服务，有效支撑学校高质量改革与发展。优化升级对外交流平台，拓展"一带一路"国际合作，广泛参与国际职业教育合作与发展，推进中外交流双向输出，扩大国际话语权，助力学校国际竞争力提高。重视教职员工的发展，通过高水平的治理，促进教职员工各自获得最佳发展，专业素养不断提升，职业化发展日臻完善，做到胸中有志、心中有爱、眼中有人、口中有德、腹中有墨、手中有艺、行中有善，从而获得丰富的社会荣誉、教学成果、科研成果，教师个人的社会影响力也会与日俱增。聚焦学生发展，补齐德育、美育、劳育短板，促进学生德、智、体、美、劳五类素质结构均衡发展，实现就业有优势、创业有本领、升学有基础、发展有潜力；加强人才培养和教育教学关键环节的标准化建设，将产业标准、文化引入人才培养，将职业精神、工匠精神、劳模精神融入人才培养全过程，促进每位有意愿接受职业教育的学习者能够享受到优质的职业教育资源，学生能力素质结构适应岗位技术、生产过程的新发展要求，实现体面就业、人生出彩、幸福生活的目标。

4. 赋能：聚焦"三力"提升，助力经济社会高质量发展

从赋能向度看，职业院校在提质培优提高人才培养质量的过程中，需要最大限度提升学校的服务力、贡献力、引领力，助力经济社会高质量发展，提高学校的社会贡献度和依存度。

把专业群建在产业链上，形成与产业同步发展的专业群体系，以专业群为载体，统筹规划开发资源配置，优化教育教学结构质量，着力学校"五个职能"结构、教育与培训结构、教师"五种能力"结构、学生"五个素质"结构等结构的均衡发展，提升服务力，为政府、行业、企业提供智力、技能支持，高质量服务经济社会发展、服务行业企业发展、服务人的全面发展。迭代升级校企深度融合机制，不断夯实产教融合平台，创新运行机制，完善建设技术技能协同创新中心、产业学院、工作室、产业研究所等运营实体，并打造成集"智库+研发+创新创业+社会服务+人才培养培训"于一体的多功能平台，提升贡献力，为区域产业结构调整和转型升级供给技术技能人才和提供技术技能积累。致力于"适应"社会需求和"引领"社会进步，加强产业与职业研究、技术研发与文化创新，为行业企业的转型升级保驾护航，为职业院校构建高水平的人才培养体系提供方案，为对接未来科技发展趋势和市场需求培养技术技能人才，实现职业院校在一定的阈值内引领社会发展的责任和担当。

升级"四个"平台,推进职业院校提质培优行动计划

推进职业教育提质培优行动计划,职业院校要全面贯彻党的教育方针,坚持社会主义办学方向,遵循职业教育规律,发挥市场规律作用,建立机制、夯实基础、建设平台、搭建载体、拓展空间、优化环境,形成迭代升级的立体化工作体系。尽管职业院校经过多年的改革与发展,大多建设了推进产教融合、技术研发、国际交流和信息化系统"四个"平台,但推进职业院校提质培优,建强学校,还必须升级"四个"平台。

1. 迭代升级职业教育集团,推进校企深度融合

不断完善和创新集团化办学的建设和运行机制,集聚优质资源,重点吸收国内外知名企业加入职教集团,依托学会或协会组织,组建跨区域职教集团联盟,形成"一校多企——多校多企——多校多企多集团"模式的垂直平台体系,推进校企合作沿着"点—线—面—体"的轨迹梯度拾级而上,迭代发展。有效完善育人与培训有机结合,将开展"1+X"证书制度试点作为推进集团化办学模式的关键载体,推进企业与学校的教育要素全面融通,形成校企合作广度、深度及资源集成度依次提高的"结合型企业——顶岗实习型企业——教学型企业——产教融合型企业"梯度体系,实现学校与企业、教育与培训的渐进融合。依托职教集团,探索中国特色学徒制。根植产业、

行业、企业、职业，科学设置专业，系统组织学业，促进创业、就业，培育守业、敬业、勤业、乐业的"12业"人才培养逻辑链，持续推进校企双方人才流、技术流、文化流、资金流高位高频运行。升级校企合作机制，实现校企资源全要素融合，为探索混合所有制办学奠定坚实的实践基础，系统推进和落实立德树人根本任务，打造示范性职教集团。

2. 全面升级协同创新中心，增强技术革新能力

完善协同创新中心运行机制，规范科技开发管理，完善科技成果考核评价体系和激励机制，为科技人才发展创造良好的成长环境。打造管理与技术创新智力平台，组建由院士、企业专家、政府参事等组成的学校协同创新专家咨询委员会，广开言路，广纳善策，发挥好专家的"智囊"作用，增强决策的科学性、前瞻性和技术技能创新的前沿性、高端性。瞄准新形势下行业转型升级的新趋势，组建专项研究团队，积极争取重大招标课题和重大调研基金项目，开展产业和职业政策研究，形成咨询报告，对接国家战略和产业转型升级的重大需求，构建特色专业群体系，完善技术技能平台建设，扩容、升级应用技术协同创新中心，协同开展科技攻关、科技应用研究和技术推广。不断加强技术技能积累与创新，提升协同创新中心的社会服务力、贡献力和引领力，将协同创新中心打造成区域的技术研发平台、对外高质量开展社会服务的平台、"行业转型升级＋教育和培训"的平台、行业转型升级发展的智库，实现协同创新中心的增值赋能，为推动行业转型升级发展提供技术技能支撑。

3. 优化升级对外交流平台，提升国际合作水平

完善国际合作交流机制，建设与国际教育相适应、适合学校特点的交流渠道和平台，广泛参与国际职业教育平台的合作与交流，学习和引进国际先进生产工艺流程、产品标准、技术标准、服务标准、管理方法和资源，促进学校国际化人才培养，打造国际化师资队伍。与境外办学机构联合设计、申报中外合作办学项目，推动联合培养，为师生搭建交流学习的重要平台。与国外高水平技术应用大学建立战略合作伙伴关系，进行广泛、深入的合作与交流，扩大国际视野。加入国际相关学术组织，积极参与和推动国际学术组织有关政策、规则、标准的研究和制定，提升国际话语权。参加或承办国际会议，广泛参加国际学术交流，通过"请进来"和"走出去"提升学校的国际知名度和影响力。完善学校外国专家聘请和管理机制，推进引智项目，建立海外教师库，吸引高层次外国专家任教和讲学，优化教师的国际学缘结构；实施"骨干教师海外提升计划"，支持优秀学者到海外进行访学、研修，培养国际优秀人才。与服务"一带一路"的大型企业联合共建国际化人才培养基地，面向国际培养熟悉当地风俗、文化、法律的技术技能人才，面向当地职业培训，培养既懂中国管理和文化，又具备职业技能的当地员工，提升人力资源水平。

4. 提档升级信息技术系统，彰显数据资产效能

实施信息化标准规范体系，建设信息化建设与应用管理标准，综合运用大数据、人工智能等手段加快智慧校园建设，推进数字源、优秀师资、教育数据共建共享，不断完善校园网络和公共基础设施，建设现代云数据中心，构建数字化师生信息服务平台、共享教学资源平台、信息化实训平台、智能化培训平台和诊断与改进平台，实现信息全方位的获得和共享。校企合作开发优质数字教育资源，建设职业教育教学资源库、精品在线开放课程、虚拟仿真实验教学课程、线下课程、线上线下混合式课程、社会实践课程，开发虚拟仿真和远程教学实训资源，运用现代信息技术改进教学手段和方式方法，提升教育教学信息化水平。加快推进由懂教育规律的职教专家和懂信息技术的技术专家深度合作，优化信息系统。以业务过程信息化为关键、以数据中心建设为核心，实现离散状态的数据集中化，形成数据互联、互通及集中共享，大数据开放应用，最终达成对教学质量实时监测和预警的作用。将数据纳入学校的重要资产，盘活数据资产，为辅助科学决策提供可靠数据来源，提高学院信息化应用效能，实现信息化增值服务，有效支撑学校高质量改革与发展。

提升职业教育社会认同度之管见

人们对一个行业愿景的认同度深刻影响着这个行业所能融汇的资源和未来的发展空间。职业教育的发展与职业教育的社会认同相辅相成,职业教育的发展可有效促进人们对职业教育的社会认同,社会的认同亦可有效促进职业教育的发展。为此,需要国家持续推动,职业院校与时俱进,找准重心与平衡,把握节奏与力度,适时做出适切的对策,激发职业教育的活力,提高服务力、贡献力,增强社会对职业教育愿景的认同度。影响职业教育社会认同度提高的因素是多方面的,也是一个长期的过程,本文仅从三个方面来阐述。

1. 深化职业教育升学考试变革,增强社会对职业教育愿景的认同度

深化彰显职业教育特征的升学考试变革,有利于增强职业教育愿景的认同度。很长一段时间的招生考试制度,把职业教育与其他类型的教育混合在一起,用一把尺子丈量学生,按笔试分数高低录取,形成了职业教育是"升学无望""前途渺茫"的学生集中地的思维"定势",很大程度上导致职业教育的社会认可度不高。这一影响需要靠漫长的时间和有效的手段来"稀释"。

2012年,湖北在全国首创并推行了"技能高考"制度,实施以技能考核为重点的中等职业学校毕业生升入高等职业院校的办法,突出技能的基础性及技能在升学中的重要作用,为选拔优秀技术技能人才,开启用不同尺子丈量不同来源的学生的新举措,为搭建职

业教育"直通车""立交桥"提供了一种新制度，拓展了技术技能人才升学新途径。截至目前，我国职业高等教育的招考方式多达7种，以选拔优秀技术技能人才继续深造，有效"稀释"了传统的升学考试制度带来的负面影响，职业教育的吸引力有明显好转，但彰显职业教育服务全生命周期发展理念和突显职业教育类型特征的立体化招生体系还需要进一步探索和落地。要形成职业教育是可升学、可就业、发展前途广阔的学生集中地的思维"定势"，加快形成"职教高考制度"的社会新定位、新认知，弘扬劳动光荣、技能宝贵、创造伟大的时代风尚，营造人人皆可成才、人人尽展其才的良好环境，增强社会对职业教育愿景的认同度，任务还很艰巨，道路还很遥远。

2. 深化职业院校课堂教学革命，增强社会对职业教育愿景的认同度

职业教育是面向职场的专业教育，课堂是教学质量生成的关键环节，职业教育链接了社会需求和学生职业发展，链接度越高，社会对职业教育的认同度就越高。当前，在各职业院校的课堂上以学科知识和基础素质为主要目标，以逻辑为载体、以传统教室为主要教学场所来组织教育教学活动的这种面向考场的教学场景还占大部分，而以专业知识（学科知识）、职业知识和职业素质为主要目标，以项目或任务为载体、以多形态"教室"为场所来组织教育教学活动的这种面向职场的教学场景还未形成燎原之势。由于课堂上"普教化"现象的大量存在，导致课堂教学过程中有偏差，培养的技术技能人才职业素养结构还不能完全对接和适应社会高质量发展需要，职业教育的社会价值突显不充分，一定程度上会引起社会对职业教育认可度不高的不良印象，这需要靠持续的课堂教学革命来提高质量，"稀释"不利影响。

虽然课堂革命已在路上，但是，强化课程教学的逆向思维和系

统思维，推行任务驱动、项目导向的体验式教学模式，在课程设置、教学模式、教学内容、教学设计、教学组织、教学方法、教学手段、教学方式、教材建设、教学评价等微观层面还需要进一步探索和落地。探索建立彰显时代特征和职业教育类型特征的新理念、新形态、新学习、新场景、新课程和新流程，为企业、社会、国家培养高质量的技术技能人才，增强社会对职业教育的认可度，任务还很艰巨，道路还很漫长。

3. 提高社会培训服务能力，增强社会对职业教育愿景的认同度

实行教育和培训"两轮驱动"是落实法定职责，对接社会，永葆职业教育旺盛生命力的重要举措。职业教育虽然已形成了成熟的人才培养体系，但淡化了实现教育链与产业链良好对接的职业培训，导致了职业教育培训组织体系不完善，教师"双岗"能力弱，本应有的社会担当不够，其社会价值没能得到彰显，很大程度上导致职业教育的社会认可度不高，这一影响需要通过提高社会培训服务能力、担当更多的社会责任来"稀释"。

当下，技术技能人才的培养和培训任务繁杂、量大面广。2018年的数据显示，我国技能劳动者1.65亿人，占就业人员总量的21.3%，截至2021年末技能劳动者占就业人员总量的比例达到25%以上，增加技能劳动者2866.197万人。2018年，全国高职年招生368.83万人，高职在校生1133.70万人；中职年招生559.41万人，中职在校生1551.84万人。中高职在校生总计2685.54万人，而提高这一群体的职业能力，需要有效整合校企资源，加强技术技能训练，任务繁重。按《职业技能提升行动方案（2019—2021年）》要求，用3年时间，政府投入1000亿元，完成5000万人次培训，主要对象为农民工、退役军人、下岗或转岗职工、两后生等群体，任务艰巨。我国农民工2.87亿人、退役军人0.57亿人、残疾人0.85亿人，三者

相加 4.29 亿人，需要加大培养培训力度，帮助这些群体掌握一技之长，实现就业稳定和扩大，培养培训任务量大面广。职业教育应顺势而上，发挥资源优势，积极承担社会历史责任，助力经济社会的高质量发展，呈现职业教育的社会服务优势和价值。

加强职业院校治理能力、创新能力建设，在统筹建设和提升教育能力、技术研发和转应用化能力、文化传承和创新能力、国际合作与交流能力的同时，做大做强职业培训，提升教师"双重"能力，提高职业教育的社会贡献力，既能为促进适龄人群职业认识和初次就业创业提供优质职前教育和培训服务，也能为促进职业转换人群提供优质职后教育和培训服务，促进各类群体就业的稳定和扩大，实现"职业教育服务全生命周期发展"的新定位，加快形成新实践、社会新认知，彰显职业教育不可替代的社会价值。

专业对口率之我见

毫无疑问，专业对口是反映中高职学生就业质量的一个重要指标，统计专业对口率成为考量一所学校办学质量的一个指标。关于专业对口，没有统一的定义，一般来说，凡是一个人所从事的职业或工作与自己在学校所学的专业相符或相关，就认为是专业对口。专业对口率是指已就业毕业生中，专业对口人数与已就业毕业生数之比。而毕业生"专业对口率"不应狭义统计，需要在更新理念的基础上，将"专业对口"概念广义化，再进行"专业对口率"的统计更有意义。

职业教育是国民教育体系和人力资源开发的重要组成部分。职业教育以专业教育作为载体，通过德技兼修、育训结合，实施专业精神培育、专业知识传授、专业能力训练、专业素质滋养，促进学生职业素养的养成，落实立德树人根本任务，培养德、智、体、美、劳全面发展的社会主义接班人，培养服务社会主义建设的高素质劳动者和技术技能人才，并促进全体劳动者可持续职业发展。

从职业教育的教育性（广义性）来看，职业教育的必要目的是培养一个人无论从事何种职业都必须具有完善的道德，这是任何用人单位都期许的，也是所有单位的共性要求。职业院校必须基于做人层面，通过"三全育人"来塑造专业精神、滋养专业素质，形成职业精神。

从职业教育的职业性（狭义性）来看，职业教育的可能目的是指培养一个人将来可能从事的职业，是用人单位所需求的，也是用人单位的个性化要求。职业教育必须基于做事层面，通过"三教"改革来传授专业知识，通过训练专业能力来育才，从而形成职业能力。当今社会日新月异，产业结构调整和转型升级日趋加快，专业知识、专业能力有其时效性，需要与时俱进，不断"刷新"。

如果将教育性和职业性产生的效果，即育德育才一并作为用人单位的"对口"要求来综合考量，形成广义的"专业对口"概念，去统计职业院校的专业对口率，可能更利于强化育德育才意识，更有利于促进职业教育按教育规律发展。

学生报考职业院校是基于未来工作选择专业的，院校通过组织学生从一个专业的系统学习，把学生培养为具有完善的道德和精神，并具备某一领域专业知识、专业能力的社会职业人，然后在某个岗位上立足，不断历练自己、拓展自己、迁移自己、成就自己。把"专业对口"广义化，不是否定专业学习，而是在专业学习中强化学生职业精神、工匠精神、劳模精神的培育。

职业院校要对接国家发展战略，响应现代科技发展趋势，优化专业群结构，统筹考虑教育性、职业性及产业、行业、企业、职业文化的熏陶，系统开发构建各类结构合理的课程体系及有效的保障条件，形成有文化的专业人才培养方案，促进学生的全面发展，在平凡的工作岗位上做出不平凡的贡献。

简析"职普融通"

推进职业教育和普通教育融通是现代职教体系建设的一项重要内容。推进职业教育和普通教育相互沟通和协调发展，有利于推进培养模式多样化，增大教育的选择空间，满足不同潜质学生的发展需要，更好地搭建学生成长的"立交桥"。

1. 职普融通的表观

职普融通是教育模式在职业教育与普通教育这两种类型教育之间融通特定阈值中的表征，在发展道路上既按各自的路径和体系特征"双轨"并行发展，也遵循共性教育规律在两条不同类型的道路上"立交"贯通，呈"H"态并驾齐驱和交互发展。

推行职普融通的落脚点在于实现职业教育学校和普通教育学校之间的相互沟通、相互融合。职业教育学校包括中等职业学校（中专、职高、技校）和高等职业学校，普通教育学校包括普通基础教育学校（主要包括幼儿园、小学、初中和高中）和普通高等学校。在这些学校内部及学校之间推进职普融通，从形式上来说，在幼儿园、小学和中学阶段，探索职普融通，主要是通过适度增加职业教育课程实现职业认知和体验，认知职业、领悟职业的不易，要增强学习和劳动意识；在中学、普通高等学校与职业教育学校中，探索职普融通，横向上主要是中等职业学校与普通高中、高等职业学校与普通高等学校的融通，纵向上主要是普通初中与中等职业、普通高中与高等职业学校、中等职业学校与普通高等学校、普通高中与高等职业学校衔接。从内涵上来说，在教育目标上统筹兼顾促进升学和促进就业双重目标，在教育内容上统筹兼顾文化课程和职业课程，在教育资源上统筹做到课程共享、师资共享、资源共享，在考核评价上兼顾职业课程和文化课程评价方式。

2. 职普融通的推进

推进职普融通需要国家出台政策推动，职业教育和普通教育学校积极实践联动，达成职普融通畅通。

政策推动。改革考试制度，建立职教高考制度，搭建职普相互沟通、顺畅衔接的人才成长立交桥，实现学生在职普之间的灵活转换。例如，通过"3+4""3+2"等多种人才培养模式，对口贯通、分段培养、转段考核，打通中职、高职和本科院校通道，协同培养技术技能人才。建立国家学分银行，建立学生学习账户，提供学生学习成果认证、积累和转换服务，实现不同类型学习成果的学分互认、衔接和学籍互换。健全国家资历框架制度，规定职业教育的学生和普通教育的学生学习成果等级互换关系，进而规定在特定领域两个教育系列的学生都享有同等权利；建立系统性的制度，推进职业教育和普通教育学校校际间的课程合作、资源共享、学分互认、学籍互转、教师互流等，细化政策引导，将职普融通作为一个教学项目监测点纳入学校发展考核。

学校联动。推进校际之间理论和实践互动，普通教育学校和职业教育学校的根本任务都是立德树人，普通教育学校主要以促进升学为目标，以基础学科知识为载体来组织教学；职业教育学校主要以促进就业为目标，以专业为载体来组织教学，培养德、智、体、美、劳全面发展的社会主义建设者和可靠接班人。虽然办学定位和类型不同，但教育目标、规律、方式、方法、手段和内容相通，可以通过成立联合研究团队、开办校际之间的论坛和定期互访交流研讨会，推进教学理念和经验互动。加强职普学校之间合作，双方共同设计课程、互派师资合作，职业院校指导、参与普通教育学校学生的职业体验或实践，普通教育学校参与职业教育学校学生的基础素质教育，推进两类院校的资源共享和理念上的互相借鉴，实现教学资源共融共享，优势互补。构建普职融通课程体系，一方面，普通教育学校课程中增加职业教育课程模块，渗透职业教育要素，职业教育学校根据学生个性化发展要求，在课程中增加文化知识类课程，渗透专业教育要素；另一方面，加强广义课程融通，如校际之间共同举办各类文化艺术节、技能节、研学等大型活动，加强普职学校师生交流和学习，从而提高学生的综合素质与专业能力。建立职业生涯咨询制度，开设人生规划与职业指导课程，引导学生确立自己的目标，制定适合个人发展的长期目标和近期目标，利于学生做出理性的专业决策。

职业技术师范教育专业将成为"香饽饽"

我国职业教育发展存在"快"与"慢"的现象。一方面，职业教育的发展环境日益改善，发展理念层出不穷，发展规模蓬勃增长，发展行动建设项目频出，各类设施设备的更新和增加幅度较大；另一方面，职业院校教师整体从事职业教育的专业素养却提高缓慢。这一"快"与一"慢"，制约了职业教育发展质量的有效提高，因此加快提高职业教育教师整体专业素养迫在眉睫。

1. 职业教育师资队伍现状分析

当前职业教育教师队伍还存在着数量不足、来源单一、校企双向流动不畅、结构性矛盾突出、管理体制机制不灵活、专业化水平偏低的问题，尤其是同时具备理论教学和实践教学能力的"双师型"教师和教学团队短缺，已成为制约职业教育改革发展的"瓶颈"。

（1）教师数量不足。2018年，全国职业院校达到1.17万所，专任教师133.2万人，其中，中职专任教师83.4万人，高职专任教师49.8万人；2018年，中高职在校生2685.54万人，其中，中职在校生1551.84万，高职在校生1133.70万人；"双师型"教师总量为45.56万人，其中，中职26.42万人，占专任教师比例31.68%，高职19.14万人，占专任教师比例38.43%。从以上数据可以看出，无论是师资总数还是"双师型"教师数量均不足以支撑职业教育的高质量发展。

（2）来源结构比例不尽合理。进入职业院校的专业课教师主要有三个渠道：第一，来自企业的技术和管理人员，这部分教师占比较低，其实践能力强，但理论和教学能力提高缓慢，兼职教师也存在同样的问题；第二，来自非师范院校的毕业生，这部分教师占据较大比例，理论功底较强，但教学能力、实践能力偏弱，只要合理强化实践能力培养，比来自企业的教师成长速度快，但由于缺乏系统的教育教学理论培养，成长周期也较长；第三，来自职业技术师范院校的毕业生，这部分教师占据比例极低，但他们兼具较好的理论功底和实践功底，特别知晓教育教学规律，理论教学能力和实践教学能力均可以在短时间内得到较大提高。综上所述，职业技术师范院校应成为职业院校培养和选拔教师的关注重点。

（3）兼职教师队伍的作用发挥不够。目前，尽管校企合作的推进力度较大，但是校企合作的整体水平偏低，并没有形成学校和企业都主动向对方靠拢的良好局面。由于各职业院校校企合作水平不一，兼职教师作用发挥的充分性不一，校企合作水平偏低的职业院校，虽然建立了兼职教师库，但是在实际运行过程中并没能发挥很好的作用。因此，只有形成了校企合作长效机制的职业院校，校企双向流动顺畅，达到在人才、技术、文化、资本高频高位互动，使得兼职教师队伍稳定，并在专业建设与改革、课程建设与改革等方面发挥不可替代的作用。

2. 职业技术师范教育的发展不能满足职业教育的大发展

师资力量是职业教育发展的第一资源，也是提高职业教育质量的关键主体。为解决职业教育师资短缺和结构性问题，必须加快建立专业化的职教师资培养系统，优化职业技术师范院校布局结构，构建以师范院校为主体、综合性大学参与、产教融合的职教师资培养新体系。要又好又快地解决职业教育在职教师的转型升级和未来教师的培育，急需职业技术师范学院扩面提质，加快建设和发展职业技术师范教育任重道远。

目前，我国培养职业院校师资队伍的院校主要有天津职业技术师范大学、广东技术师范大学和吉林工程技术师范学院等9所院校，远远不能满足职业教育高质量发展对师资的需要，"办好一批一流职业技术师范院校"任重道远。有条件的省、自治区、直辖市遴选建设一所兼具本科职业教育、专业硕士和专业博士于一体的职业技术师范大学，是有效提高职业教育教师整体专业素养的重要路径。以湖北省为例，湖北工业大学是全国职业教育师资培训基地，也成立了湖北工业大学职业技术师范学院，对标《职业技术师范教育专业认证标准》进行资源配置，来举办职业技术师范教育专业。

伴随职业教育发展环境的不断改善，职业教育大改革大发展的不断推进，职业教育的社会地位和社会影响力的不断提高，作为培养职业院校教师的职业技术师范院校也必将成为报考热点院校，未来几年，职业技术师范教育专业将成为"香饽饽"。

一孔之见：湖北省发展现代职业教育的若干思考（一）

近年来，湖北省高度重视职业教育建设与发展，在建设"双师型"教师队伍，推进职业院校协同发展，改革招生办法，推进产教融合，增强职业教育吸引力，激发职业院校内生发展动力，开启技工院校拔尖性建设，培训产业工人，评价办学绩效等方面创造性进行探索和实践，湖北的先行先试促进了职业教育事业的长足发展。

实施名师建设工程，培育"双师型"教师领军团队。2007年，湖北省开启建立"楚天技能名师"教学岗位制度，优化师资队伍结构，面向行业企业，遴选专业技术人才和能工巧匠到学校担任兼职教师，讲授实践技能课程，成为弥补职业教育师资短板的新举措；2017年，实施技能名师工作室制度，发挥技能名师的示范、引领、辐射作用。应该说湖北省在探索职业院校教师"固定岗位+流动岗位"模式上起步较早。

实施高职院校对口支持与交流合作计划，推进职业高等教育整体质量提高。2011年，湖北省建立示范性高职院校对口帮扶制度，组织全省示范性高职院校与独立设置的民办或新建高职院校开展对口支持与交流合作，充分发挥示范性高职院校的引领带动作用，同时，鼓励其他办学条件较好、优势明显、特色突出的高职院校，在专业结构相近、优势互补、双方意愿的前提下，开展帮扶，促进优质资源共享，协同推进高职院校内涵建设，深化教育教学改革，整体提升湖北省职业高等教育的办学质量水平。应该说，湖北省在职业院校之间开展教育帮扶，努力探索均衡发展。

改革考试招生制度，推进现代职业教育体系完善。2012年，湖北省在全国首创并推行了"技能高考"制度，实施以技能考核为重点的中等职业学校毕业生升入高等院校的办法，突出技能的基础性在升学中的重要作用，以选拔优秀技术技能人才、开启用不同尺子丈量不同来源的学生的新举措，为搭建职业教育"直通车""立交桥"提供了一种新方案，拓展和丰富了中高职衔接和不同类型教育贯通的途径。

推进职教集团化办学，打造湖北省职业教育品牌。2012年，湖北省探索专业集群平台建设，实施做强职业教育品牌战略，由湖北省政府财政投入拉动，搭建以政府推动、行业指导、学校主体（主导）、企业主体（引导）、社会参与的职业教育集团为平台，基于知识、技术、设施、人才和信息化的高度集成，精心打造湖北建筑工程、湖北海员、湖北机电、湖北食品、湖北厨师、湖北护理、湖北IT蓝领、湖北旅游、湖北商务和湖北园艺等十大湖北省特色的职业教育品牌，成为变离散型专业建设为专业集群建设的有效经验，打造职业教育专业群品牌，整体提升专业服务产业能力，并产生了一定先发优势，入选国家"双高计划"高水平专业群建设数量居全国前8位。

公开发布职业院校社会贡献力报告，扩大职业教育影响力。2014年，湖北省以武汉职业技术学院为代表，在全国首度发布《武汉职业技术学院社会贡献力报告》，引导职业院校对接产业发展、区域需求、企业需要，开发新技术，促进科技成果转化，解决技术难题；开展决策咨询、社会培训、精准扶贫等项目，彰显职业教育的社会服务能力，有力扩大职业教育影响力，提升吸引力。

加快推进教学工作诊断与改进，着力质量发展自我革命。自

2015年教育部启动职业院校内部质量保证体系诊断与改进工作以来，为有效引导职业院校提高治理能力和水平，切实履行学校人才培养工作质量保证主体责任，各省、自治区、直辖市就建立常态化的内部质量保证体系和可持续的诊断与改进工作机制，做出了大量的探索和实践。2018年，湖北省率先制定了全国第一个省级诊改复核方案，并首先在湖北省8所高职院校进行了复核试点，成为全国开展内部质量保证体系诊断与改进省级复核标准建设和实践的第一个省份，有效激发了职业院校的内生动力，建立了常态化的质量发展运行机制，保障了质量的持续发展。

实施技工院校"双品牌"建设工程，推进技工教育拔尖性建设。2019年，湖北省创新启动开展技工院校"品牌院校、品牌专业"建设工程，用5年时间建设10所全国知名的品牌院校，建好50个特色鲜明的品牌专业，开启技工教育质量拔尖性建设工程，夯实职业技能培训基础能力建设，培养高质量的产业工人。同时，使得我国在以学科或专业为载体的高等教育和职业教育这两个区块，以"双"字命名的拔尖性建设工程全覆盖，即普通高等教育有"双一流建设""双万计划"工程、职业高等教育有"双高计划"建设工程、中等专业教育有"双示范"建设和技工院校有"双品牌"建设工程，形成我国专业教育领域里普适性建设和拔尖性建设并举的全覆盖格局。

高点定位职业技能提升行动，推进湖北技能人才培训扩面提质。2019年，国务院办公厅发布《国务院办公厅关于印发职业技能提升行动方案（2019—2021年）的通知》（国办发〔2019〕24号），实施职业技能提升"315"行动。湖北省迅速响应，3年计划投入培训专项经费37.7亿元、3年完成培训人次180万人次、2019年度培训58万人次等目标值，分别高出31个省、自治区、直辖市平均目标值的16.9%、11.6%、19.9%；截至2021年年底，湖北省技能劳动者占就业人员总量的比例为26%，高技能人才占技能劳动者总量的比例为

31%，较国家目标均高出 1%。这些数据的实现，表征湖北省在推进技能人才的扩面提质行动走在前面，必将加快湖北技能强省建设过程，支撑地方经济社会高质量发展。

加大资金投入绩效考核力度，促进职业院校高质量发展。近年来，湖北省不断加强职业高等教育的经费投入，确保经费投入与职业教育发展规模相适应。在保基本促公平的基础上，湖北省利用资金使用绩效考核的杠杆作用，促进职业院校致力于内涵发展，充分加强自身建设，办出特色、办出水平，发展质量。

各省在推进职业教育发展的过程中，都把职业教育工作摆在了省委和省政府工作全局的重要位置，都有自己先行先试的创新做法，都有一些积累和沉淀。有的成为制度，被鼓励和提倡；有的成为规定，被要求和落实；有的成为典型案例，被借鉴和推广。随着东西部职业教育协作计划的不断推进，职业教育发展到今天，各省的职业教育都进入大改革大发展阶段，同在"红海"中竞争，改革的"动作"基本相似，只是力度、广度、深度、系统度、完美度、持续度不同而已。实践证明，今天的职业教育改革要见成效，实现高水平的发展，更需要大思维、大格局、大响应，遵循职业教育发展规律，发挥市场在资源配置中的决定性作用，在调结构、转方式、夯基础、强能力上，花大力气务实创新，提质增效，走向卓越，建成职教强省，实现职业教育现代化。

一孔之见：湖北省发展现代职业教育的若干思考（二）

加快发展现代职业教育是党中央、国务院做出的重大战略决策。职业教育已摆在了党和国家工作全局的重要位置，为新时期教育事业的发展指明了方向。推动湖北省高质量发展，迫切需要加快发展现代职业教育，培养大批技术技能人才和高素质劳动者，以支撑湖北省实体经济向高端发展。

1.现代职业教育助推湖北省高质量发展

湖北省现代职业教育坚持以服务人的全面发展和提高服务区域经济发展能力为宗旨，为契合湖北省发展战略做出了积极贡献。

（1）职业教育成为湖北省经济发展的"助推器"。高职院校覆盖全市（州）、中职校覆盖全县（区），形成了与我省区域发展相适应，且数量结构与城市功能定位相匹配的办学格局。围绕湖北省新旧动能转换，职业院校主动对接产业结构调整和转型升级发展，2018年，我省第一、二、三产业GDP占比分别为9.0%、43.4%、47.6%，职业院校开设的专业在一、二、三产业中的占比分别为9.0%、37.0%、54.0%，专业结构分布与产业结构相衔接，专业群与产业转型升级协调同步，为我省制造业向中高端迈进提供技术技能人才支撑；职业教育为湖北"走出去"企业和"一带一路"沿线国家提供智力、技术和文化服务。

（2）职业教育成为促进湖北省教育公平的"润滑剂"。职业教育网络体系日趋完善，不断提供多形式、多途径、多种类的资源，实现"家门口上学""人人有学上"；资助政策覆盖面更加广泛，让有意愿参加职业教育和培训的学生都能"上学"，实现扶贫先扶智，教育助脱贫；职教集团化办学水平进一步提高，打造省"十大"职教品牌，集团内院校之间协同发展；共享性资源建设进一步扩大，一批共享性实训基地和专业教学资源库，为学生随时、随地、随需学习提供了多样化的共享性优质教育资源；职业教育领域对口帮扶常态开展，有效提高弱势院校的办学水平。

（3）职业教育成为湖北省稳定和扩大就业的"造血器"。面向适龄学生，湖北省平均每年培养 30 万人左右，成为新增技术技能人才的主要来源；面向企业员工、新型职业农民、退转军人、社区居民等人员提供线上线下教育和培训，助力技能提升或新型技能学习，助推学习型社会形成；服务乡村振兴战略，在"精准扶贫"领域提供"精准供给"，职业院校近 60 个扶贫工作组在 180 余个村组开展"扶贫、扶智、扶志"，提高创业就业能力。

2. 湖北职业教育发展存在的主要困难和问题

湖北省已成为现代职业教育大省。2018 年，湖北省有中职学校近 300 所，在校生近 45 万人，独立设置高职高专院校近 60 所，全日制普通高职在校生近 43 万人，学校数量和在校生规模居于全国高位。但湖北省还不是现代职业教育强省。2019 年 10 月，国家职业教育"双高计划"公布了立项建设单位名单，湖北省上榜院校不多，一定程度上反映出湖北省职业教育的强势地位不明显，发展仍然面临一些突出困难和问题。

（1）配套政策制度供给不充分。近年来，国家密集出台了推进职业教育发展的一系列文件，江苏、山东、广东等省份响应国家政策出台了多项配套文件，落实职业教育体制机制改革政策，如在破解职业教育产教融合、校企合作难题方面，江苏省及时出台了《江苏省职业教育校企合作促进条例》《关于深化产教融合的实施意见》，文件中明确提出，单位和个人违反本条例有关规定的，由有权机关责令限期改正、通报批评；情节严重的，对直接负责的主管人员和其他直接责任人员依法给予处分；构成犯罪的，依法追究刑事责任。在推进教育链、人才链、产业链和创新链协同，激发职业院校办学活力过程中，取得了明显成效。相对而言，湖北省发展职业教育过程中响应国家政策的速度还有提升空间。

（2）职教资源尚未形成合力。一方面，目前湖北省职业教育专业结构及布局结构还不尽合理，不能完全适应地方产业集群发展；专业设置趋热趋同，专业建设杂而全，特色不鲜明，品牌意识不够；有限资源分散，专业发展不平衡、不充分。另一方面，湖北省技术技能人才短缺，高技能领军人才匮乏，影响了湖北省经济高质量发展，迫切需要人力人才资源供给侧结构性改革，使得技工教育和职业教育协同发展形成一个系统。目前，湖北省技工教育和职业教育的通道未完全畅通，成为发展技工教育的"拦路虎"。

（3）师资队伍结构不尽合理。师资队伍素质提高与湖北省职业教育规模的快速扩张不适应，职业教育教师队伍还存在着管理体制机制不灵活、来源单一、校企双向流动不畅、专业化水平偏低等结构性问题，尤其是具备理论教学和实践教学能力的"双师型"教师和教学团队短缺，已成为制约职业教育发展的一大瓶颈。

3. 加快发展湖北省现代职业教育的对策建议

围绕湖北省"一芯驱动、两带支撑、三区协同"的总体布局，为深入对接产业结构调整和转型升级，主动适应产品结构和就业结构的变化，倒逼职业教育提质增效、加速发展，同步提升劳动力素质结构，需要下大力气全面深化职业教育改革，服务人的全面发展和湖北高质量发展。

（1）抓实湖北省职教联席会议制度，破解发展政策瓶颈。

一是进一步完善工作机制。将发展现代职业教育纳入各级党委和政府工作的全局，在湖北省职业教育联席会议制度基础上，可以建立由省、市地、县级党组（委）副书记任组长的三级教育工作领导小组，强化党的领导，落细落实国家职业教育发展政策。

二是进一步发挥智库作用。成立由宏观管理、行业企业、职业院校、学术研究等领域的专家组成的湖北省职业教育指导咨询委员会，发挥智库作用，提高职业教育科学化决策水平。建立"定期遴选认定职教专家+定期举办职教专家研讨会"模式，发挥专家的智囊优势，提供职业教育理论和实践支撑。

三是进一步深化产教融合体制机制建设。加大校企合作法律保障措施力度，借鉴江苏、浙江、山东等地经验，出台职业教育校企合作条例或办法，建立校企合作的新体制，营造更好的有利于推进校企合作的生态环境，重塑校企合作关系，厚植企业承担职业教育责任的社会环境，对积极参与职业教育，并在参与过程中起到主体作用，在财政、税收、金融等要素和企业评优评先、项目资助等政策给予明显倾斜，并给予财政性补贴，使得校企合作不仅限于民间状态；发挥市场在资源配置中的决定性作用，深入推进产教融合，支持建设若干产教融合省域试点城市、试点行业、试点企业，推进大中型企业与职业院校开展深度合作。

（2）形成"大职教"格局，优化职业教育资源配置。

一是统筹职业教育发展。遵循教育规律，发挥行政规律作用，将技师学院纳入高等学校序列，将全日制技工教育纳入学历教育体系，支持技工学校与高职院校开展中高衔接，将经相关部门批准的符合条件的高等职业院校增挂技师学院校牌，以"一盘棋"思想做到政策统一全覆盖。

二是做强专业集群。做好职业教育"十四五"规划顶层设计，引导湖北省现代职业教育发展，整合职业教育资源，以专业群为载体，用集群替代离散。例如，根据湖北省产业结构性发展及其分布，出台宏观指导意见，有序引导各地市、各职业院校合理优化专业群结构；探索将大建设类的专业院校联合组建为"湖北建设职业教育集团"，可有效解决资源分散，专业发展不平衡、不充分的问题，更加适应湖北省产业集群发展。

三是开展本科层次职业教育试点。湖北省发展现代职业教育必须着力完善现代职业教育体系。湖北省地方本科院校转型还处于探索阶段，本科职业教育比较薄弱，而部分国家示范性高等职业院校、国家骨干高职院校、优质专科高职院校，成为有能力引领职业教育科学发展的领跑者，可以通过"一改一补"（"一改"是指新升格的本科院校转型改革，"一补"是指将优质的公办高职院校作为补充升格为本科层次职业教育）发展本科职业教育，适应湖北经济社会高质量发展对技术技能人才多样化需求。

（3）加快建立"双师型"教师培养系统，解决师资短缺和结构性问题。

一是关切解决未来职业教育教师的培养。丰富培养路径，加快建设和发展湖北省职业技术师范教育，又好又快地解决职业教育和在职教师的转型升级的培养。湖北省高校中湖北工业大学是全国职业教育师资培训基地，也成立了湖北工业大学职业技术师范学院，可以此为基础独立建制为职业技术师范大学；或将湖北第二师范学院、江汉大学、汉江师范学院、黄冈师范学院改制为职业技术师范学院；或在长江大学、湖北科技学院、湖北工程学院、湖北文理学院、湖北民族学院、三峡大学、荆楚理工学院等一批包含师范教育专业的院校内部，对标《职业技术师范教育专业认证标准》进行资源配置，来开办职业技术师范教育专业；或在优质的综合性高职院校开办职业技术师范专业或专设为职业技术师范学院。

二是关切解决在岗教师的能力结构。一方面，为扩展"双师型"教师培养培训路径，加快遴选一批产教融合型企业并加挂省级"双师型"教师培养培训基地，与华中师范大学合作，并以华中师范大学职业与继续教育学院为基础建设职业教育师资专门培训基地，搭建提高教师的实践能力、实践教学能力和理论教学能力的平台，优化教师个体能力结构；在原"楚天技能名师"教学岗位制度的基础上，加快建立企业工程技术人员和职业学校教师双向流动机制，推行教师"固定岗位+流动岗位"模式，优化师资队伍结构。另一方面，鉴于各职业院校发展水平不平衡，在原湖北省建立的示范性职业院校对口帮扶制度的基础上，丰富形式，组建由国家级和省级专家、"万人计划"名师、国家级名师、省级名师、省级技能名师和师德标兵、师德先进个人组成的湖北省职业教育讲师团，发挥职教专家、名师和师德标兵的引领带动作用，提升教师的教学能力、育德能力，促进教师队伍水平的整体性提高。

（4）进一步健全职业教育发展保障机制。

一是提升统筹层级。不断完善发展职业教育的支持政策，保障教育合理投入，优化教育经费支出结构，新增教育经费要向职业教育倾斜；提高职业院校的经费统筹层级，高职院校由省政府统筹管理、中职学校由地市级政府统筹管理。

二是开展专项检查。引入第三方评价机制，促进地市州县政府或行业将职业教育纳入工作全局统筹规划和治理，并将其作为业绩考核指标。对各地方政府保障职业教育生均经费保障情况进行年度评价，并向全社会公布评价结果，对责任不落实、政策不落实的单位和个人予以问责。

第十章　散思

学习《国家职业教育改革实施方案》

2012年9月，教育部发布《职业教育"五个对接"》指出，专业与产业、职业岗位对接，专业课程内容与职业标准对接，教学过程与生产过程对接，学历证书与职业资格证书对接，职业教育与终身学习对接。2019年1月，《国务院关于印发国家职业教育改革实施方案的通知》（国发〔2019〕4号）的对接描述变为：按照专业设置与产业需求对接、课程内容与职业标准对接、教学过程与生产过程对接的要求。

对比2012年提出的"五个对接"和2019年提出的"三个对接"，将"专业课程内容与职业标准对接"调整为"课程内容与职业标准对接"，是认识上的重大转变，理念上的重大突破。职业教育对接社会、对接市场不仅仅是专业课程的对接，基础课程同样需要对接，可以举出较多的例子来说明。例如，基于建筑领域各岗位的特点，需要适应艰苦环境，能吃苦耐劳是重要要求，为此，体育课教学中，应适当变换场地、增加耐力性体育项目来组织教学。

《国家职业教育改革实施方案》启动"1+X"证书制度试点工作，试点工作要进一步发挥好学历证书作用，夯实学生可持续发展基础，鼓励职业院校学生在获得学历证书的同时，积极取得多类职业技能等级证书。理解推行"1+X"证书制度，有利于引导职业院校围绕"三个对接"全面推进教育教学改革，全面推行德技兼修、育训结合、知行合一。

2019年2月19日，教育部新闻发布会提出一个新概念，即新型证书。学历证书 + 多个职业技能等级证书 = "1+X"证书，是一种新型证书。学历证书 + 职业资格证书 = 双证书，是一种旧型证书。

职业技能等级证书和职业资格证书，均能反映劳动者技术技能水平，前者是反映技能等级类的职业技能等级证书，后者是准入类的职业资格证书（《国家职业资格目录清单》有 140 项职业资格证书保留），这意味着新型证书和旧型证书将并存，在有职业资格证书的领域，同样可以实施技能等级证书。

鼓励学生"积极取得多类职业技能等级证书"，有利于培养复合型技术技能人才，但过于强化又有可能从一个极端走向另一个极端，即由"重教育轻培训"变为"重培训轻教育"，把职业教育"庸俗化"。

推行"1+X"证书制度，一定要谨言慎行，积极稳步有质量地实施，把握住"含金量"，不可搞"运动式"的推进，适切学校、适切学生。

学习《深化新时代职业教育"双师型"教师队伍建设改革实施方案》

2019年9月23日，教育部、国家发展改革委、财政部、人力资源社会保障部联合发文《教育部等四部门关于印发〈深化新时代职业教育"双师型"教师队伍建设改革实施方案〉的通知》（教师〔2019〕6号），在此，谈几点学习体会。

（1）文件将技工院校"一体化"教师纳入职业教育"双师型"教师，这还是首次。2019年，随着"职教二十条"的颁布，将游离在外的本属职业教育的技工院校纳入职业教育系统并予以强调，强化了技工院校的地位，形成职业教育在横向上的三支基本力量，即职业院校、技工院校、职业培育机构。

（2）文件提到"职业教育教师队伍还存在着……专业化水平偏低的问题，尤其是同时具备理论教学和实践教学能力的'双师型'教师和教学团队短缺，已成为制约职业教育改革发展的瓶颈"，再次强调了"双师型"教师的内涵，即同时具备理论教学和实践教学能力的教师，这是"职教二十条"首次正式的定义。专业化水平偏低，双师型教师短缺是制约职业教育改革发展的瓶颈。

（3）文件提到"到2022年，职业院校'双师型'教师占专业课教师的比例超过一半"，这种提法是回归理性之举，自1997年以来，职业教育领域曾先后提出过双师型教师的70%、80%、85%、90%等量化的占比目标。

（4）文件首次提出"国家工匠之师"，为职业院校教师的出彩人生又开辟了一条成长路径，这是继国家在国家级教学成果奖、全国教书育人楷模、"万人计划"教学名师等表彰项目中，向职业院校教师予以倾斜之后的再次强调和重视。

（5）文件提出"特殊高技能人才（含具有高级工以上职业资格或职业技能等级人员）"，对特殊高技能人才进行了注解，再次说明职业资格证书与技能等级证书在一定时期内并存，X证书具有多样性。

（6）文件提到"推动高校联合行业企业培养高层次'双师型'教师"，意味着将来有可能把"双师型"教师进行分级，给予不同待遇。

（7）文件提出"办好一批一流职业技术师范院校"。随着职教环境的大改善、大发展，职业院校的教师岗位将成为香饽饽，职业技术示范学院可能成为报考热点院校。

（8）文件提到"推动形成双师结构与双师素质兼顾的专业教学团队"，再次对双师结构的问题予以强调，专兼职教师分工协作，共同完成教育教学任务，如单一执教能力和单一实践能力的教师是构成"双师型"教学的一种形式。

（9）文件提出"建立国家杰出职业教育专家库及其联系机制"，可能源于有关省份发展职教的经验，如"定期评选认定职教专家＋定期举办职教专家研讨会"的河南发展职教模式。

（10）文件强调"学习国际'双元制'职业教育先进经验"，或许是对以往专注学习引进国外职教模式和发展经验的一种反思，中国的职业教育不缺乏国外职教理念。

（11）文件中"模块"成为一个高频词，模块化教学（有两种含义）、模块化课程、必修模块等词在不同的语境中出现，可以成为我们专业建设、课程建设和课程教学及师资队伍建设等的常态化思维。

（12）文件提到"加强督导评估，将职业教育教师队伍建设情况作为政府履行教育职责评价和职业院校办学水平评估的重要内容"。目前，职业院校重在能力的评估，如国务院每两年一次的高职院校适应社会能力评估或社会组织评估。

学习全国职教大会精神：
建强职业教育任重道远

2021年4月，全国职业教育大会在京召开，这是第一次以党中央、国务院名义召开的全国职教大会。此次大会是在对标落实《中国教育现代化2035》《国家职业教育改革实施方案》《职业技能提升行动方案（2019—2021年）》《职业教育提质培优行动计划（2020—2023年）》等精神，加快推进新时代职业教育现代化、建强职业教育承上启下的重要时间节点上召开的，意义深远。落实全国职教大会精神，推进职业教育高质量发展，必须坚持社会主义办学方向，遵循职业教育规律，发挥市场规律作用，以迭代思维加快新实践、形成新认知，以质图强，砥砺前行。

当前职业教育地位很高，但仍需国家、社会和学校进一步协同综合治理，加快技能型社会建设，进一步营造"劳动光荣、技能宝贵、创造伟大"的氛围，形成全社会对职业教育愿景的认同度，增强职业教育的吸引力。

当前职业教育类型定位明确，但仍需从行动领域进一步加快形成高水平人才培养体系，把专业群建在产业链上，立体化推进内外衔接的教学和管理体系、教材体系、思政教育体系建设，彰显职业教育不可替代的社会价值，优化职业教育类型定位。

当前职业教育治理体系和机制基本形成，但仍需进一步加快优化"党的领导（动力）—政府推动（推力）—地方统筹（活力）—行业指导（引力）—校企主体（主力）—社会参与（助力）"运行机制，提升职业教育治理效能。

当前的职业教育的办学模式特征逐步彰显，但仍需进一步加快实体性职业教育集团、产业学院、产教融合型城市、行业、企业、实训基地等平台建设和利用，推进产教研一体化，建设"校企命运共同体"，形成同频共振，提高职业教育产教协同度。

当前职业教育校企合作系统化实践日益丰富，但仍需进一步加快推进校企合作系统化机制建设，促进人才流、技术流、文化流和资本流的高频互动，实现校企合作规划、合作治理、合作培养、合作发展，提高职业教育产教融合度。

当前职业教育结构性质量得到改善，但仍需进一步传承中盘活存量、挖掘储量，变革中应对变量、补充增量，加快职业教育结构性转型和升级以更加匹配未来科技发展趋势和市场需求，强优势、补短板，增强职业教育适应性。

当前的职业教育现代学徒制培养模式、"1+X"证书制度等已成为我国高职教育的一种制度，但仍需进一步加快现代学徒制中国化形成中国特色学徒制，加快"1+X"证书制度改革形成中国方案，贡献职业教育的中国智慧。

当前职业教育体系基本形成，但仍需进一步结构性优化，加快以法制为基础的体制更加成熟定型的"中职基础性""高职专科主体性""高职本科引领性""高职硕士增长性""高职博士探索性"（直通车）+"职普教育的融通性"（立交桥）+"继续教育开放性"（旋转门）+"体制机制有效性"（生态链）的现代职教体系。

当前职业教育已进入大改革大发展的轨道，正在朝着现代化迈进，但仍需进一步高阶创新前行，加快职业教育新旧动能转换，增值赋能，提升服务全球发展的服务力、贡献力、引领力，成为世界职业教育中有重要影响力的国家，做强职业教育中国品牌。

随笔1：领悟十九届五中全会之发展职业教育的精神

2020年10月，党的十九届五中全会审议通过《中共中央关于制定国民经济和社会发展第十四个五年规划和二〇三五年远景目标的建议》，对"十四五"时期"建设高质量教育体系"做出整体谋划，明确要求加大人力资本投入，增强职业技术教育适应性，深化职普融通、产教融合、校企合作，探索中国特色学徒制，大力培养技术技能人才。在这个要求中，除产教融合、校企合作这个关键词外，还有"职业技术教育适应性""职普融通""中国特色学徒制"等关键词，在此谈一点个人的学习体会。

1. 关键词：职业技术教育适应性

职业教育的生命力在于同步社会发展。实践证明，我国职业院校发展面临的最大问题在于适应变化，面对市场"扰动"，职业院校必须因事而化、因时而进、因势而新，动态响应社会需求或引领社会进步，以增强职业技术教育的敏感性和适应性。

从社会层面上来说，增强职业教育的适应性，要加强党对职业教育工作的全面领导，以教育和劳动相结合为基本原则，深化教育教学改革，优化供给侧结构，形成更高水平、更高品质、更多样化、更加公平、更加成熟、更加匹配的职业教育体系，使职业教育现代化，高质量服务人的全面发展和经济社会发展。

从学校层面来说，职业院校办学特征鲜明，以服务发展为宗旨，以促进就业为导向。增强职业院校的适应性，既要跳出教育看教育，对外链接社会、适应社会，服务经济社会发展，更要站在教育立场看教育，对内链接师生、赋能师生，服务人的全面发展。高职院校的人才培养目标并不等同于企业的需求目标，增强职业院校适应性的过程中，必须全面开放性链接，既要借鉴行政规律、市场规律，发挥行政和市场机制作用，更要遵从教育规律、成长规律，不忘初心，牢记使命，培养社会主义建设者和接班人。

2. 关键词：职普融通

以高等教育的职普融通为例，职业高等教育和普通高等教育是高等教育的"两驾马车"、建设高等教育强国的"两根支柱"。在发展的道路上既按各自的轨迹和体系特征"双轨"并行发展，也遵循共性教育规律在两条不同类型的道路上"立交"贯通发展，达成职普融通，增强职教适应性。待到职业高等教育能够与普通高等教育高质量的并驾齐驱和交互发展呈现"H"态，职业高等教育的学校与企业、教育与培训的比翼双飞和交互发展呈现"H"态，高质量的高等教育体系就会形成。

3. 关键词：中国特色学徒制

中国特色学徒制可以理解为现代学徒制的升级版。现代学徒制是"舶来品"，我国于2011年开始引入并试点，试点类型由教育部和人社部分别推出现代学徒制和新型学徒制试点（同一制度框架下的两种形式）。十年来，我国在学习国外职业教育经验的基础上，根据我国发展环境及自身条件变化重点在行动领域进行创新，并形成了丰富的学徒制理论和实践成果，中国特色日益彰显。高层次推进包括但不限于现代学徒制和企业新型学徒制的"中国特色学徒制",应摆在3年提质培优行动计划重中之重的位置,增强职业技术教育适应性,培养高素质技术技能人才。

随笔2：专业群建设·兼顾升学·数字化治理

专业群集聚发展水平已成为当今职业院校治理能力和办学水平的重要体现，其建设有规可循。满足学生职业生涯规划，把学生升学意愿纳入专业群人才培养方案之中，也是职业院校增强适应性治理的体现。提升学校治理水平和能力，须最大限度地发挥数字技术在教育教学治理中的作用，应弥补数字化治理短板。

1. 专业群建设有规可循

加强专业群建设是学校主动适应当今社会产业结构调整集群发展和转型升级的需要，是推进学校优化专业结构、发挥品牌效应、促进资源整合、解决专业不平衡发展、形成育人特色的有效举措，也是有效提高学生职业竞争力的必然选择。

专业群建设有规可循，需把控以下10个要素。

（1）群类——共享资源的专业集合体。

（2）群名——以核心专业名称命名。

（3）群主——核心骨干专业。

（4）群员数量——3～5个专业化或专门化方向。

（5）群员特征——专业基础相通、技术领域相近、工作岗位相关、社会作用接近。

（6）群员角色——核心主导专业、支撑专业、协同专业。

（7）群课程结构——"平台+模块+方向"，即呈现底层相通、中层分立、高层交互的模块化课程体系。

（8）群培养目标——在"政治方向+职业规格+职业面向+人才类型"目标结构的基础上，也可以加入适切学校的个性化培养目标。其中，强化职业群概念，增强就业弹性和转业能力；强化职业竞争力概念，突出技术技能人才的"复合性+创新性+引领性+高端性"。

（9）群发展目标——达成集"人才培养培训+文化传承+技术研发与积累+创新创业+社会服务+国际交流与合作+智库咨询"于一体的大阈值超级专业集群平台，高质量地主动适应技术革命、产业革命和社会变革。

（10）群建设保障——坚持党的领导和社会主义办学方向，成立专家咨询组指导工作，建立研究团队开展常态化研究，建立健全专业群建设和管理相关制度，形成专业群动态发展的长效治理机制；不断提升团队能力，全面推进专业群建设；建设多元化平台，搭建多形式载体，落地落细专业群改革运行；推行诊改和绩效考核，优化专业群建设机制，提高专业群建设质量。

2. 兼顾升学毋须遮遮掩掩

曾经，职业院校谈及升学，就会被认为办学定位有偏差。但其语境是在没有建立职教体系，职教本科缺失的情况下，学生通过普教化的考试来升学，深造方向是学科逻辑的普通高等教育本科，属于不同质、不同类、不同层教育。如果兼顾并强化升学，那么对课程体系冲击较大，就会给职业教育的类型发展带来巨大的打击。

当今，职业院校谈及升学，则不应该被认为办学定位有偏差。因为如今的语境是在现代职业教育体系日趋成熟的情况下，学生通过"职教高考"来升学，深造方向是同一轨道内的学业晋升、技术技能的提升，属于同质、同类、不同层教育，也正好适应我国经济和科技发展水平的提高对技术技能人才的多样化的需要。兼顾升学，不仅对课程体系没有实质性的冲击，还助力学生夯实基本功，同时，有利于形成高职院校"升学有通道，就业有优势，发展有前途"的思维定势，满足社会对职业教育多样化的需求，提高职业教育的社会地位和认同度，增加职业教育的社会影响力和吸引力。将学生升学需要有机融入专业群人才培养方案中，也是专业改革和建设、课程建设和改革治理能力的体现。

3. 数字化治理短板仍需弥补

没有数字技术和数据的应用，就很难有精细化和全寿命周期的管理，也很难有工作的高质量。在信息爆炸式增长的大数据时代，在教育教学治理中充分利用好大数据、人工智能等数字技术仍是短板。创新工作提质培优难，还不能摒弃落后的理念、制度和方法；提高教学质量难，还不能设计适切的系统化解决方案；达成内保体系运转的高效难，还不能建成个性化的信息系统；把控校园的安全隐患难，还不能利用数字技术做到实时预警；建成齐全的、先进的教育教学设施和条件难，还不能改变重资产的传统思维；专业和课程动态对接市场的变化难，还不能精准掌握市场的晴雨表；推进工学交替的教学组织难，还不能形成有效的"施工"运行图；补齐德育、美育、劳育短板难，还不能形成精细的一揽子实施计划；精准资助和帮扶"四难"学生难，还不能精细掌握学生个体的全面情况；促进教师的全面发展难，还不能拿出教师个体能力素质结构协同发展的标准；促进学生的全面发展难，还不能很好地帮助学生科学做好职业生涯规划设计和实施；调动教师的主观能动性难，还不能做到绩效考核的客观公正和精细化。

因此，在职业院校提质培优进程中，需要遵循教育规律，发挥信息技术规律作用，开发和建设纵横链接的院校综合服务与决策支持平台，将数字技术全链条、全周期融入学校治理的各个领域，实现对工作全寿命周期产生的离散数据按主题进行收集、整合、清理，并加以整理、分析、挖掘，最大限度地盘活数据资产的价值，辅助科学决策，补齐短板，实现数字技术增值，推进学校治理的科学化、精细化、高效化，助力学校高质量发展。

随笔 3：高等职业教育的"快"与"慢"

随着国家经费投入的不断加大、国际交流的日益频繁、发展行动项目建设的不断推进，我国高等职业教育的发展成就令世界瞩目，可是与国家、社会、行业、企业、学生、家长对高等职业教育质量更高期盼相比，还有较大差距。

高职教育的"快"。二十余年来，我国高职教育发展环境日益改善，发展理念层出不穷，发展规模增长较快，发展行动项目建设品种频出，各类设施设备的完善和增加较快，职业院校楼堂馆所修建得非常漂亮，解决了认识问题、理论问题、规模问题、路径问题、"大楼问题"。各职业院校和职业教育人在探索中加快前行，在前行中不断探索，付出了艰苦的努力，普遍感受到了挑战自我之累、爬坡过坎之累、创新前行之累，但这种累却是走向卓越之累。

高职教育的"慢"。高职教育经过了较快的发展，但"质量问题"还不尽如人意，究其根本原因，在于教师从事职业教育的专业素养这一核心问题上。可以说，职业院校教师整体从事职业教育的专业素养提高非常缓慢。例如，专业课程课堂本应面向职场，以职业素质、职业知识（专业学科知识）、职业能力为主要目标，以项目或任务为载体，以多元教室为教学场所，以育训结合为教学组织模式，将思想政治素质、创新创业、优秀传统文化、工匠精神等渗透于教育教学全过程，开展教育教学活动。可现实情况是，在职业教育的课堂上，到处可见以逻辑为载体、以传统教室为主要教学场所组织的教育教学活动，以及以卷面考试论英雄的场景。由于教师从事职业教育的专业素养提高缓慢，制约了职业教育发展质量的有效提高。

这一"快"一"慢"的不匹配，导致了职业教育改革落细落地不充分，极大地影响了职业教育的整体发展质量。

职业教育已进入新的发展阶段，该静下来花大力气来啃"硬骨头"，把师资队伍建设放在更加突出的位置上，把师资队伍建设作为提高职业教育质量的先导性、基础性工程，更是希望工程，优先关切并解决在职老师的转型升级和未来老师的培育。"十年树木，百年树人"。职业院校应尊崇教育规律，尊崇教师职业成长规律，多措并举，通过实学、师学、书学、网学等路径，通过培训、研训、研修等方式，通过科学的绩效考核，分类、分层、循序渐进，植信念、播信仰、触灵魂、修德行、扩知识、提能力，持续提高教师从事职业教育的执教能力，着力打造思想上有定力、人格上有魅力、学术上有功力、教学上有技力、实践上有能力、育人上有活力的"高素质""双师型"教师队伍。

教师是发展高质量职业教育的动力。只有优先提高教师从事职业教育的专业素养，使之匹配于职业教育发展的内涵要求，才能最大限度地高效提高职业教育质量。

随笔4：新阶段职业院校内涵发展

为深入推进职业教育供给侧结构性改革，促进就业的稳定和扩大，2019年，国家密集出台了《国务院关于印发国家职业教育改革实施方案的通知》（国发〔2019〕4号）、《教育部 财政部关于实施中国特色高水平高职学校和专业建设计划的意见》（教职成〔2019〕5号），《国家发展改革委 教育部关于印发〈建设产教融合型企业实施办法（试行）〉的通知》（发改社会〔2019〕590号）等文件，2019年政府工作报告提出"加快发展现代职业教育，高职类院校扩招100万"，我国职业教育大改革大发展进入新阶段。

职业院校文化。培育"创新思维，全面协同创新，协同创新全面"的创新文化；培育"诊改思维，全面自转公转，自转公转全面"的治理文化；培育"文化引领，全面教书育人，教书育人全面"的育人文化；培育"质量本源，全面质量发展，发展质量全面"的质量文化；培育"数据说话，全面数据管理，数据管理全面"的数据文化；培育"资源整合，全面校企融合，校企融合全面"的合作文化；培育"供给优质，全面促进发展，促进发展全面"的服务文化。

思政教育协同体系。教学组织上，形成思政理论讲授与社会实践协同；课程内容体系上，形成思政课程与课程思政协同；考核评价上，形成专业能力和德育表现协同；成长环境上，形成高校教育与社会教育协同；教师能力上，形成育才能力和育德能力协同；设施设备上，形成硬件资源与软件资源协同。

教师个人的发展。政治上做"高"人，思想上做"正"人，道德上做"规范"人，法制上做"规矩"人，职业涵养上做"境界人"。专兼职教师均能驾驭好理论教学、实践教学和素质教育"三驾马车"，做到并驾齐驱，能将碎片化的知识、能力、素质有机融为一体，形成"有机营养餐"贯穿教育教学全过程。引导教师按以下6个维度做好个人职业发展规划，即职称维度（教员—助理讲师—讲师—副教授—教授）、履职维度（字之师—事之师—人之师）、影响力维度（教师—合格教师—有水平的教师——流的教师—顶尖的教师）、理论境界维度（教师—有观点的教师—有理念的教师—有理论的教师—有思想的教师）、教学境界维度（教师—骨干教师—名师—大师）、人生境界维度（自然境界—功利境界—道德境界—人类境界）。

实践教学的组织。高职实践教学形式主要有两类，一是基于基本理论学习和创意的实验；二是基于职业技能培养和创新的实训，含生产性实训（校内生产基地、校外企业基地）、实体模拟性实训（校内实训基地）、虚拟仿真性实训、参观性实训（现场、模型）等。教学需要在传统的教学环境中传授知识，但需要考虑职业性和培养效益；教学需要在真实的工作环境中真题实做，但需要考虑教育性和培养时限；教学需要在虚拟的工作环境中模拟实训，但需要考虑实践性和培养实效；教学需要在实训场所中模拟实操训练，但需要考虑生产性和培养成本。组织实践教学，要根据学校规划、专业特点、学校场地、外部资源、资金等因素统筹布局，做到教学手段与课程内容相适切，以期实践教学效果卓越。

参 考 文 献

韩喜梅，潘海生，王世斌，2018.职业教育质量第三方评估的现实背景、合法性危机及化解路径[J].高校教育管理，12（06）：29-36.

湖北省政府，2019.省人民政府关于推行终身职业技能培训制度的实施意见[Z].03-22.

李纯真，2018.我国高职教育评估政策的演变、效应及展望[J].职业技术教育，39（25）：6-11.

李小鲁，2017.新时代新任务：完善职业教育和培训体系[N].中国教育报，12-12（09）.

王亚南，成军，王斌，2021.高职教育专业组群的逻辑依归、形态表征与实践方略：基于253个高水平专业群申报资料的质性文本分析[J].高等教育研究，42（04）：84-93.

王佑华，2002.谈专业课教学改革[J].职教通讯（03）：60-61.

王佑华，2008.新时期职业院校学生特点与教师的威信[J].中国建设教育（1）：23-25.

王佑华，肖敦才，2003.教学过程中的心理探索[J].中国农村教育（1）：56-57.

王佑华，张文婷，刘红，2018.基于校企系统化合作的企业学院运行探索：以湖北城市建设职业技术学院"天衡学院"为例[J].中国建设教育（1）：35-37，46.

闫承利，2000.素质教育课堂优化策略[M].北京：教育科学出版社.